KOCHEN mit SCHUSS

PARI

KOCHEN mit SCHUSS

Stuart Walton und Norma Miller

monte von DUMONT

Die Deutsche Bibliothek – CIP-Einheitsaufnahme

Kochen mit Schuß : raffinierte Rezepte aus der Welt der Brände, Schnäpse und Liköre / Stuart Walton ; Norma Miller. [Aus dem Engl. von Andreas Kellermann und Susanne Stielau]. - Köln : DuMont, 1999

Einheitssacht.: Spirits and liqueurs cookbook <dt.>
ISBN 3-7701-8516-1

Titel der englischen Originalausgabe:
Spirits and Liqueurs Cookbook

Redaktion: Linda Fraser
Layout: Sara Kidd
Fotografien: David Jordan und Janine Hosegood (Details)
Foodstylist: Judy Williams
Illustrationen: Madeleine David

Aus dem Englischen von Andreas Kellermann
und Susanne Stielau
Redaktion und Satz der deutschsprachigen Ausgabe:
Agents–Producers–Editors, Overath

Umschlaggestaltung: Nicole Hardegen

Printed and bound in Hong Kong

ISBN 3-7701-8516-1

INHALT

EINLEITUNG

VERMUTLICH wird man niemals genau sagen können, wann alkoholische Getränke über ihre altehrwürdige Rolle als Rauschmittel hinaus erstmals auch zum Kochen verwendet wurden, aber mit großer Wahrscheinlichkeit hängt dies mit der Entdeckung der Gärung zusammen.

Bereits die alten Ägypter verwendeten zur Herstellung der ersten Arten von Bier Getreidemaische, womit ihnen auch eine verbesserte Herstellung von Hefebroten ermöglicht wurde: Sie fanden heraus, daß die Zugabe der an lebenden Hefepilzen reichen Ablagerungen im Bier die einfachste und schnellste Methode darstellte, um die Gärung in einer frischen Teigportion in Gang zu setzen. In England war diese Technik noch im Mittelalter weit verbreitet; hier leitete man die Gärung des Teigs ein, indem man Schaum von der Oberfläche des fertigen Bieres zugab. Mit dieser Nutzung von Bier zur Brotherstellung fand Alkohol wohl überhaupt zum ersten Mal in der Kochkunst Verwendung.

Bei den Speisen im klassischen Griechenland und im späteren Römerreich spielte der Wein eine Rolle, doch nicht etwa zur Aromatisierung, sondern wegen seiner Säure. Die Erkenntnis, daß diese die Fasern von zähem Fleisch zarter werden läßt, führte zur Erfindung des Marinierens, einem in allen Küchen der Welt nach wie vor unentbehrlichen Verfahren. Dabei wird jedoch nicht nur zähes Fleisch weicher gemacht, sondern auch Pökelfleisch, das zur Konservierung mit Salz überzogen oder in Salzlake eingelegt wurde, das überschüssige Salz entzogen. Man mag hier in erster Linie zu Weinessig, bei dem der Alkohol in Essigsäure umgewandelt ist, gegriffen haben, aber auch Wein selbst kommt in Saucenrezepten des historisch bedeutenden spätrömischen Kochbuchs von Apicius (3. Jahrhundert n. Chr.) vor. Er wurde üblicherweise mit Gewürzen versetzt, um unangenehme, mit der Oxidation verbundene Geschmacksnoten zu verdecken.

In der häuslichen Küche ist es heute ganz alltäglich, Wein zur Sauce zu geben oder in Schmortöpfen Bier zu verwenden. In diesem Buch geht es jedoch um ganz andere Getränkesorten, deren gemeinsames Merkmal darin besteht, daß sie alle in gewisser Hinsicht auf dem Prinzip der Destillation beruhen. Auch die aufgespriteten Weine (Sherry, Portwein, Madeira und andere) haben aufgrund der Zugabe von Branntwein einen höheren Alkoholgehalt als herkömmlicher Tafelwein (und in manchen Fällen auch einen höheren Restzuckergehalt).

Unter Destillation (vom Lateinischen *destillare*, »herabtröpfeln«) versteht man die Extraktion des Alkohols aus vergorenen Getränken, indem man ihn durch Erhitzen verdampft. Im Vergleich zur Vergärung selbst ist die Destillation ein bemerkenswert einfaches Verfahren (vor allem, da sie wesentlich leichter von außen zu steuern ist). Während frisch gekelterter Traubensaft die richtige Umgebungstemperatur benötigt, damit die Umwandlung in einen guten Wein einsetzen kann, kann man Weingeist einfach durch die Erhitzung von Wein gewinnen: Alkohol hat einen niedrigeren Siedepunkt als Wasser (ca. 78 °C gegenüber 100 °C) und verdampft daher bereits, bevor der Wasseranteil des Weins zu kochen beginnt. Trifft der alkoholische Dampf dann auf eine kühle Fläche, bilden sich Kondenströpfchen, und aus diesen entsteht eine Flüssigkeit mit wesentlich höherem Alkoholanteil als der Wein. Läßt man diese Flüssigkeit erneut aufkochen und wiederholt die Prozedur, erhält man einen noch höheren Alkoholgehalt usw.

Die Frage, wann und wo die Destillation zuerst entdeckt wurde, hat in den vergangenen drei Jahrzehnten zu einer langen akademischen Debatte geführt. Der griechische Philosoph Aristoteles (4. Jahrhundert v. Chr.) beschreibt Destillation als ein Verfahren zur Reinigung und Trinkbarmachung von Meereswasser, und am Rande bemerkt er, daß man mit

In der Torfdarre der Glendronach-Brennerei wird die keimende Gerste gewendet (bei Huntly/Banffshire, Schottland).

Dieses Flüßchen liefert einen wesentlichen Bestandteil für die Whisky-Herstellung: klares Quellwasser.

Wein ebenso verfahren könne und daraus eine Art »Wasser« werde. Dies wäre beinahe der Durchbruch gewesen, doch schloß Aristoteles aus dem Experiment nur, daß Wein lediglich eine Art modifiziertes Wasser sei, und daß der Geschmack einer Flüssigkeit nur von den Stoffen herrühren könne, die mit ihrem Grundstoff Wasser gemischt werden.

Im Abendland stammen die ältesten Zeugnisse für systematische und wissenschaftlich fundierte Destillation aus der berühmten Hochschule für Medizin von Salerno (ca. 1100 n. Chr.). Hier schrieb man dem Wein gewisse Heilkräfte zu (eine Ansicht, die in unserem Jahrzehnt wieder beliebt geworden ist), und da das, was man für den »Geist« oder die »Seele« des Weines hielt, per Destillation gewonnen wurde, entstand die Bezeichnung »(Wein-)geist« bzw. »Spirituose« für das Destillat. Was die Heilkräfte des Weines betrifft, so hielt man den Alkohol für den wirksamen Bestandteil; das Wort »Alkohol« hatte man bis zu dieser Zeit allerdings als Oberbegriff für jedes durch Verdampfen und Kondensieren gewonnene Produkt verwendet. Es stammt aus dem Arabischen (*al-kuhl*) und bezog sich dort auf ein schwarzes Pulver, das aus dem Halbmetall Antimon gewonnen und als Augenschminke verwendet wurde. Erst seit dem 16. Jahrhundert wird der Begriff »Alkohol« speziell auf Alkoholdestillate angewandt.

Nicht nur die Medizin, sondern auch die mittelalterliche Alchemie hatte an der Entwicklung der Destillation in Europa ihren Anteil. Bei dieser angesehenen Wissenschaft suchte man in erster Linie nach einem Weg, unedle Metalle in Gold umzuwandeln. Man glaubte ernsthaft, ein solches Verfahren – wenn es denn gefunden wäre – möglicherweise auch auf den menschlichen Körper anwenden zu können, um die Essenz der Lebenskraft aus der sterblichen Hülle zu lösen und so ewige Jugend zu garantieren. Als man nun erkannte, daß Alkohol bei wiederholter Destillation immer reiner wurde, vermutete man den heiligen Gral im Weingeist.

Es kann nicht lange gedauert haben, bis die Mediziner von Salerno feststellten, daß destillierter Weingeist zwar eine Reihe bemerkenswerter Eigenschaften besaß, die Kraft, ewiges Leben zu verleihen, jedoch nicht dazugehörte. Trotzdem wurden Spirituosen noch jahrhundertelang zu Heilzwecken verwendet, und im 13. Jahrhundert prägte der katalanische Arzt Arnaldo de Villanova für alkoholische Destillate den lateinischen Begriff *aqua vitae* (»Wasser des Lebens«), was zeigt, daß man damit nach wie vor die Förderung von Lebenskraft und Gesundheit verband. (In verschiedenen Namen lebt dieser Begriff auch heute noch fort.)

Die ersten Brände stellte man aus Wein her, denn verglichen mit Bier galt er als zuträglicher und feiner. Im späteren Mittelalter kamen dann die Korndestillate und damit die ersten Whiskys und klaren Schnäpse hinzu. Viele dieser frühen Spirituosen enthielten Kräuter- und Gewürzextrakte oder wurden mit Früchten aromatisiert, womit die Heilwirkungen des Präparats gesteigert werden sollten. Diese Zusätze verdeckten auch den recht rauhen Geschmack und das unangenehme Aroma des reinen Alkohols. Jeder, der einmal die klare Flüssigkeit so gerochen und gekostet hat, wie sie in einer Branntweinbrennerei aus der Brennblase tröpfelt, der weiß, wie groß der Unterschied zwischen solch unbehandeltem Alkohol und einem angenehm weichen 5-Sterne-Cognac oder Single-Malt-Scotch ist. Die aromatisierten Destillate waren die Vorgänger vieler traditioneller, duftender Liköre, die es heute gibt.

Jahrhundertelang war dies die offizielle Darstellung der Entstehung der Spirituosen. Im Jahr 1961 äußerte dagegen der indische Historiker O. Prakash die Ansicht, daß Reis- und Gerstenbier in

Indien nachweislich bereits um 800 v. Chr. zum Brennen verwendet wurde, andere Autoren gehen sogar davon aus, daß die Chinesen diese Technik bereits früher angewandt hatten.

Es ist allerdings auffallend, daß Soldaten, die am Indien-Feldzug Alexanders des Großen im Jahre 327 v. Chr. beteiligt waren, nichts über destillierte Alkoholika berichtet haben, ja diese anscheinend gar nicht kennenlernten. Es erscheint durchaus glaubhaft, daß der Reis selbst durch diesen Feldzug nach Europa gelangte, aber jede Art von Reisschnaps wurde dabei anscheinend übersehen. Wie auch immer die Erklärung hierfür lautet: Sollten die Chinesen oder Inder die Destillation bereits so früh praktiziert haben, wie man behauptet, dann blieb ihr Wissen – auf das sie Jahrhunderte vor den Europäern gestoßen waren – auf diesen Teil der Welt begrenzt.

Der ursprüngliche und noch immer verbreitete Destillationskessel ist die Brennblase, die in der französischen Cognac-Region wie auch von den schottischen Whisky-Brennmeistern verwendet wird. Sie besteht aus den drei Abschnitten, die für das Verfahren absolut unerläßlich sind: einem Gefäß, in dem das vergorene Ausgangsprodukt (gemälztes Getreide, Wein, Cidre usw.) erhitzt wird; dem Steigrohr, durch das die aufsteigenden Alkoholdämpfe abgeleitet werden, und dem Kühler, in dem der Dampf gekühlt und wieder verflüssigt wird. Um ein qualitativ besseres, edleres Endprodukt zu erzielen, werden Spirituosen grundsätzlich wenigstens zweifach destilliert, womit ein weiterer Durchlauf erforderlich ist. Zudem ist nicht das gesamte Destillat für edle Spirituosen geeignet; die erste und dritte Fraktion (der sogenannte Vor- und Nachlauf) werden aufgrund ihres hohen Gehalts an Verunreinigungen abgetrennt. Die Erfindung der kontinuierlichen Destillation im 19. Jahrhundert, bei der direkt im Anschluß ein zweiter Destillationsvorgang erfolgt, machte die Alkoholdestillation preiswerter und ihre Kontrolle leichter. Diese Methode wird beim Armagnac, dem zweitwichtigsten klassischen Weinbrand aus Frankreich, angewandt und auch weltweit für die Herstellung der meisten Spirituosen bevorzugt.

Weinbrand aus der westfranzösischen Cognac-Region war vermutlich die erste Spirituose, die nicht nur zu medizinischen Zwecken oder als Verwertungsmöglichkeit für Trauben- und Getreideüberschüsse diente, sondern als richtiges Getränk für Kenner betrachtet wurde. Man stellte fest, daß der aus den leichten Cognac-Weinen hergestellte, erlesen-weiche Weinbrand besonders gut auf die Lagerung in Eichenfässern ansprach (das Holz für diese Fässer stammt seit jeher aus den Wäldern der Limousin-Region). Dieser Reifezeit im Holz verdanken faßgelagerte Spirituosen jedes Quentchen ihres Endcharakters – vom richtigen, gelbbraunen Farbton bis hin zu ihrem reichen, runden Geschmack. In der Flasche entwickeln sie sich dagegen nicht mehr weiter.

Das komplizierte, heute auf Cognac angewandte Klassifikationssystem orientiert sich an der Dauer der Lagerung und

Rechts: Eine alte Brennblase, jetzt ein Museumsstück im Jameson Heritage Center (Midleton, County Cork)

Oben: Sowohl Whisky als auch Cognac verdanken ihren Charakter, die richtige Farbe sowie ihre geschmackliche Fülle und Ausgewogenheit der abschließenden Reifung im Holzfaß.

Links: Kupferne Brennblasen sind die ursprünglichen Destillationsgefäße und werden sowohl in der Cognac-Region (Frankreich) als auch bei schottischen Whisky-Brennmeistern vielerorts verwendet.

entspricht einem Image herstellerischer Sorgfalt, das seit etwa dem Ende des 17. Jahrhunderts besteht.

Kurz danach erlangten schottische und irische Whiskys einen ähnlichen Bekanntheitsgrad. Ihre unterschiedlichen Produktionsverfahren führten zu recht ausgeprägten Regionalstilen – in Abhängigkeit von der in den Malzdarren verwendeten Torfmenge, der Qualität des zum Maischen verwendeten Quellwassers und – wie manchmal behauptet wird – der Form der Brennblase.

Von Nordamerika bis Japan werden heute weltweit zahlreiche Whiskysorten hergestellt, aber unerklärlicherweise sind alle Versuche, den außergewöhnlichen Geschmack eines großen Scotch nachzuahmen, gescheitert (auch wenn die Zutaten und Verfahrensweisen identisch gewesen sein mögen).

Bei Spirituosen ist die Grenze zwischen Branntwein und Likör nicht leicht festzulegen. Ein Likör sollte grundsätzlich einen deutlich erkennbaren, aromatisierenden Bestandteil besitzen (bei einigen berühmten Likören können es sogar über hundert sein). Das bedeutet zwar nicht, daß alle aromatisierten Spirituosen Liköre sind (aromatisierte Wodkas sind nach wie vor Wodkas), aber es gibt keine Liköre ohne Geschmackszutaten. Einige dieser Produkte haben eine genauso ehrwürdige Vergangenheit wie Cognac und schottischer Whisky. Davon werden die wichtigsten von den alten französischen Mönchsorden hergestellt: Bénédictine, ein nach Kräutern duftender Trank auf Cognacbasis, der aus dem Kloster von Fécamp in der Normandie stammt, kann z. B. einen Stammbaum vorweisen, welcher nachweislich bis zum Anfang des 16. Jahrhunderts zurückreicht.

Als die erste und größte Cocktail-Welle in den 20er Jahren dieses Jahrhunderts einsetzte, holte man viele traditionelle Liköre aus den Winkeln des Vergessens, in die sie der populäre Geschmack verbannt hatte. Die Benediktiner-Mönche dürften ein wenig schockiert gewesen sein zu erfahren, daß ihr ehrwürdiges Erzeugnis mit englischem Gin, amerikanischem Applejack, Apricot-Brandy und Ahornsirup im Mixbecher geschüttelt und dann neu auf »Mule's Hind Leg« (»Maulesels Hinterbein«) getauft wurde.

Nach und nach fanden Schnäpse und Liköre auch ihren Weg in die Küche, entweder zur Verfeinerung (wie etwa der beim Coq au Vin verwendete Weinbrand) oder aber, um den Geschmack zu heben, wie es etwa bei den in Eiscremes und Mousses verwendeten Obstlikören der Fall ist. Bei manchen Gerichten ist ein bestimmtes Getränk sogar das Wichtigste: So gäbe es natürlich kein Baba mit Rum ohne Rum und keine Zabaglione ohne Marsala.

Ohne Wasser geht nichts: Hier treibt es ein traditionelles Wasserrad einer alten Brennerei in Nordirland an.

In diesem Buch sollen zunächst die Geschichte und Herstellung der wichtigsten Schnäpse, Liköre und aufgespriteten Weine betrachtet werden, anschließend, wie man sie sowohl auf herkömmliche Weise als auch kreativ in der Küche verwenden kann. Hoffen wir, daß Sie die berühmten Erzeugnisse am Ende nicht einfach nur als Getränke, sondern auch als unentbehrliche Zutaten beim Kochen ansehen. Im übrigen können Sie, während es in der Kasserolle köchelt, die Mousse fest wird oder das Sorbet gefriert, in diesem Buch schmökern und einiges über die verwendeten Getränke lernen.

Mögen Sie sich hierbei vom »Geist« leiten lassen.

BRANNTWEINE

ND EDELBRANNTWEINE

Die ersten Schnäpse waren mit einiger Gewißheit recht einfache Destillate aus gewöhnlichem Wein. Jahrhundertelang hatte man eine Destillationsweise angewandt, bei der man Kräuter und Blumen in heißem Wasser auszog, dann aufkochte und kondensierte. Man erhielt dabei einen Extrakt, der zu Heilzwecken, zum Kochen und als Parfum diente. Wie bereits in der Einleitung beschrieben, wurde die Kunst der Destillation schließlich im Zuge alchemistischer Experimente auf Alkohol angewandt.

Als sich dann zeigte, daß aus jeder alkoholisch vergorenen Flüssigkeit anschließend eine Spirituose destilliert werden konnte, begann man, dieses Verfahren auch auf Substanzen anzuwenden, die speziell zum Zwecke der Destillation vergoren worden waren und selbst nicht konsumiert werden konnten. In Regionen, deren Klima für den Weinbau nicht geeignet war, wurde daher eine Maische aus gemälztem Getreide zur Grundlage der ersten whiskyartigen Getränke.

Da Wein schon länger in hohem Ansehen stand und von den kälteren Ländern Nordeuropas wie Holland und England in großen Mengen importiert wurde, fand zunächst der aus Wein hergestellte Branntwein wirklichen Anklang. Händler, die auf Schiffen La Rochelle und andere Häfen der Charente-Region in Westfrankreich anliefen, fanden zwar keinen besonderen Gefallen an den säuerlichen Weinen dieser Gegend, den starken Branntwein hingegen, der sich aus ihnen herstellen ließ, hielt man für wesentlich besser als vergleichbare Destillate aus anderen Gegenden. So wurde Cognac erstmals bekannt.

Das schon erwähnte »aqua vitae« der Alchemisten blieb auch weiterhin untrennbar mit den Bezeichnungen für Spirituosen verbunden: Die Franzosen nannten (und nennen) ihre Obstbrände *Eau de vie*, die Skandinavier *Aquavit* und die Kelten *uisge beatha*, was dann im Munde nicht-gälischer Sprecher zu »Whisky« wurde. Im Russischen wurde daraus das bescheidenere »Wässerchen« (Wodka). Ein anderer, mittellateinischer Name lautete »Aqua ardens« (»brennendes Wasser«). Die Assoziation des »Brennens« – sowohl in bezug auf die angewandte Methode der Alkoholextraktion als auch das beim Trinken entstehende Gefühl – lebt in der deutschen Bezeichnung »Branntwein«, dem holländischen »Brandewijn« und eventuell auch dem englischen Brandy fort.

Oben links: Die kleinste schottische Brennerei wurde 1837 in Pitlochry gebaut.

Unten links: Whisky läßt man üblicherweise in gebrauchten Sherry-Fässern aus Eiche reifen.

Unten: Die Beeren des Wacholderbaums verleihen dem Gin seinen charakteristischen Duft.

Eine moderne Brennerei für die Feinsprit-basis von Gin und Wodka

Wenngleich diese frühen Spirituosen sehr beliebt waren, würden sie uns heute nicht besonders gut schmecken. Sie wurden einfach nur destilliert und enthielten daher noch einen hohen Anteil an Fuselölen, einer Gruppe von Stoffen, die in der Fachsprache als »höhere Alkohole« bezeichnet werden. Erst 1800 entdeckte ein Arzt namens Adam die Vorteile der mehrfachen Destillation oder Rektifikation. Dabei wird ein großer Teil der unangenehm schmeckenden höheren Alkohole abgetrennt, so daß sich ein reineres Destillat ergibt. Einige positive Nebenprodukte der Destillation, die dem Getränk seinen Charakter verliehen, gingen jedoch ebenfalls verloren. So verwendete man die Kräuter-, Gewürz- und Fruchtauszüge, die ursprünglich den rauhen Geschmack des Alkohols verdeckt hatten, eine Zeitlang wieder als Aromastoffe.

Schließlich fand man den richtigen Mittelweg: Erzeugnisse wie Weinbrände und Whiskys, die gewisse »gebrannte« Charakteristika haben müssen, behalten diese bei zweifacher Destillation (und die Lagerung in Holzfässern verstärkt sie noch); diejenigen, die möglichst reintönig sein sollen – wie etwa Wodka und Gin – werden mehrfach destilliert. (Im Falle von Gin und ähnlichen Erzeugnissen wird durch längere Rektifikation eine geschmacksneutrale Fein- oder Primaspritbasis hergestellt, damit die zugegebenen Aromastoffe besser zur Geltung kommen.) Die meisten kommerziellen Spirituosen werden heutzutage gründlich rektifiziert, was nicht unbedingt von Vorteil ist, wenn man an die Fadheit einiger weißer Rumsorten denkt. Dieser Trend ist zum großen Teil darauf zurückzuführen, daß klare Spirituosen heute zum Mixen verwendet werden.

Zur Verkostung einer edlen Spirituose (alter Cognac, Single-Malt-Whisky, Sourmash-Bourbon oder alter Demerara-Rum) eignet sich die bei der Weinverkostung verwendete Methode eindeutig nicht. Wenn Sie versuchen, eine Flüssigkeit mit 40 % Volumenalkohol im Mund hin- und herzubewegen, werden Sie das bald wieder bereuen. Manche Verkoster urteilen deshalb allein nach dem Bukett; andere geben eine entsprechende Menge Wasser zu, was nach Ansicht vieler Leute die feinen Aromanoten hervorhebt. Wenn Sie die Spirituose unverdünnt verkosten, sollten Sie nur ganz wenig Flüssigkeit zu sich nehmen und vorne im Mund behalten, indem Sie den Kopf nach dem Nippen senken; saugen Sie dann rasch etwas Luft darüber ein und spucken Sie die Flüssigkeit wieder aus. Die ganze Prozedur geht wesentlich schneller vonstatten als bei der Verkostung von Wein.

AQUAVIT

VON ALL DEN UNTERSCHIEDLICHEN Spirituosen, deren Namen von der Bezeichnung »Wasser des Lebens« abgeleitet sind, hat skandinavischer Aquavit eine besonders lange Geschichte. Man weiß, daß er in Nordeuropa seit dem Mittelalter gebrannt wird, und spätestens seit dem 15. Jahrhundert diente er nicht mehr nur zu Heilzwecken, sondern wurde auch als Getränk genossen.

Die Herstellung von Aquavit ist der von aromatisiertem Wodka sehr ähnlich. Seine Grundlage bildet Kornbranntwein oder aus Kartoffeln hergestellter Feinsprit, den man rektifiziert hat, bis er einen hohen Grad an Reinheit erreicht, und dann mit Kümmelsamen und anderen duftenden Gewürzen aromatisiert. Echter Aquavit wird vor allem in Skandinavien und Deutschland hergestellt; sein anderer Name »Schnaps« ist vom altnordischen Verb *snappen* (»schnappen«, »greifen«) abgeleitet, was darauf hinweist, wie man ihn üblicherweise trinkt, nämlich in einem einzigen Schluck.

HERSTELLUNG

Die Kartoffeln werden in einem Apparat, der in etwa wie ein riesiger Schnellkochtopf aussieht, gekocht. Die dabei erzielte, stärkehaltige Masse wird mit gemälztem Korn gemischt und mit Hefe vergoren, dann zweifach zu neutralem Sprit gebrannt. Durch Verdünnen wird dieser auf Trinkstärke herabgesetzt, und der Kontakt mit Holzkohle sowie den anerkannten Aromastoffen bestimmt seinen Endcharakter.

AROMASTOFFE

Kümmelsamen
Anissamen
Fenchelsamen
Dillsamen
Kreuzkümmelsamen
Pomeranze

SERVIERVORSCHLAG

Aquavit sollte eisgekühlt und pur aus einem Gefäß gereicht werden, das nicht größer ist als ein Schnapsglas; die Flasche sollte einige Zeit vor dem Servieren ins Gefrierfach gelegt werden. Besonders im Winter eignet er sich ausgezeichnet als Aperitif.

MIXGETRÄNKE

Verwenden Sie für eine Bloody Mary einmal Aquavit anstelle von Wodka.

ALTERNATIVBEZEICHNUNGEN

Deutschland: Kümmel *Dänemark*: schnaps
Schweden/Norwegen/Niederlande: snaps

PASST GUT ZU ...

Auch wenn Aquavit eher an wüste, filmreife Trinkgelage denken läßt, so hat er durchaus seinen festen Platz in der gastronomischen Geschichte Skandinaviens: Er bildete eine wichtige Beilage zum schwedischen *Smörgå sbord*, einem recht kargen Mahl aus Brot, Fisch (im allgemeinen Hering) und Käse. Der trockene Wohlgeschmack des Aquavit ergänzte dabei die appetitliche, salzige Speise.

Heute wird Aquavit üblicherweise als Aperitif genossen. Er wird in einem einzigen Schluck getrunken, den man noch mit einem Schluck Bier nachspült.

AALBORG
Ein hochprozentiger Aquavit der Spitzenklasse aus Dänemark

PEACH COUNTY SCHNAPPS
Ein milder, handelsüblicher Schnaps mit Fruchtaroma

Arrak

Man weiss zwar noch nicht sicher, wann die Destillation erstmals ihre Anwendung gefunden hat, aber möglicherweise war die allererste Spirituose eine Art Arrak oder Raki. Angeblich kannte man diesen bereits um 800 v. Chr. auf dem Indischen Subkontinent; sicher ist, daß dort und auch im Südpazifik schon seit Jahrhunderten ein scharfer, klarer Schnaps hergestellt wird.

Im Grunde ist Arrak kein einzelnes Getränk, sondern Oberbegriff für mehrere klare Branntweine, deren Grundbestandteile und Herstellungsverfahren je nach Ursprungsregion variieren. In Java, Sumatra und Borneo liefert fermentierter Zuckerrohrsaft die Ausgangsbasis, in Indien dagegen ist Palmensaft als Arrakbasis beliebt.

In der Anfangszeit des arabischen Gewürzhandels gelangte das Getränk in den Vorderen Orient und den Mittelmeerraum; dementsprechend leitet sich sein Name von einem arabischen Wort, nämlich *araq* (»Schweiß«), ab. In der Folge stellte man Arrak auch aus anderen, leicht vergärbaren Produkten wie Datteln und Feigen her – in Nordafrika und im Vorderen Orient wird dies bis heute praktiziert. In Kulturen mit langer Weinbaugeschichte (Griechenland und Zypern) spielte hierbei auch der Wein (einschließlich dem aus Rosinen hergestellten) eine Rolle.

Im Westen begegnet einem Arrak heute vor allem in Form von Raki, einem griechisch-türkischen Schnaps mit einem Hauch Anis. Zwar gibt es auch sehr guten farbigen Raki auf der Basis alter, faßgelagerter Weinbrände, doch meist handelt es sich um eine farblose und im Geschmack ziemlich rauhe Spirituose, die bis zu 50 Vol.-% Alkohol enthalten kann. Sie wird in Südost-Europa hergestellt, nicht immer auf Trauben-, sondern auch auf Feigen- oder Pflaumenbasis.

RAKI
Einfacher (nicht faßgelagerter) türkischer Raki

Passt gut zu ...

Raki trinkt man in der Mittelmeerregion fast ausschließlich als Aperitif, aber mit etwas Glück finden Sie auch einen milden, der sich besser am Ende der Mahlzeit nach dem Kaffee trinken läßt.

Alternativbezeichnungen

Arak, Arraki, Racki, Raki, Rakija

Serviervorschlag

Arrak oder Raki sollten wie Aquavit in recht geringen Mengen genossen werden. Der rauhe, kräftige Schnaps wird nicht unbedingt gekühlt, und es ist sicherer, ihn in kleinen Schlückchen zu genießen.

Aromastoffe

Feigen, Datteln, Trauben, Rosinen und Pflaumen

Mixgetränke

In Griechenland und auf Zypern werden einfachere Rakisorten als Aperitif auf Eis getrunken.

BITTERE

AROMASTOFFE

Zahlreiche Kräuter und Wurzeln machen all diese Getränke mehr oder weniger bitter; dazu gehört recht häufig **Enzian**. Aus der Wurzel dieser Blütenpflanze gewinnt man einen hellgelben Extrakt, der in der Volksmedizin jahrhundertelang als Stärkungsmittel und Fiebermedizin angewandt wurde. In der Neuen Welt verwendete man anstelle von Enzian **Chinin**, einen Extrakt aus der Rinde des in Südamerika wachsenden Chinarindenbaumes. Die getrocknete Schale der bitteren **Sevilla-Orangen** ist ein wesentlicher Bestandteil von Campari.

DER BEGRIFF »BITTERE« bezieht sich auf eine Reihe von Spirituosen mit dem Geschmack bitterer Kräuter oder Wurzeln, denen man im allgemeinen Heilwirkungen zuschreibt. Ihre Palette reicht von Produkten wie Campari, die wie jeder andere Schnaps unverdünnt getrunken werden können, bis hin zu solchen, die derart bitter sind, daß man sie nur tropfenweise zum Würzen in andere Getränke gibt.

Von den vier Hauptgeschmacksrichtungen lernen die sich entwickelnden Geschmacksknospen zuletzt die bittere schätzen (die drei anderen sind süß, salzig und sauer), und eine Vorliebe für diese Geschmacksrichtung gilt oft als Zeichen dafür, daß man ein wirklich ausgereiftes Geschmacksempfinden besitzt.

Die Verbindung zwischen »bitter« und »gesund« zeigt sich deutlich darin, daß man Tonicwater mit dem Stimulans Chinin ursprünglich als Allzweck-Stärkungsmittel und nicht nur zum Mixen mit Gin verwendete (wenngleich sein Geschmack heutzutage durch künstliches Süßen übertönt wird). Außer Zweifel steht eine andere medizinische Wirkung der Bitteren, nämlich ihre verdauungsfördernde.

Der Ursprung der Bitteren liegt in den aromatisierenden Zutaten, mit denen man die frühesten Spirituosen in der Regel versetzte. Diese Elixiere wurden in zahlreichen Fällen – von Verdauungsbeschwerden bis hin zu Gelenkschmerzen – als Stärkungs- und Heilmittel eingesetzt. Die Apotheker schöpften bei ihrer Zubereitung aus dem gesammelten Wissen der Kräutermedizin und gaben Extrakte aus Rinden, Wurzeln, Fruchtschalen, Kräutern und Gewürzen zu, um die Heilkräfte des Getränks zu steigern.

Bittere werden auf der ganzen Welt hergestellt, einer der bekanntesten ist Angostura, ein Heißextrakt aus Enzianwurzel und Kräutern auf starker Rumbasis. Er wurde im 19. Jahrhundert von einem deutschen Mediziner, Truppenarzt des südamerikanischen Revolutionshelden Simón Bolivar, erfunden und nach einer Stadt in Venezuela benannt; heute indessen wird Angostura ausschließlich in Trinidad hergestellt (allerdings noch immer von der Firma, die sein Erfinder gründete). Er gehört zu den wenigen Heiltränken dieser Art, die für sich in Anspruch nehmen können, wirklich von einem Arzt entwickelt worden zu sein.

In Europa werden Bittere hauptsächlich in Italien und Frankreich hergestellt. Aus Italien –

CAMPARI
Italiens bekanntester bitterer Aperitif ist auch fertiggemixt in einer Flasche mit Kronkorken erhältlich.

UNDERBERG
Ein äußerst scharfer und bitterer Digestif aus Deutschland

Mixgetränke

Negroni: Gleiche Teile Gin, Campari und roten Wermut mit Eis gründlich in einem Tumbler mixen und einen Spritzer Sodawasser zugeben.

Americano: Wie Negroni, aber ohne Gin; einige Tropfen Angostura zugeben.

Pink Gin (unten): Ein kelchförmiges Glas mit etwa einem halben Dutzend Angostura-Tropfen ausschwenken. Eiskalten Gin zugeben; dieser wird einen ganz leichten Rosaton annehmen.

genauer Mailand – kommen Campari, ein hellroter, sehr bitterer Aperitif, der in Mailand hergestellt wird, sowie Fernet-Branca. Letzterer wird wie der deutsche Underberg in kleinen Fläschchen verkauft und oft als Katermedizin empfohlen. Zu den bekannten französischen Bitteren gehören Toni-Kola, Secrestat und Amer Picon, den ein in Algerien dienender Armeeoffizier als Heilmittel gegen Malaria entwickelte.

In den 20er Jahren verwendete man oft englische »Fruit Bitters« (z. B. Orange und Pfirsich). In Ungarn ist Unicum, dessen Bitterkeit durch eine leichte Süße gemildert wird, sehr beliebt; die Letten dagegen trinken ein besonderes Tonic namens Melnais Balzams (»schwarzer Balsam«), trocken und dunkel wie Melasse, im Kaffee.

FERNET-BRANCA
Der als Katermittel hochgeschätzte italienische Bitter

ANGOSTURA
Der für Cocktails meistverwendete Bitter

UNICUM
Eine dunkelfarbene Bitter-Spezialität aus Ungarn

Serviervorschlag

Campari serviert man nach klassischer Art mit Sodawasser und einem Streifen Zitronenschale (nicht eintauchen!). Amer Picon kann man auf dieselbe Art servieren oder aber als bittere Note im Gin. Underberg und Fernet-Branca können pur zur Magenberuhigung oder einfach zur Förderung der Verdauung getrunken werden; Angostura dagegen ist wesentlicher Bestandteil des Pink Gin, eines Drinks für Offiziere und Gentlemen.

WEINBRAND

GENAU GENOMMEN bezieht sich der Begriff Weinbrand auf jede aus Wein destillierte Spirituose. Es gibt auch »Brände« aus anderen Früchten, wie etwa den aus Äpfeln hergestellten Calvados aus der Normandie, aber diese werden hier gesondert behandelt.

Von allen echten Weinbränden ist der nach einer Stadt in der westfranzösischen Charente-Region benannte Cognac am berühmtesten. Händler, die im 17. Jahrhundert aus dem nördlichen Europa, vor allem den Niederlanden, hierherkamen, legten mit ihren Schiffen im Hafen von La Rochelle an, um Salz als Konsignationsgut zu laden, und zwangsläufig nahmen sie auch etwas von dem dünnen, säuerlichen Wein dieser Gegend mit. Um Laderaum zu sparen (was immer eine der wichtigsten Erwägungen war), wurde der Wein »gekocht« und so sein Volumen reduziert, um bei der Ankunft am Ziel wieder mit Wasser verdünnt zu werden. Man stellte jedoch fest, daß die Charente-Weine durch diesen Reduktionsprozeß gewannen, und von da an war es nur noch ein kleiner Schritt hin zur heutigen Brennereipraxis.

Die Weinbrände aus der Charente wurden so berühmt und ließen sich so teuer verkaufen, daß sie viele Nachahmer fanden. Doch gelang es nie, genau dieselben Bedingungen zu schaffen, unter denen Cognac gemacht wird. Der kreidehaltige Boden, das Küstenklima und die Lagerung in Fässern aus Limousin-Eiche waren unabdingliche Charakteristika, die Cognac zu dem hervorragenden Ruf verhalfen, den er heute genießt.

Der andere französische Weinbrand von Bedeutung wird im Südwesten des Landes produziert. Armagnac basiert auf einer größeren Auswahl von Traubensorten und wird nach einem etwas anderen Verfahren als Cognac hergestellt. Obwohl er nicht so bekannt ist wie Cognac, verfügt er auf dem Spirituosenmarkt über eine eigene Nische und wird von vielen Leuten als der bessere Digestif bevorzugt.

Wie auf den folgenden Seiten zu sehen sein wird, stellt man überall in

MARTELL
Das älteste Cognac-Haus und noch immer eine führende Marke

SERVIERVORSCHLAG

Edler Cognac sollte so, wie er ist (ungemixt und vor allem ohne Eis), genossen werden. Man serviert ihn üblicherweise in Cognacgläsern, die groß genug zum Schwenken sind. Tradition ist jedoch oft nicht der beste Weg; in einer Art großem Likörglas kann man seine Aromen besser würdigen, da der Alkohol darin nicht so stechend wirkt. Wärmt man das Glas ein wenig in der Hand, kommt das Bukett noch besser zur Geltung (hierfür ist der Cognacschwenker zweifellos besser geeignet). Verzichten Sie auf jene hübschen Weinbrandwärmer aus Silber, mit denen das schräg gehaltene Glas über einer kleinen Flamme erhitzt wird.

SERVIERVORSCHLAG

Feiner, alter Weinbrand sollte nicht zum Mixen verwendet werden. Jüngere Produkte kann man gut mit Sodawasser mixen, aber die Brandy-and-Tonic-Mode, für die ausgerechnet in Cognac so eifrig geworben wird, findet bei mir keinen Gefallen. Im Fernen Osten mixt man Weinbrand mit viel Eiswasser als Longdrink zum Essen.

Europa und Amerika Weinbrände her, von denen die besten im allgemeinen in *pot stills* genannten Brennblasen gebrannt werden. Eine minderwertige, künstlich gefärbte und aromatisierte Spirituose war unter dem Namen »Brandy« ebenfalls bekannt; mit der Einführung eines neuen Gesetzes im Jahre 1989 wurde die Verwendung dieser Bezeichnung dafür jedoch in der Europäischen Union untersagt.

Cognac

Die Cognac-Region erstreckt sich über zwei Departements nahe dem Golf von Biskaya in Westfrankreich, die Charente im Landesinneren und die Charente-Maritime an der Küste; die kleine Stadt Cognac liegt an der Grenze zwischen beiden. Die Weinberge sind hier in sechs Anbaubereiche gegliedert, als deren wichtigste Grande Champagne und Petite Champagne zu nennen sind.

Wie bereits erwähnt, erlangte Cognac auf den holländischen und britischen Märkten bis zum Ende des 17. Jahrhunderts seinen wahren Ruhm. Der erste Unternehmer in dieser Branche war Jean Martell aus Jersey. Er gab 1715 seine Laufbahn als Schmuggler auf und gründete ein Unternehmen, das noch immer seinen Namen trägt. Hennessy, Courvoisier und Rémy Martin sind die übrigen führenden Cognacmarken; zu den kleineren, wenngleich ebenso berühmten Unternehmen gehören Hine und Otard.

Die jeweilige Qualität verschiedener Cognacs hängt fast ausschließlich von der Lagerdauer ab, und nach ihr werden Cognacs auch klassifiziert. Kein Weinbrand, der das Recht auf die Bezeichnung *appelation contrôlée* (AC) erworben hat, darf aus Bränden verschnitten werden, die weniger als zwei Jahre alt sind. Am unteren Ende der Qualitätsskala steht VS (*Very Special*) mit drei Sternen auf den Etiketten. VS kann bereits drei Jahre alte Weinbrände enthalten, aber die einfachsten Erzeugnisse der meisten führenden Unternehmen enthalten auch Anteile aus wesentlich älteren Lagerbeständen.

Die nächstbessere Kategorie ist VSOP, *Very Superior Old Pale* (»sehr herausragend, alt, blaß«), eine alte britische Bezeichnung, die im 19. Jahrhundert für eine besonders edle, paradoxerweise »helle« Ladung Cognac aufkam. (Die Farbe des Cognacs geht zwar vor allem auf die Lagerung in Holzfässern zurück, kann aber auch durch Zugabe von Karamel beeinflußt werden, solange dieses keine Auswirkungen auf den Geschmack hat. Jeder Hauch von Süße ist auf eine Aufbesserung mit Zuckerlösung kurz vor der Abfüllung zurückzuführen.) Der VSOP-Cognac trägt fünf Sterne, da seine jüngsten Weinbrandanteile wenigstens fünf Jahre lang in Holz gereift haben müssen.

Verschnitte von mindestens sechs Jahre alten Cognacs dürfen als XO (*Extra Old*) bezeichnet werden oder einen Namen tragen, den sich die Unternehmen selbst ausdenken, z. B. »Reserve«, »Extra«, »Cordon Bleu«, »Paradis« oder den klassischen »Napoléon« (angeblich enthalten die Flaschen dann Weinbrände, die seit der Zeit des Empereurs reifen).

Die ältesten Cognacs erzielen atemberaubende Preise, die aber – verglichen mit einem guten VSOP – in keinem Verhältnis zum Genuß stehen.

HENNESSY X. O
Ein Spitzen-Cognac in besonders dekorativer Flasche

COURVOISIER
Neben Martell ist dies einer der meistgetrunkenen Cognacs der Welt

RÉMY MARTIN
Der einfache Rémy ist ein VSOP-Cognac

ZUM BEGRIFF WEINBRAND

Weinbrand ist lediglich ein Oberbegriff für alle Arten von gebranntem Wein. Wohl zu Recht ärgern sich heute die Leute in Cognac und Armagnac, wenn man ihre Erzeugnisse einfach nur als Weinbrand bezeichnet. Für Qualitätsprodukte aus Spanien, Kalifornien und anderen Ländern hingegen ist dieser Begriff eine gute Wahl. Keinem dieser Produkte wird irgendein Aromastoff zugesetzt, und falls doch, handelt es sich nicht mehr um Weinbrand, jedenfalls nach der für die Europäische Union geltenden Definition von 1989.

Es wird oft angenommen, daß das optimale Alter für die besten Cognacs bei 40 Jahren liegt, doch sollte man nie vergessen, daß jede Spirituose nur im Faß reifen kann. Sobald sie abgefüllt wird, entwickelt sie sich nicht mehr weiter.

ARMAGNAC

Armagnac galt etwa bis zur Mitte des 19. Jahrhunderts nur als der »andere« französische Weinbrand. Er wird im äußersten Südwesten des Landes, der Gascogne, hergestellt. Von den drei Subregionen (Bas-Armagnac, Ténarèze und Haut-Armagnac) gilt die erste normalerweise als die beste. Obwohl er kein so hohes Ansehen genießt, darf er sich mit Recht eines höheren Alters rühmen, da man in dieser Gegend nachweislich bereits im 14. Jahrhundert zu brennen begann. Er unterscheidet sich vom Cognac vor allem in folgenden Punkten: Während dem Cognac vorwiegend die Traubensorte Ugni Blanc zugrundeliegt, stellt man den Basiswein für Armagnac aus einer Mischung verschiedener Traubensorten her, zudem wird nicht Limousin-Eichenholz, sondern das der Monlezum-Eichen aus dem Departement Gers für den Ausbau verwendet. Schließlich wird vielerorts bei der Destillation das von Edouard Adam entwickelte kontinuierliche Brennverfahren verwendet.

ARMAGNAC
Auf einem Armagnac-Etikett bedeutet die Angabe »Hors d'Age« sehr lange Faßlagerung.

Adams Brenngerät war so untrennbar mit der Armagnac-Herstellung verbunden, daß das damit praktizierte Verfahren in diesem Jahrhundert lange Zeit als einziges zugelassen war. Die durch kontinuierliche Destillation gewonnene Spirituose ist reich an aromatischen Nebenstoffen, die dem Weinbrand seinen Charakter verleihen, und daher hat Armagnac einen ausgeprägteren Duft als Cognac. Viele Verkoster schreiben ihm ein »keksartiges« Aroma zu, während andere bei ihm eine florale Note feststellen. Da er nicht nachgesüßt wird, ist er im Geschmack trocken, zudem hat er im allgemeinen eine hellere Farbe als Cognac desselben Alters, da hier kein Karamel als Farbstoff verwendet wird.

Die Etikettierung ähnelt der von Cognac – mit der Ausnahme, daß die jüngsten Armagnacs nicht nach drei, sondern schon nach zwei Jahren Faßreifung auf den britischen Markt kommen dürfen. Die Bezeichnungen VS, VSOP und XO werden auf genau dieselbe Weise definiert. Armagnac mit Jahrgangsangabe (das unverschnittene Produkt der Ernte nur eines Jahres) war schon immer eine regionale Besonderheit, obwohl die Jahrgangsangabe vor kurzem auch für Cognac wieder legalisiert wurde. Sollte das Etikett z. B. eines 1959er Armagnacs verdächtig neu aussehen, dann liegt dies vermutlich daran, daß er erst vor kurzem auf Flaschen gezogen worden ist, denn seine Reifung kann nur im Holzfaß, nicht in der Flasche erfolgen.

Zum Charme der Armagnac-Region gehört, daß viele Hersteller noch ländliche Handwerksbetriebe sind und nicht, wie beim Cognac, international angesehene Unternehmen, die den Luxusmarkt beliefern. Für die Destillation teilen sich die Winzer oft transportable Brenngeräte. Daher sind die Preise selbst für Spitzen-Armagnacs in der Regel auch wesentlich moderater.

ANDERE EUROPÄISCHE WEINBRÄNDE

Spanien Außerhalb Frankreichs ist Spanien sowohl in puncto Quantität als auch Qualität der wichtigste Hersteller von Weinbrand. Spitzenprodukten widmet man hier bei jedem Herstellungsschritt dieselbe Sorgfalt wie den edelsten Cognacs und Armagnacs, und so halten sie einem Vergleich mit ihren französischen Gegenstücken voll und ganz stand.

In Spanien wird Weinbrand in erster Linie in der Sherry-Region um Jerez im Süden des Landes hergestellt, und den größten Teil davon produzieren in der Tat auch die großen Sherry-Häuser. Die Trauben für den Basiswein kommen in der Regel aus La Mancha, einem riesigen Plateau im Landesinneren, das gewissermaßen der »Traubenkorb« des spanischen Weinbaus ist. Gebrannt und gelagert werden die Weine jedoch in der Region um Jerez, was sie berechtigt, die Bezeichnung »Brandy de Jerez« zu führen – und dies ist ein verläßliches Zeichen für Qualität.

Die Reifung erfolgt nach einem Verfahren, das als fraktionierter Verschnitt bzw. Solera-System bekannt ist und auch bei den besten Sherrys angewandt wird. Eine *solera* besteht aus Fässern, die in Reihen übereinander geschichtet sind. Das frische Destillat wird in die oberen Fässer gefüllt; im Abstand von mehreren Monaten wird ein Quantum davon entnommen und in die Faßreihe darunter gefüllt, wo es eine entsprechende Menge ersetzt, die wiederum in die Reihe darunter gefüllt wird usw. Die unterste Reihe enthält die ältesten Weinbrände, die portionsweise zur Abfüllung entnommen werden. Durch dieses Verfahren erzielt man beim Weinbrand ausgeprägtere Alterscharakteristika, als wenn man ihn wie in Frankreich ungestört im selben Faß reifen ließe.

Zu den Spitzenmarken gehören Lepanto von Gonzalez Byass, Cardinal Mendoza von Sanchez Romate und Conde d'Osborne von Osborne, der in einer nach einem Entwurf von Salvador Dalí geformten Flasche erhältlich ist. Markenführer ist aber Fundador, ein Produkt von Domecq. In Katalonien stellt die Torres-Winzerei als Vorreiter ihren eigenen, recht guten Weinbrand her.

Deutschland Das bekannteste deutsche Produkt ist Asbach Uralt, ein gereiftes Erzeugnis der Brennerei Asbach im Rheingau. Es durchläuft eine Reifezeit von ungefähr 18 Monaten. Erwähnung finden sollten aber auch Jacobi 1880 aus Stuttgart, Scharlachberg Meisterbrand aus Bingen und die preisgünstigeren Weinbrände Mariacron und Chantré. Oft wird Weinbrand aus importiertem französischem oder italienischem Basiswein hergestellt, weswegen er auch keinen ausgeprägt regionalen Charakter besitzt.

Andere Portugal stellt einige gute Weinbrände her, aber hier ist die Branche stark darauf ausgerichtet, die Portweinhändler mit Traubenbranntwein zu beliefern. Bemerkenswert sind auch die ausgereiften Weinbrände aus Bulgarien, deren Basiswein in erster Linie aus der Cognac-Traube Ugni Blanc gewonnen wird.

LEPANTO
Spaniens führender Weinbrand, hergestellt vom bekannten Sherry-Hersteller Gonzalez Byass

MIXGETRÄNKE

Alexander: Gleiche Teile VSOP-Cognac, dunkelbraune Crème de Cacao und Sahne mit Eis im Mixbecher schütteln und in ein Cocktail-Glas seihen. Die Oberfläche mit Muskatnuß oder Schokoladenpulver bestreuen – Sie erhalten einen erquickenden Cocktail.

B & B (Bénédictine and Brandy): Dieser traditionelle Mix besteht je zur Hälfte aus Bénédictine und gutem Cognac – gerührt und ohne Eis.

Metaxa

Von den Weinbränden, die auf dem griechischen Festland (und auch der Insel Samos) hergestellt werden, verdient der immer beliebtere Metaxa eine besondere Erwähnung. Trotz des Wirbels, den man in Griechenland selbst um ihn macht, handelt es sich um ein recht einfaches, industrielles Erzeugnis. So wird griechischer Weinbrand neben altem Cognac niemals gut abschneiden – schon allein deshalb, weil der Säuregehalt der für ihn verwendeten Traubensorten im allgemeinen nicht hoch genug ist, um einen geeigneten Basiswein herzustellen. Dessen Hauptstütze bilden Savatiano, die vielerorts für Retsina verwendet wird, und die Muskatellertraube, aus der die goldfarbenen Dessertweine von Samos und anderen Inseln gemacht werden. Die Brennmeister scheuen sich auch nicht, Basisweine zu verwenden, die einige rote Trauben enthalten. Es gibt drei Sorten Metaxa, deren Güte von drei über fünf bis hin zu sieben Sternen ansteigt. Über letzteren heißt es gelegentlich, er habe ungefähr ein halbes Jahrhundert im Faß gereift – eine solche Behauptung sollte man schnell vergessen. Seine Farbe ist relativ hell (was bereits Zweifel am vorgegebenen Alter aufkommen läßt); im Geschmack ist er wesentlich süßer als Cognac und hat eine sehr leckere Toffee- oder Karamelnote.

METAXA
Der Liebling der Urlauber

Amerikanische Weinbrände

USA Seit den Pionierzeiten wird in den USA Weinbrand hergestellt – der Hauptteil davon in Kalifornien, dem für den Weinbau heute wichtigsten Bundesstaat. Die Weinbrandproduktion war früher nur eine bequeme Art der Verwendung von Traubengut, das man bei der Produktion von Qualitätswein für unbrauchbar hielt. In den letzten drei Jahrzehnten hat man sich jedoch an die Herstellung gereifter Spirituosen gemacht, und eine Reihe dieser amerikanischen Erzeugnisse kann einigen berühmten VSOP-Cognacs ernsthaft Konkurrenz machen.

Nicht alle werden nach dem Cognac-Vorbild produziert; einige orientieren sich eher am spanischen Stil. Man läßt die Weinbrände üblicherweise in Fässern aus heimischer amerikanischer Eiche reifen, was dem Alkohol ein ausgeprägteres Aroma

CARNEROS ALAMBIC
Weinbrand aus dem kalifornischen Napa Valley

Mixgetränke

Never on Sunday
(aus Michael Walkers *Cinzano Cocktail Book*):
1 Teil Metaxa, 1/2 Teil Ouzo, 1 Schuß Zitronensaft und 1 Spritzer Angostura mit Eis verrühren. In ein hohes Glas seihen und mit gleichen Teilen Champagner und Ginger-ale auffüllen.

MIXGETRÄNKE

Brandy Blazer: 2 Teile Cognac, 1 Zuckerwürfel und die dünn abgeschälte Schale von je ½ Orange und Zitrone behutsam in einer Kasserolle erhitzen, dann vom Herd nehmen und die Flüssigkeit an der Oberfläche entzünden. Der Alkohol brennt mit schwacher, bläulicher Flamme etwa eine Minute lang; die Flamme auspusten. 1 Teil Kahlúa zugeben und alles in ein hitzebeständiges Likörglas seihen. Mit einem Cocktail-Spieß dekorieren, um den ein Streifen Orangenschale gewickelt ist.

verleiht; durch die stark ausgekohlten Innenflächen der Fässer wird dies noch verstärkt. Unter solchen Bedingungen erhält man sehr vollmundige, komplexe Weinbrände. Man sollte besonders auf die Marken Germain-Robin und RMS achten (letztere ist im Besitz des Cognac-Königs Rémy Martin). Kalifornische Spitzenkellereien haben ebenfalls einige beeindruckende Produkte hervorgebracht, während der Großhersteller Gallo aus Modesto eine passable, zum Mixen gedachte Sorte produziert.

Lateinamerika In ganz Zentral- und Südamerika hat der Konsum feuriger Branntweine lange Tradition, und vor allem in den Regionen, in denen die ersten spanischen Kolonisten die ersten Weinstöcke pflanzten, spielt auch der Weinbrand eine Rolle. Der wichtigste Hersteller ist Mexiko, dessen Aushängeschild eine weltweit vielverkaufte Marke namens Presidente ist, ein Erzeugnis im leichten, schlichten Stil eines rauhen, einfachen spanischen Weinbrands.

Pisco dagegen ist eine südamerikanische Spezialität. Es gibt einen langen Disput darüber, ob sie aus Chile oder Peru stammt (neben diesen beiden Hauptherstellern liefert Bolivien noch einen bescheidenen Anteil). Der Hafen namens Pisco liegt zwar in Peru, die Chilenen beharren jedoch darauf, daß er eines der wichtigsten Exportziele für ihren eigenen Schnaps war, dessen Name dann gleich mit übernommen wurde.

Obwohl er ein wenig im Faß reift, ist Pisco immer farblos, da die Lagerfässer so alt sind, daß sie keine Farbe mehr abgeben können. In Chile verdünnt man den Weinbrand um so weniger, je länger er gereift hat, weshalb die feineren Sorten (Gran Pisco ist die beste) auch die stärksten sind. Da vielfach Muskatellertrauben verwendet werden, zeichnen sich nahezu alle Piscosorten in Bukett und Geschmack durch eine offene Fruchtigkeit aus.

Der Mythos, nach dem Pisco ein ausschließlich für Landarbeiter geeigneter Rachenputzer ist, beruht vermutlich auf einer Konfrontation sensibler europäischer Kehlen mit den schlechteren Sorten. Spitzen-Pisco kann mit Fug und Recht als Spirituose der Weltklasse gesehen werden.

PISCO
Ein Spitzen-Pisco aus Peru

MIXGETRÄNKE

Pisco Sour: Einen kleinen Tumbler zur Hälfte mit zerstoßenem Eis füllen. 2 Teile frisch gepreßten Orangensaft zugeben und mit Puderzucker süßen. Gut umrühren, bis der Zucker aufgelöst ist. 1 Teil Pisco zugeben und den Drink noch einmal umrühren.

CALVADOS

IN GEBIETEN, IN DENEN der Weinbau keinen Erfolg versprach, verwendete man für die Herstellung vergorener und gebrannter Getränke neben Getreide auch verschiedene Früchte. So nimmt nach der Weintraube der Apfel für die Alkoholherstellung die zweitwichtigste Position ein. Apfelbäume können im Vergleich zur Weinrebe in wesentlich rauherem Klima Früchte tragen, und da viele Apfelsorten für den Verzehr zu herb oder zu bitter sind, wurde im kühleren Klima des Nordens Cidre die naheliegende Alternative zu Bier.

Cidre wird vermutlich schon genauso lange gebrannt wie Wein; in der nordfranzösischen Normandie, dem Zentrum dieser Tradition, stammt der erste Hinweis auf die Herstellung eines Apfeldestillats von 1553, aber es gibt keine Möglichkeit festzustellen, wie lange diese Praxis Mitte des 16. Jahrhunderts bereits bestand.

Der Name des normannischen Apfelbranntweins – Calvados – klingt eher spanisch als französisch, da er aus einer Geschichte stammt, die berichtet, wie ein Schiff der spanischen Armada, die »El Calvador«, vor der Küste der Normandie zerschellte. Das entsprechende Departement wurde unter dem Namen Calvados bekannt, und danach benannte man auch seine traditionelle Spirituose. Die Geschichte ist historisch nicht verbürgt, und in der Normandie erwartet anscheinend auch niemand, daß man sie glaubt.

Schon bald nach Einführung des *appelation-contrôlée*-Systems wurden für Calvados wie für Cognac und Armagnac kontrollierte Anbaugebiete festgelegt (1942). Ein besonders guter Bezirk im Herzen der Region heißt Pays d'Auge; er wird wegen seines Bodens und der Lage geschätzt und gesondert als Herkunftsgebiet ausgewiesen (*appellation pays d'Auge contrôlée*, die übrigen sind schlicht mit *appelation Calvados* bezeichnet). Sowohl die zweifache Blasendestillation (für Calvados aus dem Pays d'Auge ausschließlich) als auch das kontinuierliche Brennverfahren werden hier angewandt.

Es gibt zahllose Sorten von Cidre-Äpfeln, die nach vier Geschmacksrichtungen gruppiert werden: süß, bittersüß, bitter und sauer. Davon machen die bitter-süßen in einem typischen Calvados-Verschnitt den Löwenanteil aus. Nach der Destillation reift der Apfelbranntwein in unterschiedlich großen Fässern aus französischer Eiche. Angeblich schmeckt und duf-

ALTERNATIVBEZEICHNUNGEN
USA: Applejack
Großbritannien: Apple Brandy/Cider Brandy

SERVIERVORSCHLAG
Jüngerer Calvados verträgt sich überraschend gut mit Tonic, solange nicht zuviel davon genommen wird (gut ist ein Verhältnis 1:1). Ältere müssen pur getrunken werden.

CALVADOS
Der beste Calvados kommt aus dem Pays d'Auge.

APPLE BRANDY
Ein feiner, kräftiger Apfelschnaps aus Somerset (England)

Mixgetränke

Depth Charge: 1 Teil Calvados, 1 Teil Cognac, $^1/_2$ Teil frischen Zitronensaft, 1 Spritzer Grenadine und Eis im Mixbecher schütteln. In ein Cocktailglas seihen.

tet er um so eher nach Äpfeln, je jünger er ist; die älteren Sorten nehmen die Vanille- und Gewürztöne des Holzes an.

Die Altersangaben ähneln denen für Cognac und Armagnac. Calvados mit drei Sternen (bzw. Äpfeln) lagert mindestens zwei Jahre im Faß, Vieux oder Réserve drei Jahre und Vieille Réserve oder VSOP vier Jahre. Sechs Jahre oder länger gelagerte Sorten können als Hors d'Age oder Age Inconnu (»Alter unbekannt«) etikettiert werden. Eine genaue Altersangabe auf einem Calvados-Etikett bezieht sich auf den jüngsten enthaltenen Branntweinanteil und nicht etwa das Durchschnittsalter. Sollten Sie auf eine der wenigen Calvadossorten mit Jahrgangsangabe stoßen, dann beachten Sie, daß sich die Angabe auf das Jahr der Destillation (also das nach der Ernte) bezieht.

In den Vereinigten Staaten stellt man Apfelbranntwein schon her, seit die ersten britischen Siedler feststellten, daß ihre in Neuengland gepflanzten Apfelbäume widerstandsfähiger waren als Getreide. Der meist als Applejack verkaufte Apfelbranntwein wird auf ungefähr dieselbe Weise wie Calvados hergestellt: Als Ausgangsprodukt dient guter Cidre, der zweifach in einer Blase gebrannt wird und dann bis zu fünf Jahren in Eichenfässern reift. Der jüngere Schnaps ist ein echter Rachenputzer, aber an der Ostküste wird er so geschätzt. Zu den vielverkauften Marken gehört u. a. Laird's.

Die andere – heute verpönte – Methode der Applejack-Herstellung bestand darin, den Cidre gefrieren zu lassen. Da Wasser schneller als Alkohol gefriert, blieb praktisch reiner Alkohol übrig, wenn man den ersten Eismatsch, der sich bildete, abschöpfte.

In Westengland wird zur Zeit wieder Apple Brandy (oder Cider Brandy) hergestellt. Nach Ansicht vieler ist Somerset in der Lage, den besten Apfelbranntwein herzustellen: Richtig ausgereift kann er sich durchaus sehen lassen, aber echte Calvados-Anhänger lassen sich von ihm in einer Blindverkostung wohl kaum täuschen.

Herstellung

Die Äpfel werden je nach Sorte von September bis Dezember geerntet. Ein bestimmter Verschnitt aus dem Saft der vier Apfelsorten wird zu Cidre mit ungefähr 5–6 % Alkohol vergoren; dieser wird zweifach (bzw. nach dem kontinuierlichen Verfahren) gebrannt. Der Apfelbranntwein reift anschließend bis zu 40 Jahren im Faß und wird mit 40–45 Vol.-% abgefüllt.

APPLEJACK
Die amerikanische Antwort auf Calvados

Serviervorschlag

In der Küche der Normandie gibt es die Tradition des *trou normand* (wörtlich: »normannisches Loch«). Vor dem Hauptgang einer Mahlzeit wird anstelle eines Sorbets ein Gläschen purer Calvados gereicht. Die Idee dabei ist, daß der Calvados wieder Platz schafft und einem so ermöglicht, mit Appetit weiterzuessen.

EAU DE VIE

AROMASTOFFE

Zahlreiche Früchte, u. a. Erdbeeren, Himbeeren, Birnen, Pflaumen und Brombeeren

SERVIERVORSCHLAG

Eau de vie sollte pur und sehr gut gekühlt serviert werden. Man kann es gut mit geschmacksneutralen Getränken wie Sodawasser mixen, sollte dafür aber Getränke mit Eigengeschmack meiden.

EAU DE VIE IST die französische Übersetzung des lateinischen *aqua vitae* (»Wasser des Lebens«). Genau genommen bezieht sich diese Bezeichnung auf alle Brände aus fermentierten Früchten, angefangen bei denen auf Weinbasis (Cognac und Armagnac). So könnte man Calvados auch als Eau de vie aus Cidre betrachten. Da die Namen dieser besonderen Branntweine jedoch aufgrund der französischen Bestimmungen für kontrollierte Anbaugebiete (*appellation contrôlée*) gesetzlich geschützt sind, wurden sie unter ihren jeweiligen Namen bekannt und werden nicht zu den Eaux de vie gezählt.

Man kann Schnäpse jedoch wie aus Äpfeln oder Trauben auch aus vielen anderen Früchten herstellen, nur sind dann ihre Bezeichnungen nicht so genau; daher wird der Begriff Eau de vie heute eher für andere Obstbrände reserviert. Abgesehen von ihren Grundbestandteilen unterscheiden sie sich von Cognac und Armagnac vor allem durch ihre Farblosigkeit, denn sie reifen nicht wie ihre Vettern in Holzfässern. Es wird angenommen, daß sie in der Flasche weiter ausbauen, was jedoch ein Widerspruch zu der Erkenntnis ist, nach der sich Spirituosen nicht mehr weiterentwickeln, sobald sie in Flaschen abgefüllt sind.

POIRE-WILLIAMS
Eau de vie mit Williamsbirnenaroma

ALTERNATIVBEZEICHNUNGEN

Farblose Obstbrände bezeichnet man auch als Obstler (im deutschsprachigen Süden) oder Obstwasser (sofern er aus Birnen oder Äpfeln hergestellt ist), oder nach den einzelnen darin verwerteten Früchten: Birnenwasser, Pflaumenwasser, Zwetschgenwasser etc.

LA VIEILLE PRUNE
Pascall stellt dieses berühmte Pflaumenwasser her.

Eine Vielzahl von Früchten findet hier Verwendung – am häufigsten jedoch die verschiedenen weichen Sommerbeeren, die auch die köstlichsten Obstbrände liefern. Auf eine besonders große Vielfalt stößt man im Elsaß. Einige der Obstbrände werden hier von Winzern, andere von spezialisierten Brennereien hergestellt; ihnen gemeinsam sind ein hoher Alkoholgehalt (manchmal um die 45 Vol.-%), Farblosigkeit und der deutliche, reintönige Duft und Geschmack der zugrundeliegenden Frucht. Sie werden nicht gesüßt und sollten auf keinen Fall mit den süßlichen, oft gefärbten Likören derselben Geschmacksrichtungen verwechselt werden.

Obstbrände dieses Typs werden auch in Deutschland und in der Schweiz hergestellt.

PASST GUT ZU ...

Sehr kühl und in kleinen Portionen gereicht, passen Obstbrände gut zu bestimmten Desserts, besonders Obstkuchen auf Mandelcremebasis (vgl. Rezept auf S. 223), die mit derselben Frucht belegt sind, aus der der Obstbrand gemacht wurde.

FRAMBOISE SAUVAGE
Ein Obstbrand mit dem Geschmack wilder Himbeeren

FRAISE
Ein beliebter Obstbrand aus Erdbeeren

EAU DE VIE
Drei weniger gebräuchliche Sorten (Mirabelle, Fleur de Bière und Kirsch)

GIN

VON DEN FÜNF WICHTIGSTEN Spirituosen (Weinbrand, Whisky, Rum, Wodka und Gin) ist Gin im Grunde die einzige, die sich von einem schlechten Ruf reinwaschen muß. Im Laufe der Zeit wurde er der unheilvolle Fluch armer Städter. In England nannte man ihn »Mother's Ruin«, da mit ihm junge Mädchen in Nöten versuchten, eine Fehlgeburt zu provozieren. Er war auch der billige Schnaps der Mittellosen und die schnelle Zuflucht der Unglücklichen, über denen sich düstere Wolken der Weltwirtschaftskrise zusammenzogen. Dabei war anfangs alles ganz anders gewesen.

Wenngleich die Engländer die Erfindung des Gins gerne für sich verbuchen, liegen seine Ursprünge im Holland des 16. Jahrhunderts. Wie bei vielen anderen Spirituosen stand auch hinter seiner Erfindung zunächst ein heilkundlicher Gedanke. Man nahm an, daß die für ihn verwendete Mischung aus Kräutern und Geschmacksstoffen den Körper vor allen möglichen Leiden schützte. Der Hauptbestandteil dieser Mischung war Wacholder, von dessen holländischer Bezeichnung (*Genever*) auch das englische Wort »Gin« abgeleitet ist.

Die dunklen, kleinen Beeren des Wacholderbaums verleihen dem Gin seinen typischen, starken Duft. Aus medizinischer Sicht schätzt man sie wegen ihrer harntreibenden Wirkung. Wacholder dominiert zwar Geschmack und Aroma des Gins, ist aber nicht die einzige

ALTERNATIVBEZEICHNUNGEN
Holland: Genever *Frankreich*: Genièvre (Inzwischen wird er allerdings fast immer als »Gin« bezeichnet.)

SERVIERVORSCHLAG
Natürlich mixt man Gin seit Urzeiten mit Schweppes Tonic, dessen Verbrauch fast ausschließlich von Gin-Trinkern bestritten wird. Gin Tonic wird üblicherweise als Longdrink mit einer Zitronenscheibe und viel Eis gereicht (idealerweise mixt man ihn eher im Verhältnis 1:1). Gin verträgt sich aber auch mit vielen Limonaden, Orangensaft, Bitter Lemon, Gingerale usw. (Cola eignet sich nicht so gut, aber das gilt für viele Getränke).

BOMBAY SAPPHIRE
Ein Gin mit feinerem Aroma als der handelsübliche Durchschnitt

GORDON'S
Der Markenführer unter den London Gins

MIXGETRÄNKE

Es gibt unzählige Cocktails auf Ginbasis; hier die beliebtesten:

Gin Fizz: 1 guten Teil Gin, 1 TL Zucker und den Saft von $^1/_2$ Zitrone im Mixbecher schütteln. In ein hohes Glas geben, und mit frischem Sodawasser auffüllen. (Der einzige Unterschied zu einem **Tom Collins** besteht darin, daß bei letzterem etwas weniger Sodawasser zugegeben wird; läßt man es ganz weg und verrührt alles nur in einem Tumbler, dann hat man einen **Gin Sour**.)

Gimlet (unten): Gleiche Anteile Plymouth Gin und Rose's Lime Juice mit ein paar Eiswürfeln in einem Tumbler verrühren.

Zutat. Zu den üblichen Beigaben gehören Engelwurz, Lakritze, Kalmuswurzel, Zitrusschale sowie Kümmel- und Koriandersamen, im Detail variieren die Rezepte aber je nach Hersteller.

Es ist gut möglich, daß britische Soldaten bei ihrer Rückkehr aus dem dreißigjährigen Krieg eine Vorliebe für Genever mitbrachten; es können jedoch auch Reisende gewesen sein, deren Weg auf dem europäischen Festland in Amsterdam begann oder endete. Wie auch immer: Im London des 17. Jahrhunderts wurde eine Art Gin unter Verwendung der elementaren Bier-Zutaten (Hopfen und Gerste) sowie Wacholderbeeren gebrannt.

Aus zwei Gründen erlebte der Gin in Großbritannien einen kometenhaften Popularitätszuwachs: Regelmäßige Feindseligkeiten mit den Franzosen führten zur Verhängung von Strafzöllen über ihre Exporte, und so, wie sich die Elite aus patriotischen Gründen für Portwein anstelle von Wein entschied, ersetzte Gin den Cognac. Zudem wurden die Abgaben für Bier nach einer Reform der Verbrauchssteuer derart in die Höhe getrieben, daß Gin folglich de facto weniger kostete. So überrascht es nicht, daß er zum Hauptgetränk der ärmeren Klassen wurde, die zudem in derart miserablen Verhältnissen lebten, daß viele nur noch im Alkohol einen Ausweg zu finden meinten. Von da an wurden Trübsinn und Verzweiflung mit Gin in Verbindung gebracht. Die Gin-Lieferanten verkauften ihre Ware mit Slogans, die sich heutzutage kein Inserent erlauben

BELGRAVIA LONDON DRY GIN
Eine der weniger bekannten Londoner Marken

MIXGETRÄNKE

Gin Rickey: Ein hohes Glas zur Hälfte mit Eis füllen. 2 Teile Gin, den Saft von $^1/_2$ Limone oder $^1/_4$ Zitrone und 1 großzügigen Spritzer Grenadine zugeben. Kräftig durchrühren und mit frischem Sodawasser auffüllen.

White Lady: 1 Teil Gin, $^1/_2$ Teil Cointreau und $^1/_2$ Teil frischen Zitronensaft mit Eis im Mixbecher schütteln und in ein Cocktailglas seihen. (In einigen Rezepten wird noch 1 TL Eiweiß zugegeben. Laut *Savoy Cocktail Book* – meines Erachtens das beste Buch zu diesem Thema – ist der White Lady eine solche Substanz unbekannt; sie macht den Drink lediglich schaumiger, falls Sie das mögen.)

AROMASTOFFE

Wacholderbeeren (unentbehrlich)
Koriandersamen
Kümmelsamen
Kalmuswurzel
getrocknete Orangen- und Zitronenschale
Engelwurz
Lakritze, Fenchel oder Anis
Mandeln
Kardamomschoten

MIXGETRÄNKE

Gin Smash: In einem Cocktail-Mixbecher 1 EL Zucker in etwas Wasser auflösen. 4 große, frische Zweige Minze zugeben; den Saft mit einem Rührlöffel aus der Minze quetschen. Den Mixbecher zur Hälfte mit zerkleinertem Eis auffüllen und 2 Teile Dry Gin zugeben. 20 Sekunden lang kräftig schütteln, dann in ein kleines, mit zerstoßenem Eis und etwas feingehackter Minze gefülltes Glas seihen.

könnte; der berühmte Wortlaut eines Firmenschildes etwa lautete: »Voll für einen Penny. Sturzbesoffen für Zwopence. Sauberes Stroh zum Schlafen gratis.« Die Massen gaben sich dem Gin derart hin, daß er 1736 verboten wurde. Dieses Gesetz wurde jedoch sechs Jahre später eiligst wieder aufgehoben, nachdem man herausgefunden hatte, daß die inzwischen konsumierte Schmuggelware wesentlich giftiger war als der zuvor offiziell zugelassene Schnaps.

Im Jahre 1750 entwarf der große Sozialsatiriker William Hogarth seinen berühmten Kupferstich *Gin Lane*. Darin zeigt er Verwahrlosung und Elend, die weitverbreiteter Gin-Konsum mit sich brachte, bis in die kleinsten Einzelheiten. Ein Jahrhundert später geißelten kritische Stimmen wie der Autor Charles Dickens den Gin noch immer als verderbenbringenden Seelentröster der Mittellosen – wenngleich Dickens nicht das Trinken selbst verdammen, sondern soziale Ungerechtigkeit für die Lage der Armen verantwortlich machen wollte. In dieser Epoche kamen jedoch auch die großen Abstinenzbewegungen auf, die die Armen darin bestärkten, den Alkohol als Trank des Teufels zu fürchten.

Erst in spätviktorianischer Zeit bekam Gin ein besseres Image. Da er farblos und nicht so aromatisch wie holzgelagerte Spirituosen ist, sah man in ihm eine brauchbare Alternative zu Whisky und Cognac für das weibliche Geschlecht. Die noch allzu lebendige Assoziation mit dem unerfreulichen Treiben armer Müßiggänger machte es zudem erforderlich, einen beschönigenden Namen für ihn zu finden. Eine Zeitlang trug er so erstaunlicherweise die Bezeichnung »Weißwein«; schließlich aber wurde Gin Tonic, der beliebteste Aperitif der Welt, erfunden und damit eine neue Epoche in der Geschichte des Gins eingeleitet.

Während der amerikanischen Prohibition (1919–33) gehörte Gin zum leichter erhältlichen Schwarzmarktfusel – vor allem weil Amateurbrennmeister ihn so einfach herstellen konnten.

BEEFEATER
Einer der bekanntesten London Gins

Mixgetränke

Dry Martini: Bei keinem Cocktailrezept gibt es so viele Meinungsverschiedenheiten wie beim klassischen Dry Martini. Im Grunde ist dies ein großzügig bemessener, praktisch purer und eiskalter Gin mit einem Spritzer weißem Wermut – aber was ist unter einem »Spritzer« zu verstehen? Für Puristen ist dies nur ein einziger Tropfen bzw. das, was im Glas zurückbleibt, wenn man es kurz mit etwas Wermut ausspült und diesen dann weggießt. (Verwirrenderweise nennt man so einen Martini »sehr trocken«, als würde er durch Zugabe von mehr Wermut süßer. In Wirklichkeit geht dieser Begriff auf das Originalrezept zurück, bei dem eine süße, rote Wermutsorte verwendet wurde.) Einigen gefällt sogar ein 1/2 Anteil Wermut; in einem Buch wird sogar ein Gin-Wermut-Verhältnis von 2:1 empfohlen! Puristen werden sich hier zweifellos vor Ekel schütteln, und ich muß zugeben, daß ich hier auch eher auf ihrer Seite stehe: Der Wermut sollte so zugegeben werden, als existierte davon nur noch eine einzige Flasche. Der Drink sollte in einem separaten Gefäß gründlich mit Eis gemixt und dann in das herkömmliche Cocktailglas (dessen wahrer Name Martiniglas lautet) abgeseiht werden. Leicht mit einer Zitronenzeste abspritzen, damit das unentbehrliche Öl in Tröpfchen auf der Oberfläche treibt; die Zitronenscheibe jedoch nicht in das Glas geben, und keine Olive verwenden! (Wenn man eine Cocktail-Zwiebel zugibt, nennt man den Drink **Gibson**.)

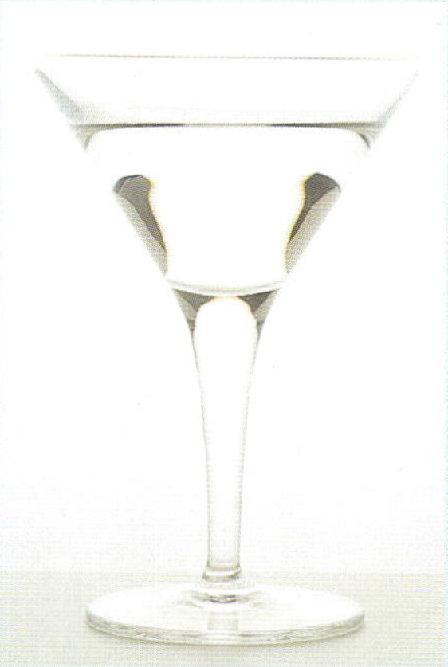

Man mußte lediglich irgendwelche Aromastoffe zu einem einfachen Getreideschnaps geben und ihn auf Flaschen ziehen, sobald er einem schmeckte. Manchmal heißt es, viele Cocktails in den 20er Jahren seien nur deshalb erfunden worden, weil man den ekelhaften Geschmack selbstgemachten Gins verdecken mußte.

Da sich Gin so gut mixen läßt, liefert er auch weiterhin die Grundlage für viele Cocktails. Im Gegensatz zu dunkelfarbigen Spirituosen bekommt er aufgrund seiner Farblosigkeit keinen abstoßend-schlammigen Farbton, wenn man ihn mit Fruchtsäften mixt, und im Gegensatz zum völlig geschmacksneutralen Wodka hat er ein eigenes Aroma, das sich mit dem der Mixgetränke gut verbinden läßt. Zwangsläufig hat Gin bei Jugendlichen in jüngerer Zeit viele Marktanteile an den Wodka verloren, da sein

Plymouth Gin

Coates ist der einzige Plymouth-Gin-Hersteller.

BOOTH'S FINEST
Beachten Sie, daß die Firma während des Gin-Verbots in Großbritannien gegründet wurde.

eigentümlicher Duft für den ungeschulten Gaumen etwas gewöhnungsbedürftig ist. In den 90er Jahren wurde er jedoch zum Lieblingsgetränk bestimmter amerikanischer Rap-Musiker, die ihn in ihren Liedtexten mit den Worten *juice and gin* begeistert feierten (nämlich Orangensaft und Gin, die in den 20er Jahren als »Orange Blossom« beliebt waren).

GINSORTEN

Englischer Gin Hiervon gibt es zwei Sorten. London Dry Gin ist der bei weitem bekanntere. Die Qualität dieser intensiv duftenden Spirituose variiert je nach Hersteller beträchtlich; die bekanntesten Marken sind Gordon's, Booth's und Beefeater, aber in den letzten Jahren haben sich daneben einige Spezialitäten unübersehbar auf dem Markt etabliert, vor allem Bombay Sapphire in der hellblauen Flasche.

Die zweite Sorte ist Plymouth Gin, der lediglich von Coates hergestellt wird. Dieser Gin ist deutlich trockener als die großen Londoner Marken; der Alkohol schmeckt eindrucksvoll abgerundet, und sein Bukett ist aufgrund der verwendeten Palette von Aromastoffen feiner, als es die meisten Gin-Trinker gewohnt sein dürften. Er ergibt einen unvergleichlichen Pink Gin.

Eine sehr geringe Menge Gin lagert man in Fässern und nennt ihn dann aufgrund des Farbtons, den ihm das Holz verleiht, »Golden Gin«.

Holländischer Genever Dank der würzigeren Getreidemaische, aus der es gemacht wird, ist dies ist ein ganz anderes Getränk als englischer Gin. Die Mischung aus Gerste, Roggen und Mais wird oft recht stark gemälzt, was der älteren Geneversorte einen leicht bierartigen Farbton verleiht. Grundsätzlich gibt es zwei Sorten, die entweder als Oude (alt) oder Jonge (jung) etikettiert werden; letzterer sieht dem englischen Erzeugnis ähnlicher. Oft werden sie in einer Steingutflasche verkauft.

MIXGETRÄNKE

Gin Swizzle: 2 Teile Gin, 1 TL Gomme (s. S. 125), den Saft von 1 Limone, ein paar ordentliche Spritzer Angostura und Eis in einer großen Kanne verquirlen (wie die Eier bei der Omelettzubereitung). Die fertige, schäumende Mischung in ein großes Glas seihen. Man kann den Drink auch in einem hohen Glas zubereiten und mit einem Sektquirl umrühren.

HOLLÄNDISCHER GENEVER
Der Prototyp des London Gin

SERVIERVORSCHLAG

Gin-Spezialitäten können pur serviert werden: Die Flasche im Eisfach kühlen und in kleinen Gläsern reichen. In den Niederlanden ist ein etwas höheres, schmales Stielglas (fast wie eine kleine Sektflöte) Tradition.

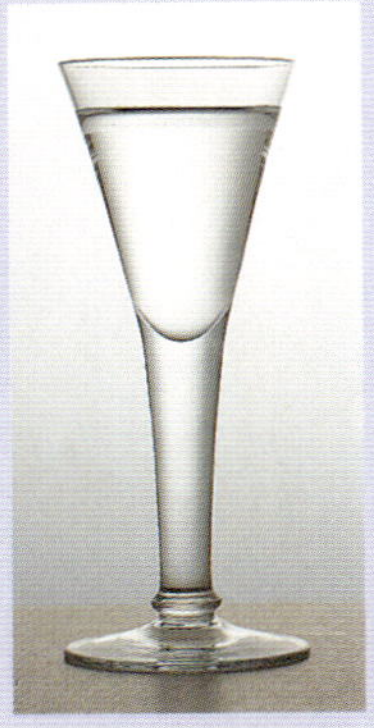

Kirsch

Kirsch, ein farbloses, reines Destillat, ist ein echter Obstbrand aus Kirschen. Er wird hier allerdings getrennt vom Eau de vie aufgeführt, da man ihn üblicherweise als besonders typisches Erzeugnis betrachtet und nicht zu den anderen Obstbränden zählt. Ein guter Teil davon wird im Osten Frankreichs (im Elsaß und der Franche-Comté-Region) hergestellt, doch im deutschsprachigen Raum und weit darüber hinaus berühmt ist natürlich das Schwarzwälder Kirschwasser.

Wenn man den Kirschsaft für die erste Vergärung preßt, werden die Kerne mit zermahlen und im Saft ausgezogen. Sie verleihen dem Schnaps die typische, leicht bittere Note und hinterlassen während des Gärprozesses eine winzige, harmlose Menge Blausäure. Kirsch läßt man in der Regel kurze Zeit reifen, jedoch nicht in Fässern, sondern in Steingut-Bottichen, so daß er farblos bleibt. Die richtige Kirschsorte für ihn ist die Schwarze Sauerweichsel, die auch in der – nicht minder berühmten – Schwarzwälder Torte verwendet wird; heute werden statt dessen aber oft auch rote Kirschsorten verwendet.

KIRSCH
Ein ganz besonderer Obstbrand aus Kirschen

Alternativbezeichnungen
Kirschwasser, Schwarzwälder Kirschwasser

Mixgetränke
Rose: Gleiche Teile Kirsch und trockenen Wermut mit einem Schuß Grenadine und viel Eis vermischen. In ein Cocktailglas seihen.

Kirsch wird auch in der Schweiz und Österreich hergestellt.

Passt gut zu …
Mit Kirsch können Sie Desserts einen Hauch alkoholische Reichhaltigkeit geben – entweder, indem Sie den Biskuitteig für eine Mousse damit tränken, oder frisches Obst, z. B. Ananas, damit befeuchten. Überhaupt verbindet sich sein Geschmack überraschend gut mit allen möglichen Obstsorten. Hüten Sie sich jedoch vor Flaschen mit der Aufschrift »Kirsch de Cuisine«, da dies ein minderwertiges Erzeugnis ist, das mehr nach Kerzenwachs als nach Kirschen riecht, und dessen Rauhheit angeblich verdeckt wird, wenn man es beim Kochen verwendet. Und wer das glaubt …

Serviervorschlag
Kirsch ist leicht gekühlt und in kleinen Gläsern gereicht ein erfrischender Digestif.

Trester

Serviervorschlag
Aufgrund ihrer kräftigen Tannine müssen Trester pur getrunken werden, obwohl ihr ausgeprägt erdiger Geschmack ein Schock für den Uneingeweihten sein mag. Besonders in der Bourgogne schätzt man sie als Digestif, der verdauungsfördernd wirken soll.

Die Winzer europäischer Weinberge mußten schon immer mit der Unsicherheit fertig werden, die ihnen die Abhängigkeit von den Naturgegebenheiten aufzwingt. So bedeutet eine Rekordernte mit reifen, guten Trauben reichlich guten Wein und dementsprechende Einnahmen. Was aber, wenn ein Kälteeinbruch im Frühjahr den Ertrag dezimiert oder das Wetter einem ein schlechtes Weinjahr besorgt?

Für viele sparsame Weinhersteller war Trester (oder Tresterbranntwein) in der Regel die Antwort. Wenn man vorm Vergären den Most keltert, bleibt eine Masse aus zerdrückten Traubenschalen und -kernen zurück, die ebenfalls vergoren werden kann; aus diesen Rückständen wird Trester gebrannt. In Frankreich wird der bekannteste Trester (Marc) in der Bourgogne und Champagne hergestellt – oft von Erzeugern, die so begeistert bei der Sache sind, daß sie auch die Rückstände anderer Anbauer aufkaufen; ein gewisser Teil wird jedoch auch im Elsaß, in der Provence und der abgelegenen Jura-Region im Osten des Landes produziert.

In Italien ist Trester unter dem Namen Grappa bekannt; er wird dort sehr differenziert beurteilt, je nach Traubensorte, aus deren Schalen der Tresterbranntwein gewonnen wird. Mehrere kalifornische Hersteller stellen ebenfalls Grappasorten her, obwohl das Wetter dort mild genug ist, um eine solche Stütze nicht zu brauchen, aber Grappa liegt eben im Trend. Die edleren Trester läßt man eventuell im Faß reifen, was ihnen eine leuchtend goldene Farbe verleiht, die meisten sind jedoch farblos.

MARC DE CHAMPAGNE
Hergestellt von dem Champagner-Riesen Moet & Chandon

Alternativbezeichnungen
Italien: Grappa (auch in Kalifornien verwendet) *Portugal*: Bagaceira *Spanien*: Aguardiente (Dieser Begriff kann jedoch für jeden feurigen Traubenbranntwein, einschließlich Weinbrand, verwendet werden.)

Passt gut zu ...
In Reims habe ich einmal ein Sorbet gegessen, das aus Marc de Champagne hergestellt und zusätzlich noch damit bestrichen war; ich muß sagen: Es war von einer irgendwie faszinierenden Scheußlichkeit.
Die Verwendung von Marc de Bourgogne als Marinade für die Rinde des kräftigen Chambertin-Weichkäses ist schon verlockender.

GRAPPA
Eine Grappasorte aus der Muskatellertraube

MEZCAL

DIESES ORIGINAL MEXIKANISCHE Getränk ist ein heller, gelblicher Brand aus dem Saft der Agave, einer Kaktusart. Den ausgepreßten Saft vergärt man zu *pulque*, einer Art Bier mit 5–6% Alkohol, das bekanntlich schon vor der spanischen Conquista getrunken wurde. Aus ihm wird anschließend der Mezcal nach dem kontinuierlichen Verfahren einfach gebrannt (eine weitere Destillation entfernt mehr von den unangenehmen Verunreinigungen aus dem Brand und ergibt den höhergeschätzten Tequila).

Man sollte gerechterweise sagen, daß Mezcal in keinem besonders guten Ruf steht; er ist genau das aggressive Feuerwasser, das in Malcolm Lowrys gefeiertem Alkoholikerroman *Unter dem Vulkan* zum Untergang des ausschweifenden britischen Konsuls beiträgt. In der Vergangenheit schrieb man dem Mezcal die Fähigkeit zu, grausige Halluzinationen hervorzurufen (eine Eigenschaft, über die auch Lowrys Roman berichtet), aber dies läßt sich kaum begründen, da die Agave nicht zu den halluzinogenen Spezies gehört.

Mezcal wird oft mit einem eingelegten, weißen Agavenwurm in der Flasche verkauft; dieser ist echt und soll mit dem zuletzt eingeschenkten Drink gegessen werden. Angeblich verleiht sein Verzehr denjenigen, die bereits tapfer genug waren, ihn herunterzuschlucken, großen Heldenmut. Außerdem hält die Legende daran fest, daß der sich von der Agave ernährende Wurm halluzinogene Eigenschaften besitzt – sollte das für Sie ein Grund sein, ihn zu probieren, dann lassen Sie's, denn die bewußtseinserweiternde Droge Meskalin gewinnt man aus dem Peyote-Kaktus, nicht der Agave.

MEZCAL
Ein kleiner, weißer Wurm lauert auf dem Boden einer jeden Flasche.

SERVIERVORSCHLAG

Falls Ihnen die Vorstellung, den Wurm so zu kauen, wie er ist, nicht zusagt, können Sie ihn in einem Cocktail pürieren. Ich habe ihn stückchenweise geschluckt, aber der versprochene Heldenmut stellte sich nicht ein.

HERSTELLUNG

Die äußerlich reizlose Agavenpflanze besitzt ein gewaltiges Mittelstück in Form eines Kiefernzapfens, das von großen, stacheligen, dicken Blättern umgeben ist. Dieses Mittel- oder Herzstück wird weggehackt, und den ausgepreßten, milchig-weißen und äußerst bitteren Saft vergärt man zu *pulque*. Mezcal ist dann der Rauhbrand aus *pulque* und reift eventuell für kurze Zeit in Holzfässern, ist aber nicht als besonders anspruchsvolles Produkt gedacht.

SERVIERVORSCHLAG

Falls Sie seinen feurigen Geschmack mildern möchten, können Sie Mezcal mit etwas frisch gepreßtem Limonensaft mixen und dann mit Sodawasser oder Tonic auffüllen. Es ist schwierig, einen Mezcal zu finden, der nicht unrein riecht, und dieses Aroma neigt dazu, in jedem Mixgetränk hervorzutreten.

Rum

Von den fünf wichtigsten Spirituosen ist Rum vermutlich diejenige, über die man am wenigsten weiß, obwohl er uns – nicht zuletzt durch Balladen und Seefahrergeschichten – schon seit Jahrhunderten vertraut ist.

Der Ursprung seines Namens ist nicht völlig geklärt, einer favorisierten Theorie nach ist *Rum* aber die Kurzform des altwestenglischen Wortes *rumbullion*, das ganz allgemein eine hochprozentige Spirituose bezeichnet.

Vermutlich wurde Rum nicht lange nach Gründung der Zuckerplantagen auf den Westindischen Inseln im frühen 16. Jahrhundert erfunden. Vor den Seereisen des Christoph Kolumbus war Zukker ein in Südeuropa begehrtes Luxusprodukt, das ursprünglich von Persern und Arabern aus Indien nach Venedig gebracht worden war. Als nun die spanischen Eroberer zu der von ihnen Hispaniola genannten Karibikinsel (heute Haiti und die Dominikanische Republik) kamen, fanden sie dort optimale Bedingungen für den Zuckerrohranbau vor, womit sie den Arabern das Zuckermonopol streitig machen konnten.

Alternativbezeichnungen

Frankreich: Rhum

Spanien: Ron

Da Hefekulturen zur Alkoholproduktion Zukker benötigen, war es natürlich schon immer naheliegend, die Zuckerrohrpflanze als Ausgangsprodukt für irgendeine Form von Brand zu verwenden. Gepreßter Zuckerrohrsaft ist zunächst von trüber, grünlicher Farbe und voller Fremdstoffe. Beim Einkochen bilden sich schließlich Saccharose (Zucker) und als Nebenprodukt Melasse (noch immer mit einem Zuckeranteil von 60 %), die mit Wasser verdünnt unter tropischen Bedingungen ohne weiteres gärt.

CAPTAIN MORGAN
Die führende dunkle Rummarke

Serviervorschlag

Die besten dunklen Rumsorten (vor allem gereifte) sollten pur und ungekühlt als Digestifs gereicht werden; sie liefern eine interessante Alternative zu Malt Whisky oder Cognac. Weiße Spitzen-Rumsorten selbständiger Hersteller werden ebenfalls am besten pur genossen, sollten jedoch kalt gereicht werden.

Wichtige Hersteller

Appleton, Myers (Jamaika); CSR (St. Kitts); Green Island (Mauritius); Clément, Rhum St. James, La Mauny (Martinique); Havana Club (Kuba); El Dorado (Guyana); Cockspur, Mount Gay (Barbados); Barbancourt (Haiti); Pusser's (Britische Jungferninseln)

MIXGETRÄNKE

Rum liefert die Basis für viele ausgefallene Cocktailmischungen, die heute im Angebot sind. Stellvertretend sollen hier zwei Klassiker vorgestellt werden:

Bacardi Cocktail: Das Original, nach dem auch die Marke benannt ist. 2 Teile weißen Rum, den Saft von 1/2 Limone, 1 TL Grenadine und Eis im Mixbecher schütteln. In ein Cocktailglas seihen.

Cuba Libre (unten): Einen großzügigen Teil hellen oder goldfarbenen Rum mit ca. 1 EL frisch gepreßtem Limonensaft mixen, auf Eis gießen, und mit Cola auffüllen.

Rum ist schließlich das aus vergorener Melasse gewonnene Destillat.

Zucker wurde in Europa schnell zum weitverbreiteten Alltagsprodukt. Den ungeheuren Bedarf danach deckte eines der übelsten Phänomene europäischer Kolonialgeschichte, nämlich der Sklavenhandel, und hier spielte der Rum eine entscheidende Rolle. Siedler in Neuengland finanzierten dabei ihre Reisen nach Westafrika durch den Rumverkauf. Eine Ladung afrikanischer Sklaven wurde dann zu den Westindischen Inseln transportiert und gegen Melasse verkauft, die dann zurück nach Neuengland verschifft und zu noch mehr Rum verarbeitet wurde.

Daß man Rum auch mit der britischen Marine in Verbindung bringt, rührt insbesondere daher, daß die Matrosen im 18. Jahrhundert üblicherweise eine Tagesration davon erhielten. Diese Tradition hatte vor allem Bestand, weil Rum heißes Wetter besser überstand als Bier. Zunächst bestand die Tagesration aus einem anheiternden halben Pint (ca. 1/4 Liter), das um 1770 zu dem verschmähten »Grog« verwässert und dann als Mittel gegen Skorbut mit Zitronensaft gemischt wurde.

Erst 1970 schaffte man diese Zuteilung ab – offensichtlich hat die Marine doch gemerkt, daß ein zugeteiltes Quantum von umgerechnet acht Schnäpsen die militärische Leistungsfähigkeit nicht gerade steigert.

WOOD'S 100
Ein besonders voller, dunkler, überprozentiger Rum

MIXGETRÄNKE

Petite Fleur: (aus Michael Walkers *Cinzano Cocktail Book*): Gleiche Teile weißen Rum, Cointreau und frisch gepreßten Grapefruitsaft mit Eis im Mixbecher schütteln und dann in ein Cocktailglas seihen.

Mai Tai (unten): Je 1 Teil dunklen und hellen Rum, je 1/2 Teil Tequila, Cointreau und Aprikosenbrand, 1 Teil frisch gepreßten Orangensaft, 1 Spritzer Grenadine und einige Tropfen Angostura sowie Eiswürfel in einem Mixer mischen. Die Mischung in ein sehr großes Weinglas dekantieren.

Serviervorschlag

Weißer Rum läßt sich ausgezeichnet mit Cola mixen, aber auch mit Orangensaft oder eher tropischen Geschmacksrichtungen wie Ananas und Mango. Dunklen Rum mixt man üblicherweise mit schwarzem Johannisbeer- oder Pfefferminz-Likör wie auch der allgegenwärtigen Cola (unten).

Mixgetränke

Planter's Punch: Je 2 Teile hellen Rum und frischen Orangensaft, einige TL Zitronensaft und Eis im Mixbecher schütteln und in ein großes Glas seihen. Nach Geschmack noch 1 Spritzer Grenadine zufügen.

Ti Punch (unten): 1 großzügigen Teil guten, weißen Rum, 1 Spritzer Zuckerrohrsirup, die zerstoßene Schale und den Saft von 1 Limone sowie viel zerstoßenes Eis in einem großen Tumbler verrühren. (Nicht zu verwechseln mit Tea Punch, für den in der Tat Tee verwendet wird.)

Heute produziert man Rum überall auf den Westindischen Inseln und im Osten Südamerikas, in geringerem Umfang auch auf den Philippinen und Mauritius sowie in noch kleineren Mengen in den USA und sogar in Australien. Ein großer Teil davon ist zwangsläufig ein Nebenprodukt der Zuckerraffinerien, die besten Sorten werden jedoch von kleineren, unabhängigen Firmen hergestellt, die das Zuckerrohr speziell zum Brennen anbauen.

Nur eine kleine Menge Rum wird aus dem gepreßten Zuckerrohrsaft selbst, der größte Teil dagegen aus der fermentierten Melasse hergestellt. Vor allem in den ehemaligen französischen Kolonien gibt es die bemerkenswerte Tradition des *rhum agricole*, Spezialitäten kleiner Zuckerfarmen, die für die Herstellung ihrer Rumsorten unterschiedliche Hefekulturen verwenden. Diese werden idealerweise einzeln gewürdigt, genauso wie dies mit Weinen aus einzelnen Traubensorten geschieht.

Bei der Rumherstellung verwendet man beide Brennverfahren, und wie bei anderen Spirituosen werden die Spitzensorten in einer kupfernen Brennblase zweifach destilliert. Kontinuierliche Destillation und gründliche Rektifizierung werden vor allem von den Massenher-

BACARDI
Die beliebteste weiße Spirituosenmarke der Welt

MIXGETRÄNKE

Hot Buttered Rum: 1 TL Demerara-Zucker mit gut 2 Teilen starkem, schwarzem Rum in einem hohen Glas mixen. ½ TL Zimtpulver und ein Stückchen Butter zugeben und mit heißem Wasser auffüllen. (Vergessen Sie nicht, einen Löffel in das Glas zu stellen, um die Hitze abzuleiten, falls das Wasser gerade gekocht hat.)

Pina Colada (unten): Im Blender je 2 Teile weißen Rum und Ananassaft mit einigen TL frisch geraspelter Kokosnuß und Eis mixen. Um einen tropischen Touch zu erzielen, sollte der Drink idealerweise in eine Ananasschale, in der sich noch eine Schicht Fruchtfleisch befindet, gegossen und mit Strohhalmen getrunken werden.

stellern angewandt, und zwar insbesondere für die marktführenden, relativ neutral schmeckenden weißen Rumsorten. Frischer, in der Brennblase gebrannter Rum hat einen hohen Gehalt an Fremdstoffen und muß eine Zeitlang im Faß reifen (dabei erhalten die dunklen Rumsorten auch ihre Farbe). Einige Firmen stimmen die Farbe am Ende mit Karamel ab, was auf den Geschmack jedoch keine weiteren Auswirkungen hat.

Dunkle Rumsorten bilden nach den weißen die aus kommerzieller Sicht zweitwichtigste Kategorie, und zu ihnen zählen sicherlich die besseren Erzeugnisse. Zu den führenden Marken gehören neben vielen anderen etwa Lamb's und Captain Morgan. Einige von ihnen werden mit mehr als 50 Vol.-% Alkohol abgefüllt (Wood's Navy Rum z. B. hat 57 %); die traditionelle Bezeichnung hierfür ist *overproof* (»überprozentig«). Durchschnittliche dunkle Rumsorten haben eher die normalen 40 %; Bacardi dagegen wird auf 37,5 % herabgesetzt, damit er denselben Alkoholgehalt wie die übrigen, handelsüblichen klaren Spirituosen hat.

Neben diesen beiden Arten gibt es noch den

MOUNT GAY BARBADOS
Eine große, goldfarbene Rummarke aus der Karibik

MIXGETRÄNKE

Daiquiri: 2 Teile weißen Rum, den Saft von ½ Limone oder ¼ Zitrone, 1 TL Zucker und Eis im Mixbecher schütteln. In ein Cocktailglas seihen. Bei einer beliebten Variante des ursprünglichen Daiquiri wird ½ Teil irgendeines Fruchtlikörs zusammen mit 50 g frischem Püree der entsprechenden Frucht zugegeben. Besonders verführerisch ist eine Erdbeervariante mit Erdbeerlikör.)

Aromastoffe

Eine kleine Menge Rum wird mit einer Gewürzmischung und Früchten wie Rosinen und Pflaumen aromatisiert (z. B. einige Demerara-Rumsorten aus Guayana).

Mixgetränke

Zombie: Je 1 Teil dunklen Rum, hellen Rum und Aprikosenbrand, je 1/2 Teil Ananassaft und frisch gepreßten Orangen- und Zitronensaft mit Eis im Mixer mischen und in ein großes Kelchglas gießen.

immer beliebteren goldfarbenen oder hellen Rum, der eine besondere Spezialität aus Kuba und Puerto Rico ist und nur für kürzere Zeit faßgelagert wird. Die dunkelsten und stärksten Rumsorten kommen traditionellerweise aus Jamaika. Gute weiße Rumsorten wie z. B. Rhum St. James aus Martinique sind erfüllt vom satten Aroma gebrannten Zuckers und damit von den milden, handelsüblichen weißen Rumsorten Welten entfernt. Einige Exporteure rühmen sich mit dem Verkauf von 30 bis 40 Jahren faßgelagerten Rumsorten, und eine winzige Menge Rum wird sogar mit Jahrgangsangabe hergestellt.

Herstellung

Der Zuckerrohrsaft wird ausgepreßt und entweder direkt vergoren oder aber eingekocht, um die Melasse als Ausgangsprodukt der Fermentierung zu gewinnen. Sie wird entweder nach dem kontinuierlichen Verfahren oder aber (bei Spezialitäten) zweifach in der Brennblase destilliert. Um ein berauschenderes Erzeugnis zu erhalten, gibt man z. T. etwas von den entgeisteten Rückständen des vorherigen Destillationsvorgangs – Schlempe genannt – während der Vergärung zur Melasse. Handelsübliche weiße Rumsorten werden rektifiziert und sofort auf Flaschen gezogen; farbige Sorten reifen dagegen vor der Abfüllung (z. T. jahrzehntelang) im Faß.

Passt gut zu ...

Rum paßt ausgezeichnet – und besser als jede andere Spirituose – zu jeder Art von Obst. Bereits im 18. Jahrhundert war ein Salat aus Orangenspalten in goldfarbenem Rum ein traditionelles Gericht, aber bei allen Obstsalaten kann man Rum zum Sirup geben, und für Ananas und Banane eignet er sich besonders gut. Desserts auf Biskuitbasis wie z. B. Charlotten kann man mit Rum vorzüglich bereichern, und Baba mit Rum, ein weicher, mit Rosinen gefüllter und mit Rum durchtränkter Biskuit wäre ohne ihn gar nicht denkbar.

LAMB'S
Eine der führenden dunklen Rummarken

SLIWOWITZ

ECHTER SLIWOWITZ IST BZW. WAR in Serbien und Bosnien-Herzegowina der ortsübliche Obstbrand – *war*, da die Folgen des Krieges der frühen 90er Jahre im ehemaligen Jugoslawien auch die Produktionskapazität der Brennereien stark reduzierte, z. T. auch ganze Brennereien von der Bildfläche verschwanden. Trotzdem produzierte man weiterhin eine geringe Menge, durch deren Seltenheitswert der Preis allerdings erheblich anstieg.

Dies kann man auch nur hoffen, da wirklich guter Sliwowitz zu den renommiertesten und köstlichsten Obstbränden ganz Europas zählt. Hauptbestandteil ist eine spezielle, dunkle Zwetschgensorte namens Pozegaca, die dem Schnaps seinen intensiv-berauschenden Duft verleiht. Die besten Sorten werden faßgelagert, und während der Reifung setzt man noch mehr ganze, frische Früchte zu, um ihr Aroma zu verstärken. Sliwowitz gibt es in einer Vielzahl bizarr geformter Flaschen – einige lang und schmal, andere rund und flach und wieder andere aus facettiertem Glas.

Sliwowitz wurde schon immer auch in anderen Gegenden Ost- und Zentraleuropas hergestellt, vor allem in Bulgarien, Deutschland, Italien, Österreich und Ungarn. Auf dem Balkan findet man ihn auch unter seinem anderen Namen, Rakija, der darauf hindeutet, daß es sich um eine der europäischen Obstbrandversionen des fernöstlichen Arrak handelt.

HERSTELLUNG

Die Zwetschgen werden mitsamt Steinen ausgepreßt und ungefähr drei Monate lang vergoren. Nach zweifacher Destillation reift der frische Brand in großen Fässern aus slowenischer Eiche. Manchmal werden dem reifenden Sliwowitz ganze Zwetschgen zur Mazeration zugesetzt. In der Regel wird er nach etwa fünf Jahren mit 35–40 Vol.-% auf Flaschen gezogen.

PASST GUT ZU ...

Pflaumenkompott oder Plumpudding werden durch ein wenig Sliwowitz wunderbar bereichert.

ALTERNATIV-BEZEICHNUNGEN
Sljivovica; auch Rakija, Prakija, Slivovka

SLIWOWITZ
ist erfüllt vom Duft reifer Zwetschgen

SLJIVOVICA
Ein kroatischer Sliwowitz in runder Flasche

SERVIERVORSCHLAG
Wie alle derartigen Schnäpse trinkt man Sliwowitz in der Regel ungekühlt als Digestif.

Tequila

Tequila, das mexikanische Nationalgetränk, ist Mezcal, dem anderen Schnaps auf Kaktusbasis, in puncto Verfeinerung um einen Arbeitsschritt, in puncto Trinkgenuß jedoch um Meilen voraus. Er wird aus *pulque*, dem vergorenen, bierartigen Saft der Agave (*Agave tequilana*) gewonnen und vor der Faßlagerung zweifach gebrannt. Tequila gibt es in zwei Arten: Einer ist klar wie Wodka, der andere, der längere Zeit im Faß bleibt, goldfarben (*oro*). In Europa war er bis vor relativ kurzer Zeit so gut wie unbekannt, ist inzwischen aber so etwas wie ein Kultgetränk.

Vielleicht hat gerade die Vorstellung, daß dieser Schnaps aus Kakteen gemacht wird, viele Leute so lange davon abgehalten, ihn zu

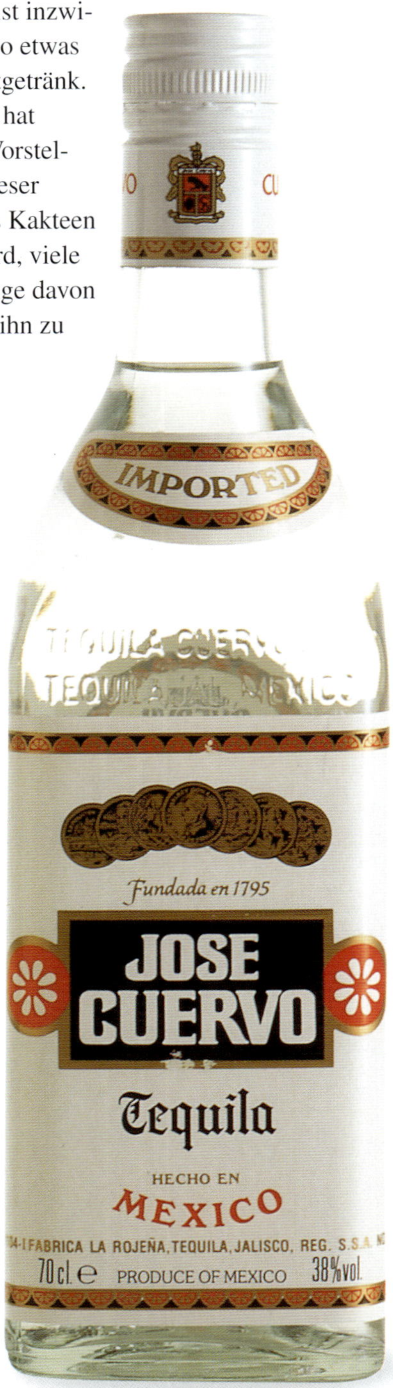

CUERVO TEQUILA
Die weiße Variante von Mexikos Nationalgetränk

Serviervorschlag

Wie trinkt man Tequila richtig? Er sollte kalt und pur in einem kleinen Schnapsglas serviert werden. Alsdann braucht man den Geschmack von Zitrusfrucht und Salz auf der Zunge; dazu quetscht man zunächst ein Stück Limone auf dem Handrücken aus, streut dann Salz daneben und leckt beides nacheinander auf. Oder genauer: Die Hand sollte mit nach unten zeigendem Daumen in einem Winkel von 45° vom Körper gehalten werden; Saft und Salz befinden sich dabei in der Rille zwischen den Wurzeln von Daumen und Zeigefinger. Der Tequila wird dann wie Schnaps in einem Schluck zusammen mit Salz und Zitrone heruntergekippt, und dieses Ritual setzt man ohne Ende fort.

Ob Sie es glauben oder nicht: Diese Art, Tequila zu trinken, ist in seiner Heimat tatsächlich weitverbreitet. Die Prozedur ist genauso umständlich und unbeschreiblich schmutzig, wie sie sich anhört, aber bei erfahrenen Anwendern führt die lange Praxis zu einer Art sorglos-unbekümmerter Heiterkeit.

Mixgetränke

Tequila and Orange: Trinken Sie ihn mit frischem Orangensaft auf Eis. So ergibt er eine interessante Abwechslung für alle, die Wodka-Orange satt haben.

Mixgetränke

Margarita: Gleiche Teile Tequila und Cointreau, den Saft von ½ Limone und viel Eis im Mixbecher schütteln. Einen Finger eintauchen und dann über den Rand eines Cocktailglases streichen; das Glas mit dem Rand nach unten in eine Untertasse mit grobem Salz stellen, dann den Drink in das Glas seihen. Dies ist der klassische Tequila-Cocktail. In einigen Rezepten wird außerdem Eiweiß zugeben – über Geschmack läßt sich allerdings streiten.

probieren, und in der Tat riechen selbst die besten Sorten nicht besonders verlockend – auch sein schweißiger, etwas muffiger Charakter mag viele abschrecken.

Aufgrund seiner kulturellen Bedeutung ist die Herstellung von Tequila innerhalb Mexikos genau umgrenzt: Er darf nur in einigen Städten (darunter Tequila selbst) und der unmittelbaren Umgebung von Guadalajara gebrannt werden. Zwei der Marken, die man auf dem Exportmarkt am häufigsten antrifft, sind Cuervo und Montezuma (letzterer in einer Flasche mit Gravur).

Herstellung

Tequila wird wie Mezcal aus den zerhackten, ausgepreßten und fermentierten Herzstücken der Agave hergestellt. Sein Saft weist einen hohen Säuregehalt auf, was sogar dem raffinierten Sprit eine gewisse pikante Note verleiht. Er wird in einer Brennblase feingebrannt und reift dann in Holzfässern – die weiße Sorte nur kurz, der goldfarbene (*oro*) bis zu fünf Jahren.

Passt gut zu ...

Die Schärfe des Tequilas wird durch die Zugabe von Salz auf ein erträgliches Maß gemindert, weswegen Tequila-Cocktails oft in Gläsern mit Salzrand serviert werden.

GOLDEN MONTEZUMA
Goldfarbener Tequila reift länger im Faß als weißer.

Mixgetränke

Tequila Sunrise: Ein hohes Glas zur Hälfte mit zerstoßenem Eis füllen. 1 guten Teil Tequila hineingießen, mit frischem Orangensaft auffüllen, und rasch 1 TL Grenadine mitten in den Drink geben. (Der hellrote Grenadine sinkt auf den Glasboden und vermischt sich dann passend zum Namen des Drinks sehr hübsch mit dem Orangeton.)

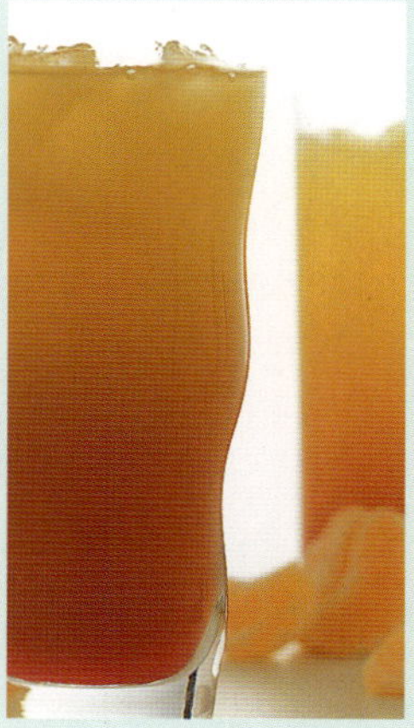

WODKA

IN GEWISSER HINSICHT IST WODKA das vollkommenste Getränk, auf das man in der langen Geschichte der Schnäpse gekommen ist. Abgesehen von eingefleischten Abstinenzlern hätte er jedem zusagen müssen, weil er ganz einfach nach überhaupt nichts schmeckt: Er ist reiner, unverfälschter, einfacher Alkohol. Das russische Wort *Vodka* ist die Verkleinerungsform von *voda* (»Wasser«) und hat dementsprechend die Bedeutung »Wässerchen«. Dieser Name zielt jedoch nicht auf die Reintönigkeit des Schnapses, sondern beruht auf der in Europa weitverbreiteten Sprachpraxis, nach der alle Destillate ursprünglich als eine Art von Wasser bezeichnet wurden (denken wir nur an das lateinische *aqua vitae*).

Und gerade weil dieses Getränk so einfach ist, ist es fast unmöglich, seine Ursprünge historisch genau festzulegen. Ein starker Schnaps aus verschiedenen Getreidesorten und auch Kartoffeln (die aber nicht, wie häufig behauptet wird, die Hauptzutat sind) wird in Polen, Rußland und dem Baltikum schon seit der Anfangszeit europäischer Schnapsbrennerei hergestellt.

Wo zum ersten Mal ein Getränk in Erscheinung trat, das eindeutig als Wodka bezeichnet werden kann, ist indessen eine Streitfrage, die Polen und Russen unter sich klären müssen (die meisten Außenstehenden sehen den »Urwodka« allerdings eher in Polen). Immerhin steht fest, daß Bauernfamilien ihren eigenen Wodka bereits in großem Stil herstellten, als die private Brennerei ein beliebter Zeitvertreib in den strengen, nördlichen Wintern in Polen geworden war.

Erst zu Beginn des 19. Jahrhunderts entwickelte man Rektifizierungsmetho-

ALTERNATIVBEZEICHNUNG
Vodka

SERVIERVORSCHLAG
Alles muß eiskalt sein: Die Flasche sollte im Eisfach gelagert werden, und auch die Gläser sollten tiefgekühlt sein. Einige Wodkas werden wie Schnaps heruntergekippt – wegen eines alten Volksglaubens, dem zufolge man zu schnell betrunken wird, wenn man den Alkoholdunst länger als den Bruchteil einer Sekunde einatmet. Gereifte Wodkas und Spezialitäten wie Żubrówka werden öfter auch in kleinen Schlückchen genossen. Der Tradition nach nimmt man ein kleines Schnapsglas, aber einige Leute verwenden auch ein etwas größeres, schmales Trinkglas oder Kelchgläser in der Art eines Weinglases.

SMIRNOFF
Diese einfache Marke mit rotem Etikett ist Markenführer.

ABSOLUT
Absolut mit dem blauen Etikett ist die nichtaromatisierte Sorte.

den, daher müssen diese ersten Schnäpse – gelinde gesagt – ziemlich unrein geschmeckt haben. Alle möglichen Kräuter, Samen und Beeren wurden dem Brand zugesetzt, um seinen widerlichen Geruch zu verdecken. Die ersten Wodkas entsprachen demnach nicht den anonymen Erzeugnissen von heute, sondern waren die wahren Vorgänger der aromatisierten Wodkasorten, in denen heutzutage so mancher eine Neuheit sehen möchte.

Dennoch fand gerade der neutrale, vollkommen gereinigte Getreidewodka aus Weizen oder Roggen im Westen den größten Absatz. Da er vor allem bei jüngeren Trinkern, die den Geschmack unrektifizierter, faßgereifter Spirituosen erst noch entdecken und schätzenlernen müssen, heute so gängig ist, fällt es einem schwer zu glauben, daß kaum jemand in Westeuropa oder Amerika vor den späten 40er Jahren davon gehört hatte. Dies änderte sich erst, als zur Zeit der Beat-Generation in Kalifornien das erste Interesse aufkam.

Wodka besaß nicht nur die bereits erwähnte Reintönigkeit, die ihn zum Einsteigergetränk prädestinierte; zu Beginn des kalten Krieges galt sein Genuß auch als provokativ-regimekritisch. Er war der Lieblings»fusel« des Ostblocks, und im Hexenjagd-Klima des McCarthyismus in den 50er Jahren gab es nichts, das Bourbon-trinkende amerikanische Patrioten mit solcher Sicherheit in Rage versetzen konnte, wie der Anblick junger Leute, die den »Geist« des Kommunismus mit solch offenkundigem

Mixgetränke

Einfacher Wodka hat weder Duft noch Geschmack und ist als Cocktail-Zutat daher nicht sehr geeignet, außer für die, die unbedingt meinen, der Cocktail müsse mit ein paar mehr Prozenten aufgeputscht werden.

Black Russian: Der echte Black Russian besteht einfach aus einer Mischung von gleichen Teilen Wodka und Tia Maria bzw. Kahlúa mit Eis in einem Tumbler. In den letzten Jahren ist es jedoch zur Mode geworden, ihn aufgefüllt mit Cola als Longdrink in einem großen Glas zu servieren. Man kann zudem die Cola weglassen, dafür 1 Teil Sahne zugeben, alles durchschütteln und bekommt so einen **White Russian**. Ersetzt man dann Tia Maria durch dunkelbraune Crème de Cacao, erhält man einen **Piranha**.

Black Cossack (unten): Einen Schluck Wodka in 0,2 l Guinness geben.

Black Label Smirnoff
Ein eher weiches, mildes Erzeugnis

Blue Label Smirnoff
Der stärkste mit 45 %

Aromastoffe

Für welches Aroma sich ein Hersteller auch entscheidet, Wodka wird es mit Vergnügen aufnehmen, u. a.:

Zitronenschale
Büffelgras
rote Chilischoten
Kirschen
Vogelbeeren
schwarze Johannisbeeren
Äpfel
Schlehen
Safran
Estragon
Walnüsse
Honig
Lakritze
Rosenblätter

Vergnügen in sich aufsaugten. Nach Ansicht des Historikers Alexis Lichine begann die kometenhafte Karriere des Wodkas im Westen damit, daß eine amerikanische Firma am Vorabend des Zweiten Weltkriegs einem russischen Flüchtling ein Rezept für rektifizierten Wodka abkaufte.

In seinen Ursprungsländern trinkt man Wodka noch immer sehr oft in Verbindung mit den Mahlzeiten – als Aperitif, Digestif und sogar beim Essen. Nach einem Ritual, bei dem man in Polen zunächst Familie und Freunden gute Gesundheit wünscht (*na zdrowie*), wird er meist eiskalt genossen. Die konsumierten Mengen mögen in unserer westlichen, ans Abzählen von Einheiten gewöhnten Kultur einiges Stirnrunzeln hervorrufen, aber ein Wodka-Kater ist dank der schonungslosen Reinigung, die dem Getränk beim Brennen widerfährt, äußerst selten; beinahe alle Begleitsubstanzen, die den dunklen Spirituosen ihren Charakter verleihen, werden dabei entfernt.

Wodkas mit Fruchtaromen sind eine sehr verbreitete, trockene und belebende Alternative zu den entsprechenden Likören. Das vermutlich bekannteste aromatisierte Erzeugnis ist Żubrówka (Büffelgras-Wodka), der normalerweise mit einem Grashalm in der Flasche verkauft wird. Dieses Gras ist die Lieblingsmahlzeit des Wisents, das in den Wäldern Ostpolens umherzieht. Das Tier ist in der Regel auf der Flasche abgebildet.

Wiśniówka (Kirsche), Limonaja (Zitrone) und Kurant (schwarze Johannisbeere) von der schwedischen Firma Absolut sind allesamt leckere Drinks; Pieprzówka mit dem heiß extrahierten Aroma von Chilischoten ist eine Sorte für echte Liebhaber: Der Alkohol wird hierbei durch die brennendscharfe Würze seines Aromastoffes unterstrichen. Der russische Ochotnitschja (»Jäger-Wodka«) ist erfüllt von

***ABSOLUT** Kurant ist vollfruchtig mit dem Aroma schwarzer Johannisbeeren.*

LIMONNAYA
Eine führende Marke mit Zitronenaroma

MIXGETRÄNKE

Screwdriver: Der beliebteste Nachtclub-Drink (Wodka und Orange). Einer Theorie zufolge beruht sein Name darauf, daß amerikanische Bohrinsel-Arbeiter in Ermangelung von Sektquirlen findigerweise ihre Schraubenzieher zum Umrühren verwendeten. In den Baltischen Staaten wird der frisch gepreßte Orangensaft getrennt in einem kleinen Krug serviert, und man kann nach Geschmack selbst mixen; auch dort wird dieser Name für den Cocktail verwendet. Zu Beginn seiner Vermarktung an der amerikanischen Westküste wurde empfohlen, ihn mit Ingwerbier zu trinken – und so tauchte zum ersten Mal ein **Moscow Mule** auf.

MIXGETRÄNKE

Bloody Mary: Jeder hat sein eigenes Rezept für dieses zweitbeste Katermittel nach Aspirin. Einige merkwürdige Leute fügen sogar Ketchup bei; andere runden den Alkoholgehalt mit einem Schuß trockenen Sherry ab. Und hier mein Privatrezept: 1 Zitronenscheibe und 2–3 Eiswürfel in ein hohes Glas geben; 1 TL Worcestersauce (Lea & Perrin), 1 TL frisch gepreßten Zitronensaft, 1 Prise Selleriesalz, 1 großzügigen Spritzer Tabasco und schwarzen Pfeffer aus der Pfeffermühle (ca. 6 Drehungen) zugeben und umrühren, bis das Eis damit überzogen ist. Das Glas bis auf einen Rand von 4 cm mit Tomatensaft auffüllen, dann 1 großzügigen Teil Wodka zugeben. Gut umrühren.

Orangenschale, Ingwerwurzel, Kaffeebohnen, Wacholderbeeren und sogar einem Tropfen weißem Portwein.

Geschmacksneutraler Wodka wird heute überall auf der Welt produziert, obwohl die meisten Sorten nur für die Verwendung in Mixgetränken gedacht sind. Der russische Stolitschnaja ist eine ehrenwerte, samtweiche Ausnahme. Smirnoff stellt drei Sorten her, wobei rote, blaue und schwarze Etiketten auf den jeweiligen Alkoholgehalt hinweisen. Es gibt zudem Marken mit Namen wie Black Death oder Jazz Jamboree. Skandinavische Wodkas wie Finlandia oder Absolut haben ihre wohlverdiente Anhängerschaft, sogar südlich von Rußland, im Iran, wurde einmal Wodka hergestellt, doch nach der Islamischen Revolution kam sie dort zum Erliegen.

Herstellung

Im Verlauf der Geschichte verwendete man zwar auch Kartoffeln und andere Gemüsesorten (selbst Melasse) zur Wodkaherstellung, aber handelsüblicher Wodka wird heutzutage fast ausschließlich aus Korn (v. a. Roggen) hergestellt. Nach dem für die Maischebereitung üblichen Verfahren mälzt man das Getreide und bringt es mit Hefekulturen zum Gären. Die vergorene Maische wird dann in Destillationskolonnen kontinuierlich gebrannt, wobei der Alkoholgehalt zunehmend ansteigt und so gut wie alle Fuselöle abgetrennt werden. Die letzte Sicherheitsvorkehrung gegen den Geschmack bildet eine Holzkohleschicht, durch die der fertige Schnaps gefiltert wird und die jedes noch verbliebene Aroma entfernt. Anschließend wird er mit dem handelsüblichen Alkoholgehalt von ungefähr 37,5 % abgefüllt und auf den Markt gebracht.

Bei aromatisiertem Wodka setzt man unmittelbar nach der Rektifizierung die Aromastoffe dem frischen Schnaps zu und zieht sie geraume Zeit darin aus, z. T. drei Jahre und länger. Gelegentlich läßt man eine Wodka-Spezialität im Faß heranreifen und eine leichte Färbung annehmen, während andere Wodkas ihre exotischen Farbtöne zugesetzten Gewürzen, Blumen oder Nüssen verdanken.

PIEPRZÓWKA
Ein mit Chili gefärbter und aromatisierter Wodka

Passt gut zu …

Eisgekühlter Wodka ist der klassische Begleiter von russischem Kaviar, der selbst ebenfalls auf Eishäufchen gereicht wird. In skandinavischen Ländern trinkt man ihn auch wie Aquavit zu mariniertem und geräuchertem Fisch. Küchenchef Martin Blunos hat im Restaurant Lettonie (bei Bristol, England) ein üppig aufgemachtes Gericht kreiert: Entenrührei mit einer Krone aus Sevruga-Kaviar, das in einer Schale inmitten einer Lache aus loderndem lettischem Wodka serviert wird; als Beilage dazu gibt es Blinis und einen Schluck eisgekühlten Wodka.

STOLITSCHNAJA
Dieser weiche Wodka sollte schlückchenweise genossen werden.

Mixgetränke

Balalaika: Je 1 Teil Wodka und Cointreau mit ½ Teil Zitronensaft und viel Eis im Mixbecher schütteln. In ein Cocktailglas seihen.

Barbara: 1 Teil Wodka mit je ½ Teil Crème de Cacao und Sahne sowie Eis im Mixbecher schütteln. In ein Cocktailglas seihen.

Katinka (aus Michael Walkers *Cinzano Cocktail Book*): 1½ Teile Wodka, 1 Teil Aprikosenbrand, ½ Teil frischen Limonensaft und Eis im Mixbecher schütteln und auf ein Häufchen geschabtes Eis in einem Cocktailglas gießen.

Vodkatini: Im Grunde ein klassischer Martini, allerdings mit Wodka anstelle von Gin.

Czarina: 1 Teil Wodka, je ½ Teil Aprikosenbrand und trockenen Wermut, 1 Spritzer Angostura und Eis in einem Mixglas verrühren. In ein Cocktailglas seihen.

Whisky

Whisky (bzw. Whiskey, je nachdem, woher er kommt) zählt zu den führenden Spirituosen der Welt. Seine Geschichte ist genauso bemerkenswert wie die des Cognacs, und wie die französischen Weinbrände gelangte er von seiner Heimat, den schottischen Highlands, aus in die ganze Welt und zeugte so von der Genialität seiner Erfinder. Ein Sour-Mash aus Tennessee mag in puncto Geschmack mit schottischem Single-Malt-Whisky so viel gemein haben wie spanischer Weinbrand mit Cognac, aber bei allen handelt es sich um hervorragende Erzeugnisse, was in beiden Fällen die Vielseitigkeit des Grundrezeptes zeigt.

Whiskys werden heute auf der ganzen Welt (auch in Deutschland) hergestellt, und da ihre Bezeichnung nicht geographisch gebunden ist, dürfen sich auch alle Whisk(e)y nennen. Die fünf wichtigsten Whisky-Hersteller sind jedoch Schottland, die USA, Irland, Kanada und Japan.

»Whisky« ist eine weitere Ableitung der Bezeichnung *aqua vitae*, die uns aus der Welt der Spirituosen ja bereits vertraut ist. In gälischer Übersetzung wurde dies zu *uisge beatha* (Schottland) bzw. *usque-baugh* (Irland); es blieb bis Mitte des 18. Jahrhunderts in offiziellem Gebrauch und wurde schließlich zu dem halb-anglisierten »Whisky« entstellt.

In Ländern, deren Klima zu kalt war, um vergorene Getränke aus Traubensaft herzustellen, war schon seit jeher Bier das entsprechende Haupterzeugnis. Und wenn das erste Destillationsprodukt in Südeuropa natürlich Weinbrand war, verwendete die einheimische Produktion weiter nördlich gemälztes Getreide als Ausgangsprodukt. Im Gegensatz zu Weinbrand, der auf Wein basiert, muß Whisky jedoch nicht aus einem als Bier erkennbaren Grundstoff gebrannt werden. Das Getreide wird gemälzt, indem man es durch Wasserzusatz keimen läßt und dann mit heißem Wasser ansetzt, um die Zuckerbildung zu fördern. Von diesem Zucker ernähren sich die Hefepilze und lösen die Gärung aus. Zweifache Destillation in der Brennblase (*pot still*) führt zu einem Schnaps, der reich an Nebenprodukten ist und anschließend in Eichenfässern gelagert

LAPHROAIG
Von den torfigen Islay-Malts einer der geschmacklich vollsten

MACALLAN
Dieser 18jährige Whisky zählt zu den beliebtesten Highland-Malts.

Serviervorschlag
Die besten Whiskys werden nicht unbedingt pur getrunken. Nach Ansicht vieler kommt bei einem guten Whisky die Palette komplexer Düfte und Aromen besser zur Geltung, wenn man die Schärfe des Alkohols etwas dämpft. Deshalb trinkt man ihn normalerweise mit ein wenig Wasser (idealerweise demselben Quellwasser, das bei seiner Herstellung verwendet wird). In Schottland und Irland bevorzugt man dabei das Verhältnis 1:1, während in Tennessee und Kentucky etwas weniger Wasser zugegeben wird.

wird (bei den besseren Whiskys oft jahrzehntelang).

Wie bei anderen Spirituosen, denen nicht alle Charaktereigenschaften durch Rektifikation abhanden gekommen sind, kommen bei einem Whisky fast immer seine Herkunftsregion und die verwendeten Rohstoffe voll zur Geltung. Aus diesem Grund hat sich im Laufe der Zeit eine passionierte Kennergemeinde um diesen Schnaps gebildet, und Whisky belohnt diejenigen, die ihn gewissenhaft verkosten und genießen möchten, noch großzügiger als Weinbrand.

SCHOTTLAND

Das private Schnapsbrennen kann in Schottland bis ins 15. Jahrhundert zurückverfolgt werden, als man damit begann, aus überschüssigem Getreide einen starken Trunk für die Clanchefs zu brennen. Wie alle Destillate wurde dieser anfangs vor allem aufgrund seiner Heilkräfte geschätzt. Bei den frühen Formen handelte es sich zweifellos um Heißextrakte von Kräutern und Beeren und nicht um das heute bekannte, reine Getreideprodukt. Obwohl man anfangs auch andere Getreidesorten verwendete, gab man gemälzter Gerste in der Entwicklungsgeschichte des Scotchs schon recht bald den Vorzug.

Bevor der Act of Union England und Schottland im Jahre 1707 politisch vereinte, war Scotch in England kaum bekannt; südlich der Grenze war Gin das Nationalgetränk. Als aber die Verwaltung Schottlands in englische Hände kam, tat man alles, um die Whisky-Herstellung gesetzlich zu kontrollieren – allerdings mit nur wenig Erfolg. Whiskybrenner in Reichweite der Grenze flohen mit ihren Brennblasen nach Norden ins Hochland, und die Scotch-Herstellung ging unvermindert und fast ausschließlich als Schwarzbrennerei weiter.

Mit Hilfe von Drohungen und Bestechung gelang es den Autoritäten schließlich, die gesamte Herstellung zu konzessionieren, so daß

GLENLIVET
Ein 10jähriger Speyside-Malt aus den schottischen Highlands

PASST GUT ZU ...

In der Burn Night (25. Januar) kann man zum obligatorischen gefüllten Schafsmagen natürlich nur Scotch trinken; dabei sei offengelassen, ob er auch aus kulinarischer Sicht genau dazu paßt (es wäre auf jeden Fall ein Fauxpas, eine Flasche Rioja zu bestellen). Scotch ohne Eis paßt auch ausgezeichnet zu herzhaften Suppen: Eine dicke, schottische Gerstenbrühe oder Hühnerbrühe mit Lauch sollten idealerweise ohnehin einen ordentlichen Schuß Whisky enthalten.

TALISKER

Talisker ist die einzige Whiskysorte, die auf der Insel Skye hergestellt wird.

AUCHENTOSHAN

Ein Lowland-Malt, der in der Nähe von Glasgow gebrannt wird.

MIXGETRÄNKE

Rusty Nail: Gleiche Teile Scotch und Drambuie mit Eis mixen und in ein kleines Glas seihen oder über zerstoßenes Eis gießen.
Whisky Mac (unten): Dieses klassische Heilmittel gegen Erkältungen besteht je zur Hälfte aus gutem Scotch und grünem Ingwerwein ohne Eis.

es in den 70er Jahren des 19. Jahrhunderts nur ein halbes Dutzend Anklageerhebungen wegen Schwarzbrennerei in Schottland gab (nur 40 Jahre früher waren es dagegen 700).

Die Einführung kontinuierlicher Destillation verdankt Schottland Robert Stein, der 1826 einen einfachen Typ der Destillationskolonne entwickelte. Scotch zeichnete sich zwar wie jedes *pot-still*-Destillat schon immer durch sein volles und intensives Aroma aus, aber die neue Methode gestattete die Herstellung einer leichteren und im Handel gängigeren Spirituose. Im späten 19. Jahrhundert war es vielerorts üblich, für die vorsichtigen Gaumen echten Malzwhisky mit purem Kornbrand, der durch kontinuierliche Destillation aus ungemälzter Gerste (und Mais) hergestellt wurde, zu verschneiden.

Zu Beginn dieses Jahrhunderts wurde eine Königliche Kommission eingesetzt, um Rahmenbedingungen für die Herstellung von schottischem Whisky festzulegen (d. h. Destillationsverfahren, Vorschriften für den Verschnitt, Mindestzeiten für die Reifung – und natürlich als springenden Punkt, daß Scotch nur in Schottland gebrannt und gelagert werden darf). Der Bericht der Kommission von 1909 (bzw. leicht überarbeitet 1915) ist bis heute juristisch verbindlich für eine Industrie von weltweiter Bedeutung, die zudem eine entscheidende Stütze für die schottische Wirtschaft ist.

THE FAMOUS GROUSE
Einer der führenden Scotch-Verschnitte

SCOTCHSORTEN

Die bekanntesten schottischen Whiskys sind die Single-Malts. Sie werden lediglich aus gemälzter Gerste hergestellt und zweifach gebrannt – und dies ausschließlich in einer der etwa 100 schottischen Brennereien (daher die Bezeichnung). Einige dieser Erzeugnisse lagert man viele Jahre lang; 25jähriger Scotch ist erfüllt von den ungemein komplexen Aromen und Düften, die er von den hölzernen Fässern während der Reifung übernimmt, und vielleicht auch von der Seeluft, die bei den an der Küste gelegenen Brennereien weht. Wie alle anderen Spirituosen entwickelt sich auch alter Malt in der Flasche nicht mehr weiter.

Als Vatted-Malts bezeichnet man Verschnitte mehrerer Single-Malts, die oft aus einer Reihe von Brennereien einer bestimmten Gegend stammen und damit Beispiele für den jeweiligen Regionalstil sind.

Whiskys aus Mais oder ungemälzter Gerste werden Grain-Whiskys (Kornwhiskys) genannt und sind in jedem Fall erheblich leichter als die Malts; man könnte sie als Scotch für Einsteiger bezeichnen, da sie wesent-

WHYTE & MACKAY
Dieser Whisky wird für eine zweite Reifungsphase neu verschnitten.

lich weniger von den Aromastoffen enthalten, die die großen Malts zu einer solchen Spezialität gemacht haben. Trotzdem sollte man in ihnen keineswegs wertlose Nachahmungen sehen, denn sie spielen durchaus eine Rolle, und zwar in erster Linie bei der Herstellung von Scotch-Verschnitten, also einer Mischung aus Korn- und Malt-Whiskys. Dies ist die marktführende Whiskysorte und verbirgt sich hinter so gut wie allen großen Markennamen wie Bell's, J & B, Johnnie Walker, Ballantine's, Whyte & Mackay, The Famous Grouse, White Horse und Teacher's. Die meisten dieser Verschnitte haben nur einen recht geringen Malt-Anteil (Teacher's und die »Black-Label«-Abfüllung von Johnnie Walker sind dabei bemerkenswerte Ausnahmen).

J & B
Dieser Verschnitt ist auf dem amerikanischen Markt sehr beliebt. J & B steht für Justerini & Brooks.

Schottischer Whisky wird meist mit dem für dunkle Spirituosen üblichen Alkoholgehalt von 40 Vol.-% oder etwas mehr vertrieben. Ein kleiner Teil der besten Sorten wird unverdünnt direkt aus dem Faß abgefüllt; hier spricht man von Whiskys in »Faßstärke«. Diese werden nicht pur getrunken, vielmehr kann man sie selbst mit Wasser verdünnen und so herausfinden, welche Stärke man genau bevorzugt.

Herstellungsregionen

Im Zusammenhang mit der Whiskyherstellung unterteilt man Schottland in vier Hauptregionen: die Lowlands (südlich von Stirling), das kleine Campbeltown auf einer schmalen Halbinsel westlich von Ayr, Islay mit den westlichen Inseln (Jura, Mull und Skye) sowie die Highlands; diese werden

GLENMORANGIE
Einer der bekanntesten Malts aus den nördlichen Highlands

TEACHER'S
Ein Verschnitt mit hohem Malzwhisky-Anteil

GESCHENKKARTON
Malzwhiskys werden oft in eleganten Präsentkartons verkauft.

wiederum in Midlands, westliche, nördliche und östliche Highlands und Speyside unterteilt.

Zu diesen Regionalstilen lassen sich sehr grob die folgenden Merkmale angeben: Lowland-Whiskys sind die mildesten und süßesten Scotch-Sorten, die aus Campbeltown dagegen atmen frische, reine Luft. Die Islay-Sorten kann man auf der Stelle erkennen: Sie sind erfüllt von Seetang-Aromen und stark vom Torf geprägt, mit dem die Malzdarren gefeuert werden, während sich viele Highland-Malts durch eine weiche Rauchigkeit auszeichnen.

HERSTELLUNG

Bei der Malzwhisky-Herstellung wird die Gerste in Wasser eingeweicht, um ihre Keimung in Gang zu setzen (»mälzen«). Kurz danach wird sie durch Erhitzen des Grünmalzes in einer Darre wieder gestoppt; dabei werden dem Brennmaterial unterschiedliche Torfmengen beigemischt (in Abhängigkeit vom gewünschten Aroma des Whiskys).

Nach dem Trocknen wird das Malz gemaischt, und die abgezogene Brühe wird zur Fermentierung mit Hefekulturen in große Tanks geleitet (die Hefesorten üben ebenfalls einen ausgeprägten Einfluß auf den Geschmack aus). Anschließend wird sie in einer traditionellen, kupfernen Brennblase (*pot-still*) zweifach gebrannt.

Der Charakter eines Whiskys ist zudem in hohem Maße davon abhängig, wo er gelagert wird. Scotch wurde traditionell in Fässern gelagert, die zuvor für die Verschiffung von Sherry genutzt wurden (jetzt sind gebrauchte Bourbon-Fässer aus Kentucky eher üblich). In beiden Fällen handelt es sich um das Holz der amerikanischen Eiche, das dem Whisky ein sehr volles Aroma verleihen kann. (Wenigstens eine Marke reift auch in alten Portweinfässern.) Whiskys, die lange Zeit gelagert wurden, bekommen aufgrund der Oxidation durch die Holzporen einen ganz besonderen Charakter.

***JOHNNIE WALKER* Black Label** *enthält einen höheren Malzwhisky-Anteil als Red Label.*

WHITE HORSE
Dieser Whisky-Verschnitt zeichnet sich durch ausgeprägte Torfigkeit aus.

JOHNNIE WALKER
Red Label ist der weltweit meistverkaufte Whisky.

Mixgetränke

Manhattan: Inzwischen mixt man für ihn vorzugsweise gleiche Teile amerikanischen oder kanadischen Whiskey und süßen, roten italienischen Wermut in einem großen Glas auf Eis – vielleicht auch mit einem Spritzer Angostura, auf jeden Fall aber mit der unentbehrlichen Cocktailkirsche. Für einen trockenen Manhattan nimmt man trockenen, französischen Wermut anstelle des süßen; man kann trockenen und süßen Wermut aber auch mischen.

USA

In Nordamerika wird Whiskey – meist wie in Irland mit »e« geschrieben – erst seit dem 18. Jahrhundert hergestellt; seine Ursprünge liegen in der Zeit kurz vor der Unabhängigkeit. Davor war die Hauptspirituose in Amerika dunkler Rum aus der Melasse, die mit den Sklavenschiffen von den Westindischen Inseln geliefert wurde. Britische und irische Siedler, die ihren eigenen Whisky aus ihrer Heimat mitbrachten, waren die treibende Kraft für die Entwicklung der heutigen amerikanischen Nationalspirituose.

Die ersten amerikanischen Whiskeys aus gemälzter Gerste und gemälztem Roggen orientierten sich noch an europäischen Vorbildern. Schon bald jedoch begann eine Gruppe von Brennmeistern in Bourbon County (Kentucky) mit der Herstellung von reinem Maiswhiskey. Ab 1794 fielen Scharen von Steuerflüchtlingen in ihre kleinen Gemeinden ein – gejagt von Zollbeamten aus Pennsylvania, nachdem sie einen bewaffneten Aufstand gegen die neue Verbrauchssteuer auf Alkoholika organisiert hatten. So fand man in Kentucky einen neuen, bereits aufgebauten Absatzmarkt für das eigene Produkt vor, und schon bald war Kentucky-Bourbon im Begriff, seinen Platz in der Reihe internationaler Edelspirituosen einzunehmen.

In den östlichen Bundesstaaten Pennsylvania, Maryland und Virginia wird, wenn auch immer weniger, noch immer Roggenwhiskey hergestellt. Kentucky- und Tennessee-Whiskeys sind in der amerikanischen Spirituosenproduktion sozusagen die Entsprechungen zu Cognac und Armagnac.

Bourbon

Die meisten Bourbon-Brennereien liegen heute nicht in Bourbon County, sondern rings um die Städte Louisville, Bardstown und Frankfort. Nichtsdestotrotz dürfen nur Whiskeys aus dem Bundesstaat Kentucky als Bourbon bezeichnet werden. Dieser ist kein reiner Maiswhiskey, sondern wird – wie ein Scotch-Verschnitt – aus nicht weniger als 51% Mais und gemälzter Gerste hergestellt; manchmal enthält er auch etwas Roggen. Das geschmackliche Hauptcharakteristikum des Bourbon rührt jedoch von den Fässern her, in denen er reift. Sie werden aus amerikanischer Eiche hergestellt, sind jedoch im Gegensatz zu den für Scotch verwendeten Fässern immer nagelneu. Außerdem wird ihre Innenfläche bis zu einer Tiefe von ungefähr 5 mm

WILD TURKEY BOURBON kommt aus Lawrenceburg, Kentucky.

Passt gut zu …

Es gibt anscheinend eine bestimmte kulturbedingte Affinität zwischen Bourbon oder Tennesse-Whiskeys und riesigen, über offenem Feuer gegrillten Steaks – wenigstens in Bardstown oder Nashville.

Serviervorschlag

In Amerika nennt man das Quellwasser *Branchwater* oder *Branch*. In Schottland vermeidet man Eis, während man in den USA das Glas damit vollpackt. *On the rocks* bedeutet mit Eis, aber ohne Wasser.

AROMASTOFFE

Läßt man Liköre auf Whiskybasis außer acht, dann sind einige kanadische Erzeugnisse das einzige Beispiel für die Aromatisierung reinen Whiskys; ihnen werden sehr geringe Mengen anderer Getränke (Wein von Trauben und anderen Früchten, vor allem Pflaumen; unvergorene Fruchtsäfte und sogar Sherry) zugesetzt.

MIXGETRÄNKE

Old-Fashioned:
1 Zuckerstück mit 1 Spritzer Angostura in einem Tumbler tränken. Viel Eis und eine zum Aufheitern ausreichende Menge kanadischen oder reinen Roggenwhiskey zugeben. 1 Streifen Zitronenschale, 1 Orangenscheibe und 1 Cocktail-Kirsche hineingeben und mit einem Stirer servieren.

gründlich ausgekohlt bzw. ausgebrannt, so daß der Alkohol Vanillin und Gerbstoffe des Holzes leichter aufnehmen kann.

Man unterscheidet je nach Art der Vergärung zwei Arten von Bourbon, *sweet mash* (»süße Maische«) und *sour mash* (»saure Maische«). Bei *sweet mash* rührt man die Maische sehr lange und läßt sie dann mit frischer Hefe gären, bei *sour mash* hingegen wird ein Teil der Hefepilze aus der zuvor vergorenen Maische zugesetzt, wodurch die Dauer der Vergärung verdoppelt und zugleich dafür gesorgt wird, daß mehr vom Zucker des Grünmalzes verbraucht wird.

Bourbon wird meist als »Kentucky Straight Bourbon« etikettiert, was bedeutet, daß er aus mindestens 51% Mais hergestellt wurde, wenigstens zwei Jahre in ausgebrannten, neuen Fässern gereift hat und innerhalb der festgelegten Herkunftsregionen hergestellt und gelagert wurde; insofern ist er das Gegenstück zum Single Malt Scotch. Einige, die als »Blended Straight« vertrieben werden, sind Verschnitte mehrerer Sorten von Straight Bourbon und entsprechen daher den Vatted Malts. Bourbon wird meist mit einem etwas höheren Alkoholgehalt als Scotch abgefüllt (43–45 Vol.-%).

Die mit Abstand führende Marke ist Jim Beam, der in Bardstown hergestellt wird und auf dem Exportmarkt gewissermaßen der Inbegriff des Bourbon ist. Weitere Marken sind Wild Turkey, Evan Williams, Early Times, Old Grand-Dad und Maker's Mark, dessen Flaschenöffnung mit rotem Wachs versiegelt ist.

MAKER'S MARK
Hier verbindet sich die Produktion kleiner Mengen mit höchster Qualität.

TENNESSEE

In Tennessee, südlich vom Bourbon-Staat Kentucky, stellt man eine ganz andere, aber ebenso unverwechselbare Art von Whiskey her. Nur zwei Brennereien vertreten den *Tennessee-sour-mash*: Jack Daniel's in Lynchburg und George Dickel in Tullahoma. Ihre Whiskeys gehören zu den vollsten und weichsten, die es gibt.

Das Prinzip, nach dem Bourbon in ausgekohlten Fässern reift, wird in Tennessee noch erweitert, indem man den frisch gebrannten Schnaps noch durch eine Schicht Holzkohle filtert. In den Höfen hinter den Brennereien verbrennt man große Stöße von Tennessee-Ahornholz und zermahlt sie dann zu grobem, schwarzem Pulver. Dies füllt man ungefähr drei

JACK DANIEL'S
Von den beiden Tennessee-Whiskeys die bei weitem größere Marke

Meter hoch in sogenannte Reifebottiche, die alle auf einer flauschigen Decke aus Wollgewebe stehen. Der Whiskey tröpfelt nun äußerst langsam aus Löchern in einem kupfernen Rohrgitter oberhalb der Bottiche und sickert nach und nach durch die Holzkohleschicht, bevor man ihn nach dem üblichen Verfahren im Faß reifen läßt.

Jack Daniel's ist eine der beliebtesten Whiskeymarken der Welt; der marktführende Old No. 7 in der bekannten, rechteckigen Flasche begründete seinen Ruhm durch den Gewinn einer Goldmedaille bei der Weltausstellung von 1904 in St. Louis. Sein wichtigster Rivale, Dickel, läßt seine Marke No. 12 einige Jahre länger reifen, was ein dezenteres Bukett und eine dunklere Farbe zur Folge hat. Er wird mit 45 Vol.-% abgefüllt.

Für beide Hersteller von Tennessee-Whiskey liegt die große Ironie darin, daß ihre Brennereien in »trockenen« Verwaltungsbezirken liegen: Dort darf kein Alkohol verkauft werden, was bedeutet, daß sie keinen Nutzen aus dem Direktverkauf an Besucher ziehen dürfen. Statt-dessen wird ein Glas unschuldiges Quellwasser angeboten.

JIM BEAM
Ein besonders beliebter Bourbon

IRLAND

Die Ursprünge der Whiskey-Brennerei auf der smaragdgrünen Insel verlieren sich in deren Nebel, sind jedoch mit Sicherheit sehr alt – zumindest genauso alt wie die von Scotch. Eine These besagt sogar, daß irische Missionare die Kenntnisse des Schnapsbrennens nach Frankreich brachten und damit die Herstellung von Weinbrand ermöglichten. Wie dem auch sei – irischer Whiskey galt früher als konkurrenzloser Vertreter eines Spirituosentyps, der leichter zugänglich ist als schottischer Malt. Erst als man gegen Ende des 19. Jahrhunderts begann, Scotch in nennenswertem Umfang zu verschneiden, wurde irischer Whiskey aus dieser Rolle verdrängt.

Die leichtere Zugänglichkeit von irischem Whiskey ist in seinem Herstellungsverfahren begründet. In den Darren wird kein Torf verwendet, so daß jene rauchige Würze, die die meisten Scotchsorten zu einem gewissen Grad besitzen, fehlt. Des weiteren führte die rigorose Besteuerung gemälzter Gerste dazu, daß die irischen Brennmeister begannen, für ihre Maische eine Mischung aus gemälz-

PADDY
Dieser Whiskey wird in Midleton unweit der Stadt Cork gebrannt.

JAMESON
Der Markenführer auf dem Exportmarkt.

MIXGETRÄNKE

Whisky Sour: Den Saft von 1/2 Zitrone und 1 gestrichenen TL Puderzucker in einem Tumbler mit zwei oder drei Eiswürfeln mixen. Wenn der Zucker aufgelöst ist, 1 großzügigen Teil Whiskey zugeben und wieder umrühren; amerikanische Whiskys sind für den Whisky Sour am besten geeignet. (Falls Sie dieses Rezept etwas zu sauer finden, nehmen Sie ein wenig mehr Zucker.)

ter und ungemälzter Gerste zu verwenden. Lange bevor man von einem Rezept für den heutigen Scotch auch nur eine leise Idee hatte, gehörte das Verschneiden bei ihnen somit bereits zur Tradition.

Das bekannteste Verfahren für irischen Whiskey ist die Dreifachdestillation in kupfernen Brennblasen: Der dritte Destillationsvorgang ergibt dabei ein Erzeugnis mit noch weicherem, äußerst reintönigem Geschmacksprofil, ohne daß es an Komplexität verliert. Nach dem Gesetz muß der Whiskey anschließend mindestens drei Jahre lang im Faß lagern; in Wirklichkeit lagert er jedoch meist zwei- bis dreimal so lange. Er wird üblicherweise mit 40 Vol.-% abgefüllt.

Der Markenführer auf dem Exportmarkt ist Jameson's; andere bekannte Namen sind Bushmills, John Power, Murphy's, Paddy, Dunphy's und Tullamore Dew. Mit einer Ausnahme werden alle in der Republik Irland hergestellt (vor allem in der Umgebung von Dublin oder Cork) – die Ausnahme ist Bushmill's, der aus County Antrim in Nordirland kommt.

(Ein untrennbar mit Irlands Folklore verbundener »Whiskey« sollte hier noch eben erwähnt werden, nämlich *poteen*, ein illegal in transportablen Brennblasen hergestellter Brand, der gewiß noch so lange eine wesentliche Rolle spielen wird, wie der offizielle Stoff eine so horrende Besteuerung hat wie zur Zeit.)

KANADA

Kanadische Whiskeys werden aus Mischungen unterschiedlicher Getreidesorten hergestellt, wobei der größere Anteil jeder Marke auf einer ursprünglichen Maische aus Roggen, Mais und gemälzter Gerste beruht. Fast immer enthalten sie auch etwas Alkohol, der ausschließlich aus Roggen gebrannt ist, doch macht dieser am Ende in der Regel weniger als ein Zehntel des Verschnitts aus. Aus diesem Grund zählen sie zu den leichtesten klassischen Whiskeys – noch vor den dreifach gebrannten irischen.

Die kanadische Whisky-Industrie entstand erst im letzten Jahrhundert als Nebenzweig der landwirtschaftlichen Getreideproduktion, deren Überschüsse man lange Zeit und auf der ganzen Welt zum Schnapsbrennen verwendete. Die ersten Hersteller waren Hiram Walker, Deagram's und Corby's, alle in der Provinz Ontario.

Hier wendet man das kontinuierliche Brennverfahren in riesigen Destillationskolonnen an. Verschiedene Destillate (aus unterschiedlichen Maischesorten oder mit unterschiedlichen Hefekulturen vergoren) werden vom Brennmeister gewissenhaft verschnitten – in einigen Fällen vor der Reifung, in anderen danach. Alle Whiskys müssen mindestens drei Jahre in den Fässern aus neuem Holz lagern, aber auch edle, alte Erzeugnisse haben in Kanada Tradition – Whiskys, die nach 10, 12 und sogar 18 Jahren erst auf den Markt kommen. Auch dort werden die durchschnittlichen Verschnitte mit 40 Vol.-% verkauft; reifere Spezialitäten jedoch z. T. auch mit etwas höherem Alkoholgehalt.

Kurioserweise gestatten die Vorschriften bei kanadischem Whisky auch den Zusatz einer kleinen Menge anderer Getränke wie Sherry oder Wein. Auch wenn diese nicht mehr als einen hundertstel Teil des fertigen Erzeugnisses ausmachen, werden sie doch als flüchtige Spur von Fruchtigkeit im Aroma mancher Whiskys wahrgenommen.

CANADIAN CLUB
Die führende kanadische Whiskeymarke

CROWN ROYAL
Eine kanadische Marke im Besitz von Seagram's

Die meisten Brennereien liegen in den Ostprovinzen Ontario und Quebec. Die führende Marke ist Hiram Walker's Canadian Club (ein Verschnitt, der in den 1880er Jahren entstand); ihm zur Seite stehen die Sorten Burke's und Wiser's von Corby's, Silk Tassel von McGuinness, Alberta Springs und Crown Royal von Seagram's.

JAPAN

Japan besitzt von den hier berücksichtigten Ländern die bei weitem jüngste Whisky-Industrie. Die erste Brennerei wurde erst 1923 gegründet, und erst in den letzten ca. 30 Jahren sind auch Whisky-Trinker außerhalb Japans auf ihre Produkte aufmerksam geworden.

Das Vorbild für japanischen Whisky ist schottischer Single-Malt, aber es gibt auch Spirituosen, die im Stil der Scotch-Verschnitte hergestellt werden. Die Grundlage liefert eine Maische aus gemälzter Gerste; sie wird in Darren getrocknet, deren Feuer nur wenig Torf beigegeben wird (entsprechend ist das Erzeugnis weniger aromatisch als in Schottland); gebrannt wird in der traditionellen Brennblase. Einige Marken reifen wie Scotch in gebrauchten Sherry- oder Bourbonfässern, andere wie Bourbon in stark ausgekohlten neuen Fässern aus amerikanischer Eiche. Einige Brennereien kaufen einen Teil ungenutzten schottischen Destillats ein, um es mit dem selbst hergestellten Whisky zu verschneiden. Die Spitzenmarken werden im allgemeinen mit ca. 43 Vol.-% abgefüllt.

Die riesige Getränkefirma Suntory, die in allen Bereichen – von Spitzen-Bordeaux bis hin zum grünen Melonenlikör Midori – mitmischt, ist auch der größte japanische Whiskyhersteller und bestreitet praktisch drei Viertel der Jahresproduktion dieser Branche. An zweiter Stelle folgt die Firma Nikka; dann kommen die kleineren Hersteller Sanraku Ocean und Seagram's.

Whisky wird in Japan fast immer mit viel Wasser getrunken. Während das Mischverhältnis in Schottland üblicherweise 1:1 ist, bevorzugen die Japaner Whisky als blaßgelben Longdrink in hohen Gläsern, die bis oben mit Quellwasser und viel Eis gefüllt werden. Er wird als Aperitif und zum Essen getrunken.

Zu den berühmteren Produkten gehören Suntorys 12jähriger Pure Malt aus der Yamazaki-Brennerei auf Honshu, der Hauptinsel; Nikka Memorial 50; der Single-Malt Karuizawa von Sanraku Ocean (ebenfalls aus Honshu) sowie die Spitzenmarken Crescent und Emblem von Seagram's.

SUNTORY
Der 12jährige Yamazaki ist eine Art japanischer Single-Malt.

SERVIERVORSCHLAG
Whisky paßt gut zu Sodawasser oder auch einigermaßen zu Ginger-ale (vor allem die fruchtigeren kanadischen Sorten) – dann allerdings am besten mit Eis.

Likör e

Da ein deutlicher Unterschied zwischen Branntweinen und Likören besteht, wäre es hilfreich, zunächst einmal zu definieren, woraus ein Likör besteht.

Der Unterschied liegt in der Art und Weise, auf die.man die unterschiedlichen Aromen dieser Getränke erzielt. Ein Likör ist im Grunde ein Getränk auf Branntweinbasis, dem Aromastoffe zugesetzt wurden und das in den meisten Fällen nachgezuckert wurde. Manchmal werden die Aromazutaten selbst destilliert oder aber nur in der Alkoholbasis eingeweicht oder ausgezogen; es gibt zwar aromatisierte Schnäpse wie Wodka mit Zitronengeschmack (und im Grunde auch Gin), aber keine geschmacksneutralen Liköre. Bei Cherry-Brandy handelt es sich also um einen Likör, da hier ein neutraler Branntwein aus anderen Ausgangsprodukten mit Kirschgeschmack versetzt wird, wogegen Kirschwasser ein Schnaps, also ein reines, ungesüßtes Destillat aus Kirschen ist.

Die Ursprünge der Likörherstellung sind in dem Brauch zu finden, den ersten Branntweinen Geschmacksstoffe wie Kräuter, Fruchtextrakte, Samen, Gewürze, Nüsse, Wurzeln usw. zuzusetzen, um einerseits den unangenehmen Geschmack der Unreinheiten zu kaschieren und andererseits den erzielten Tränken Heilkräfte zu verleihen. War der erforderliche Branntwein verfügbar, konnten diese in häuslichen Küchen zusammengebraut werden, um sie dann zu trinken oder beim Kochen zu verwenden – eine Tradition, an die dieses Buch anknüpft. Als im Laufe des 19. Jahrhunderts verschiedene Likörmarken auf den Markt kamen, ließ die private Likörherstellung nach.

Als die Kunst der Schnapsbrennerei in Europa noch in den Kinderschuhen steckte, entwickelte der katalanische Mediziner Arnaldo de Vilanova die Theorie, daß man die vorteilhaften Eigenschaften bestimmter medizinischer Kräuter durch das Einweichen in Alkohol extrahieren konnte; er konnte dies folgern aus der nichtalkoholischen Destillation von Ölessenzen, die bereits im alten Ägypten und im klassischen Griechenland bekannt war.

Als Zweig der alchemistischen Wissenschaften war die Brennkunst eng mit den Bemühungen verbunden, Gold zu gewinnen, und daher spielte Gold selbst in Heilmittelrezepten auf Alkoholbasis eine Rolle. (So wurde Arnaldo angeblich vor der Inquisition bewahrt, weil er den Papst mittels eines goldspanhaltigen Tonikums von einer lebensbedrohenden Krankheit kuriert hatte.) Diese Tradition

Links: Das Palais de Bénédictine. Noch bis vor kurzem wurde Bénédictine von Mönchen hergestellt. Chartreuse liegt noch heute in der Hand des Kartäuserordens (unten: die Brennerei in Voiron bei Grenoble).

Oben: Auch heute produzieren kleine Hersteller wie dieser französische Brennmeister eine wunderbare Vielfalt aromatisierter Liköre.

lebt heute in einem Getränk namens »Goldwasser« weiter.

Viele traditionelle Liköre wurden zuerst in den Klöstern entwickelt, da man die verwendeten heilkundlichen Zutaten oftmals in deren Gärten anbaute. Im späten Mittelalter hatten sich die Italiener zu den angesehensten Fachleuten der Likörherstellung entwickelt. Durch die Heirat zwischen Katharina von Medici und dem späteren französischen König Heinrich II. im Jahre 1533 kamen viele italienische Kleriker und damit auch deren Fachwissen nach Frankreich. Von den bekannteren Erzeugnissen wurden bis vor nicht allzulanger Zeit noch einige von französischen Mönchsorden hergestellt, z. B. Bénédictine (auf Chartreuse trifft das bis heute zu). Im letzten Jahrhundert galten Liköre als wohltuende Digestifs für alle, die die stärkeren Alternativen wie Cognac nicht mochten, und im allgemeinen hielt man sie eher für Frauengetränke. Dieses Image unterstützte auch die Einführung jener kleinen Gläschen, die – bedrückend genug – noch immer als die angemessenen Trinkgefäße gelten. Inzwischen hatten Liköre ihr gesundheitsförderndes Image weitgehend abgelegt und sich in echte Drinks verwandelt, obwohl bei Trinkern nach wie vor der Glaube verbreitet war, daß sie krankheitsvorbeugende Eigenschaften besäßen.

Die Cocktail-Ära der 20er und 30er Jahre befreite die Liköre aus einer Zwangsjacke kultivierter Höflichkeit, in die sie, besonders in der viktorianischen Epoche, in England gesteckt wurde. Auf einen Streich wurden zahlreiche Drinks kreiert, die das Repertoire ungemein verbesserten. Eine Mischung aus Gin, Zitronensaft, Zucker und Sodawasser mag zwar eine angenehme Art des Gin-Konsums gewesen sein, aber nach Zugabe eines Schlucks Cherry-Brandy wurde daraus eine noch wesentlich aufregendere und riskantere Angelegenheit. Dieses Faible für das Spiel mit dem Feuer spiegelt sich in den Namen der großen Cocktail-Rezepte der 20er Jahre – in ihren Anspielungen auf Glücksspiele (Casino), Sex (Maiden's Blush), spirituelle Gefahren (Hell, Little Devil) und sogar Munition aus dem Ersten Weltkrieg (Whizz-bang, Depth Bomb, Artillery).

Nie war eine Trinkkultur glücklicher oder sorgloser als die der ersten und zugleich größten Cocktail-Ära, und ohne Liköre wäre dies nicht möglich gewesen. Die folgenden Seiten sind eine Verkostungsreise ins Reich der berühmten und weniger berühmten Vertreter dieser Gattung.

Oben: Das Museum der Abtei La Grande Chartreuse, Isère (Frankreich)

ADVOCAAT

AROMASTOFFE
Orangen
Zitronen
Kirschen
Vanille

DIE HOLLÄNDISCHE SPEZIALITÄT Advocaat, ein Eierlikör, ist eine dickflüssige Mischung aus einfachem Traubenbranntwein, Eigelb und Zucker. Meist wird er in dieser ursprünglichen Variante verkauft, aber in den Niederlanden kann man auch Sorten mit Vanille- und Fruchtgeschmack kaufen. Aufgrund seiner samtigen Beschaffenheit und milden Bekömmlichkeit wird Advocaat oft als Drink für ältere Leute erachtet und für gewöhnlich in einen Becher mit heißer Schokolade oder starkem Kaffee gegeben.

Einige Advocaatsorten sind vielerorts erhältlich; Warninks mit dem roten Etikett ist vermutlich der bekannteste, aber Fockinks und die Likör-Experten Bols und De Kuypers sind auch mit von der Partie. Für einen Likör wird er in der Regel mit einem recht niedrigen Alkoholgehalt abgefüllt – etwa 17 Vol.-%, was etwa dem Alkoholgehalt eines durchschnittlichen, aufgespriteten Weins entspricht.

WARNINKS
Vermutlich die bekannteste Advocaat-Marke

SERVIERVORSCHLAG
In den Niederlanden wird Advocaat als Aperitif und auch als Digestif getrunken. Zusammen mit einem Heißgetränk ergibt er einen wohltuenden Gute-Nacht-Drink.

MIXGETRÄNKE
Snowball: Eine großzügige Portion Advocaat in ein hohes Glas geben, und mit eiskalter, kohlensäurehaltiger Limonade auffüllen. Geben Sie außerdem noch 1 TL süßen, dunklen Sherry zu, falls Sie dem Drink etwas mehr Pfiff geben möchten. (Diesen Cocktail kann man nach allgemeiner Ansicht auch Minderjährigen problemlos geben, da er einem Milchshake nur zu ähnlich ist.)

HERSTELLUNG
Kommerzieller Traubenbranntwein wird mit Zuckersirup gesüßt. Von den Eiern werden nur die Eigelbe zugegeben.

PASST GUT ZU ...
Diese fertige Grundlage für einen Egg-Nog kann man durch Zugabe von Vollmilch und einer Prise Muskatnuß in einen leckeren Longdrink verwandeln.

ADVOCAAT
Das einzige Getränk in diesem Buch, bei dessen Herstellung Eigelb verwendet wird.

AMARETTO

VON ALLEN LIKÖREN, deren Hauptgeschmack auf Mandeln beruht, ist Amaretto der bekannteste. Im allgemeinen bringt man damit eine bestimmte italienische Marke in Verbindung, den Disaronno-Amaretto, obwohl es auch andere Liköre gibt, die als Amaretto bezeichnet werden können. Richtig guten Amaretto bekommt man in rechteckigen Flaschen, deren Etikett einer alten Manuskriptrolle gleicht und deren Schraubverschluß überproportional groß und rechteckig ist. Er ist kräftig und süß, erinnert etwas an Marzipan und kommt auch in Cocktails sehr ausgeprägt zur Geltung.

Der Sage nach erhielt der italienische Maler Bernardino Luini das Rezept im 16. Jahrhundert von einer Gastwirtin, die in seinem Wandgemälde über die Geburt Christi in Saronno für die Jungfrau Maria Modell stand. Ob es stimmt oder nicht – den ursprünglichen Amaretto bereitete man in seiner Heimat vermutlich aus Traubenbranntwein, in dem man die ausgeprägt nach Mandeln schmeckenden Aprikosensteine zufügte.

HERSTELLUNG

Dem Branntwein setzt man neben Mandelextrakt auch heute noch Aprikosensteine zu, daneben Aromastoffe wie Bourbon-Vanille. Das Ergebnis wird mit Zuckersirup gesüßt und tiefbraun gefärbt

DISARONNO AMARETTO *Die bekannteste italienische Amaretto-Marke*

MIXGETRÄNKE

Godmother: Gleiche Teile Disaronno-Amaretto und Wodka in einem Tumbler voller Eis mixen.

Godfather (unten): Wie oben, aber anstelle von Wodka Scotch verwenden.

PASST GUT ZU ...

So wie eine Mandelcrememischung aus gemahlenen Mandeln eine gute Grundlage für viele Obstkuchen liefert, kann man Amaretto gut zum Sirup für einen Obstsalat oder bei den meisten Obstdesserts über Schlagsahne bzw. Eis geben. Er ergänzt sich im *pot au chocolat* auf köstliche Weise mit der Schokolade und eignet sich ausgezeichnet für einen Likör-Kaffee.

CASONI AMARETTO *Der Geschmack von Amaretto: Wie Marzipan in der Flasche*

ALTERNATIVBEZEICHNUNG

Crème d'amandes

AROMASTOFFE

Mandeln
Aprikosen

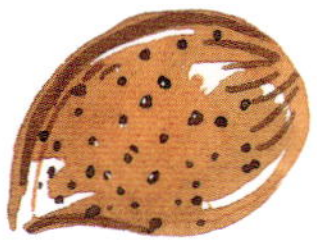

SERVIERVORSCHLAG

Disaronno ist im Geschmack so komplex, daß er trotz seiner Süße ungemixt getrunken werden kann – vorzugsweise aber gekühlt. Sehr erfrischend ist es auch, ihn *frappé* (über zerstoßenes Eis gegossen) zu trinken.

ANIS

AROMASTOFFE
Anissamen. Manchmal werden auch die Samen des Sternanis verwendet, der Geschmack ist ziemlich ähnlich, aber keineswegs gleich.

SERVIERVORSCHLAG
Eiskalt und in einem Tumbler mit schwerem Boden: Das ist die einzig richtige Art, Anislikör zu servieren. Gibt man ein wenig Wasser zu (in der Regel dieselbe Menge), verfärbt er sich milchig mit leichtem Grünton. Er gilt als stark appetitanregend.

WIE MAN ANIS UND PASTIS voneinander abgrenzt bzw. ob es überhaupt einen entscheidenden Unterschied zwischen ihnen gibt, ist alles andere als klar. Beide werden mit den Samen der in Nordafrika heimischen Anispflanze aromatisiert und sind im ganzen Mittelmeerraum beliebt. Beide trüben sich bei Wasserzugabe und gelten als ehrbare Nachfolger des verbotenen Absinth.

Während Pastis nach Meinung des einen Experten nicht mit Anis, sondern eher mit Lakritze aromatisiert werden sollte (obwohl beide geschmacklich einander sehr nahe sind), ist Anislikör nach Meinung eines anderen einfach eine Pastissorte. Ein dritter dagegen behauptet, daß unter Pastis – im Gegensatz zu Anislikör, der auf der Mazeration von Anis oder Lakritze in Alkohol beruht – genaugenommen ein Destillat aus den zwei Zutaten selbst zu verstehen ist. Ich selbst würde die zuletzt genannte Definition vorziehen. Zunächst einmal enthält Anislikör im Vergleich zu Pastis eher weniger Alkohol (er hat eher Likör- als Schnapsstärke); außerdem kann man sicher sein, daß Pastis immer aus Frankreich kommt (das Wort ist in altsüdfranzösischem Dialekt), wogegen Anislikör (mit der Schreibung »Anís«) auch aus Spanien kommen kann. Dort gibt es süße und trockene Sorten, während französischer Anislikör vorwiegend trocken ist.

Anisextrakt gilt seit den Tagen der Medizinschule von Salerno (und vermutlich bereits länger) als wertvolle Arznei bei Magenerkrankungen.

ANIS
Dieser Likör wird sowohl in Spanien als auch in Frankreich hergestellt.

ALTERNATIVBEZEICHNUNGEN
Frankreich: Anise *Spanien*: Anís

ANISETTE
Anisette ist ganz eindeutig ein Likör; er kommt aus Frankreich, ist gesüßt und etwas stärker als Anislikör. Die bekannteste Marke ist Marie Brizard, dessen Herstellerfirma nach der Dame aus Bordeaux benannt ist, die das Rezept dort im 18. Jahrhundert von einer westindischen Bekanntschaft bekam.

ANISETTE
Die süßere Anislikörsorte, hier vertreten durch Marie Brizard

AURUM

SO WIE DER NAME ARGENTARIUM an Silber denken läßt, erinnert der Name Aurum an Gold, und ein Blick auf seine Farbe erklärt, warum. Aurum ist ein in den Abruzzen hergestellter Markenlikör auf Branntweinbasis, für den eine Mischung aus Orangenschalen und ganzen Orangen ausgezogen wird. Seine intensiv golden schimmernde Färbung wird durch Zusatz von Safran verstärkt. Der italienische Schriftsteller Gabriele d'Annunzio gab Aurum seinen Namen. Dieser deutet an, daß Aurum einst als Reflex alchemistischer Ursprünge der Brennkunst echte Goldpartikel enthalten haben mag.

HERSTELLUNG

Die Hersteller verwenden für Aurum nicht einfach Industriebranntwein, sondern brennen ihren Weinbrand aus italienischen Jahrgangsweinen selbst und lagern ihn zudem ungefähr vier Jahre lang im Faß, damit er die Holzfarbe annimmt. Die Orangen (und andere Zitrusfrüchte) werden getrennt in zusätzlichem Branntwein, den man danach dreifach destilliert, ausgezogen. Ihn und den erstgenannten Weinbrand verschneidet man anschließend und läßt den Verschnitt eine weitere Zeitspanne in Eiche reifen.

AURUM stammt aus den Abruzzen (Ostitalien).

ARGENTARIUM

Argentarium gehört zu den wenigen Likören, die noch von Mönchen hergestellt werden; in diesem Falle in einem italienischen Kloster nördlich von Rom. Bei ihm aromatisiert man eine Traubenbranntweinbasis mit einer Mischung von wilden Kräutern. Er wird in erster Linie in der Gegend selbst getrunken.

BÉNÉDICTINE

»DEO OPTIMO MAXIMO« (»Gepriesen sei Gott, der Beste und Größte«), lautete im Jahr 1510 der Ausruf des Benediktiner-Mönches, der diesen Likör erfand, bei der Erstverkostung des Resultats – so zumindest wird erzählt. Fest steht jedoch, daß das Kloster im nordfranzösischen Fécamp (Normandie) diesen Kräuterlikör auf Cognacbasis bis zur Zeit der französischen Revolution (1789) herstellte; dann wurden die Klöster gewaltsam geschlossen und die Herstellung verboten.

Offiziell existierte Bénédictine danach nicht – bis in die 60er Jahre des 19. Jahrhunderts, als Alexandre Le Grand, der Nachkomme eines Juristen des Klosters, ihn zu neuem Leben erweckte. Der Fund des Geheimrezepts inmitten eines Bündels vergilbender Urkunden regte ihn zum Bau einer ungewöhnlichen, neuen Brennerei im neugotischen Stil in Fécamp an und erweckte den Likör zu neuem Leben. Bénédictine ist ein hellgoldener, honigsüßer Trank, der das gesamte Sortiment eines Kräuterhändlers an Heilpflanzen und Gewürzen enthält. Die genaue Formel ist zur selben Zeit immer nur drei Leuten bekannt, aber man nimmt an, daß mehr als 75 Aromastoffe zu Herstellung verwendet werden.

BÉNÉDICTINE Einer der alten Klosterliköre

SERVIERVORSCHLAG

Eine Spezialität wie **Aurum** (unten) muß unbedingt pur als Digestif gereicht werden. Er sollte nicht gekühlt sein, sondern wie guter Cognac in der Hand gewärmt werden und auch in Cognac-Schwenkern serviert werden.

Bénédictine sollte idealerweise zum Abschluß einer Mahlzeit pur in einem großen Likörglas gereicht werden; seine Hersteller haben aber nichts dagegen, daß man ihn als Cocktailzutat verwendet, falls einem dieser klassische Likör zum Pur-Trinken zu süß ist.

CHARTREUSE

IM GEGENSATZ ZU BÉNÉDICTINE wird Chartreuse noch in der Tat von den Mönchen des Kartäuserordens hergestellt – in Voiron bei Grenoble, unweit vom Sitz ihres Klosters La Grande Chartreuse. Zur Zeit der französischen Revolution wurde der Orden zwar aus Frankreich ausgewiesen, durfte jedoch nach der Niederlage Napoleons wieder ins Mutterland zurückkehren – um allerdings im Jahre 1903 abermals hinausgeworfen zu werden. Damals wurde im ostspanischen Tarragona eine zweite Niederlassung gegründet. Bis 1991 – also lange, nachdem man die Produktion 1932 schließlich wieder nach Frankreich verlegt hatte – blieb dies die zweite Adresse der Chartreuse.

Vom Chartreuse, dessen Originalrezept aus dem Jahre 1605 stammen soll, gibt es eine besondere Sorte namens Elixir, die in Miniaturflaschen mit abschreckenden 71 Vol.-% verkauft wird; in der Hauptsache finden heute jedoch die grüne (55 Vol.-%) und die gelbe (40 Vol.-%) Sorte Absatz. Letztere hat einen dunkel-grüngelben Farbton und schmeckt süß, honigartig und leicht nach Minze; der grüne Chartreuse dagegen ist hellgrün, duftet weniger intensiv nach Kräutern und ist wesentlich dünnflüssiger.

Außerdem stellt der Orden von jeder Farbe auch eine besonders gute, extravagante Variante mit der Etikettierung VEP (*vieillissement exceptionnellement prolongé* – »außergewöhnlich lange gelagert«) her.

HERSTELLUNG

In unterschiedlichen Destillations-, Digestions- und Mazerationsverfahren werden über 130 Kräuter und Pflanzen verarbeitet, um die Traubenbranntweinbasis zu aromatisieren. Früher wurden sie ausschließlich in den Bergen der Klosterumgebung gesammelt; heute werden einige auch aus Italien und der Schweiz importiert. Die Faßlagerung dauert bis zu fünf Jahren, abgesehen vom VEP, der doppelt so lange gelagert wird.

PASST GUT ZU ...

In Frankreich verfeinert man manchmal heiße Schokolade mit einem belebenden Schuß grünem Chartreuse; der gelbe gilt als besser für den Kaffee geeignet.

GRÜNER CHARTREUSE
Sehr stark und aromatisch

GELBER CHARTREUSE
Süßer als die grüne Sorte und in normaler Spirituosenstärke

MIXGETRÄNKE

Alaska: 3 Teile Gin und 1 Teil gelben Chartreuse mit Eis im Mixbecher schütteln und in ein Cocktailglas seihen.

Bijou: Gleiche Teile Plymouth Gin, grünen Chartreuse und süßen, roten Wermut mit Eis und 1 Spritzer Orangenbitter im Mixglas verrühren. In ein Cocktailglas seihen; eine Kirsche und eine Zitronenscheibe zugeben.

SERVIERVORSCHLAG

Sollte Ihnen Chartreuse pur zu intensiv sein, machen Sie's wie die Franzosen und reichen Sie ihn mit Tonic- oder Sodawasser und viel Eis gemixt als Longdrink.

ELIXIR VEGETAL *Das Original-Elixir, mit 71 Vol.-% Alkoholgehalt abgefüllt*

Cointreau

Cointreau ist eine der beliebtesten Likörmarken überhaupt und im Grunde genommen eine Abart von Curaçao – d. h. eine mit der Schale bitterer Orangen aromatisierte Spirituose auf Weinbrandbasis. Als er 1849 von den Brüdern Cointreau auf den Markt gebracht wurde, verkaufte man ihn als »Curação blanc, triple sec«, da aber so viele andere Curaçao-Marken bald mit der Bezeichnung »Triple Sec« verkauft wurden, entschied sich die Familie dafür, ihm ihren eigenen Namen zu geben.

Der Hauptsitz des Unternehmens wie auch eine Brennerei befinden sich in Angers im Loire-Tal, aber die Herstellung erfolgt auch in Amerika. Es gibt eine Auswahl verschiedener Abfüllungen, aber der beliebteste Cointreau ist der in der dunklen, viereckigen Flasche mit 40 Vol.-%.

COINTREAU
Einer der beliebtesten Liköre überhaupt

Mixgetränke

Cointreau ist in Cocktails so vielseitig verwendbar, daß eine Rezeptliste ein ganzes Buch füllen könnte. Nur soviel sei gesagt: Man kann ihn zu gleichen Teilen mit praktisch jeder anderen Spirituose (ausgenommen vielleicht Whisky) und dem Saft einer halben Zitrone mixen und mit Eis im Mixbecher schütteln: Mit Gin erhält man eine **White Lady** (unten), mit Brandy einen **Sidecar**, mit Wodka eine **Balalaika** und mit Tequila eine **Margarita**.

Obwohl er so viel Alkohol wie ein Schnaps enthält, schmeckt Cointreau köstlich harmlos; er ist zuckersüß und farblos, besitzt aber den kräftigen Duft frischer Orangen, unterlegt von einer schwachen Kräuternote. Die verwendeten Orangen sind eine geschickte Mischung aus bitteren, grünen, pomeranzenartigen Sorten der Karibik und süßeren Sorten aus Südfrankreich.

Herstellung

Cointreau ist ein zweifach gebrannter Traubenbranntwein mit dem Aroma heiß extrahierter Orangenschalen, gesüßt und zudem mit anderen, geheimen pflanzlichen Zutaten aromatisiert.

Passt gut zu …

Wenn die übrigen Gewürzzutaten in ausgewogenem Verhältnis stehen, paßt er vortrefflich in eine Orangensauce zu Entengerichten. Auch für eine Reihe von Desserts eignet er sich ausgezeichnet, vor allem für gehaltvolle Schokoladenmousse.

Serviervorschlag

Die beliebteste Art, Cointreau zu reichen, ist mit Eis oder *frappé* (je nachdem, ob Sie das Eis lieber in Stücken oder Splittern mögen). Die Kälte nimmt dem Likör dabei etwas von seiner Süße, und das reine Zitrus-Aroma erfrischt vorzüglich.

Sahneliköre

Aromastoffe
Kaffee
Schokolade

Auf dem zeitgenössischen Markt steigt die Zahl der Sahneliköre ständig an, und ob die Hersteller dies zugeben oder nicht: Alle Sahneliköre verdanken Bailey's Irish Cream, dem Inbegriff dieser Getränkeart, etwas von ihrer Grundidee und ihrem Reiz.

Bailey's selbst ist eine mit Kaffee aromatisierte Mischung aus irischem Whiskey und Sahne. In den 70er Jahren kam er auf einmal in Mode, bald jedoch auch in den Ruf, zu jener Sorte schicker Drinks zu gehören, mit denen skrupellose Burschen arglose Mädchen in Nachtclubs abfüllten. Seitdem hat sich die Zahl der Sahneliköre ständig vervielfacht.

Besonders verbreitet sind Kaffee- und Schokoladenaromen, und einige Sahneliköre werden auch von Süßwarenfirmen wie Cadbury's und Terry's hergestellt. Zudem haben einige der angeseheneren Likörhersteller Sahnevarianten ihrer eigenen Spitzenprodukte produziert (z. B. Crème de Grand Marnier), um einen Anteil dieses offensichtlich lukrativen Marktes zu ergattern.

Diese Erzeugnisse sind nach meiner Ansicht allerdings nicht ganz ernstzunehmen. Bestenfalls sind sie ein Ersatz für echte Sahnecocktails, aber in jedem Fall süßer und nicht so kräftig wie die selbstgemachten, und viele von ihnen enthalten zudem einen künstlichen Stabilisator, damit sich die Sahne nicht entmischt. Und außerdem: Warum sollte man sich auf das Rezept eines anderen verlassen, wenn man sich an den eigenen Angaben orientieren kann? Wenn Sie einmal Ihren eigenen Alexander zubereitet haben, werden Sie keinen Schokoladen-Sahnelikör mehr mögen.

Den Höhepunkt bildete ein Getränk namens Sheridan's, das eine andere irische Getränkefirma von einigem Ansehen in den frühen 90er Jahren auf den Markt brachte. Es handelte sich um eine gabelförmige Flasche mit zwei Öffnungen, deren eine Hälfte mit irischem Whiskey mit Kaffeearoma gefüllt war; die andere Hälfte enthielt dicke weiße Sahne. Der Gedanke dabei war, daß man zuerst aus einer Hälfte der Flasche einschenken sollte und dann – nicht ohne den Verschluß wieder auf die erste Hälfte zu schrauben – aus der anderen, um einen Likör-Kaffee zu simulieren (überflüssig zu sagen, daß Irish Coffee heiß serviert werden sollte). Allerdings, so teilte man mir mit, hatte das Erzeugnis bis dato keinen besonderen Erfolg, vielleicht weil es etwas umständlich in seiner Handhabung ist.

Serviervorschlag
Damit sie als Getränke attraktiv sind, muß man ihre Süße und Dickflüssigkeit mit etwas Eis abschwächen. Als Trinkgefäß ist am besten ein Weinbrandglas geeignet.

BAILEY'S
Der Urahn aller Sahneliköre

CADBURY'S CREAM LIQUEUR
Dient zur Not auch als schon fertiger Alexander

Crème-Liköre

Eine ganze Palette von Likören, deren Namen mit »Crème de« beginnen, können unter dieser Überschrift zusammengefaßt werden. Abgesehen von der Bezeichnung haben sie mit Sahnelikören überhaupt nichts zu tun. Sie besitzen fast immer ein bestimmtes, vorherrschendes Aroma, das oft auf einer Frucht basiert, und dementsprechend sind sie auch gefärbt. Im allgemeinen werden sie mit 25–30 Vol.-% abgefüllt und können zu den nützlicheren Bausteinen im Repertoire eines Barkeepers gezählt werden.

Der Begriff »Crème« wurde ursprünglich verwendet, um sie als gesüßte Liköre von Spirituosen wie Cognac oder Calvados zu unterscheiden. Sie kamen vor allem aus Frankreich (die Mitte des 18. Jahrhunderts in Bordeaux gegründete Firma Marie Brizard ist in diesem Bereich nach wie vor von Bedeutung), aber schon bald nahmen auch andere auf Liköre spezialisierte Hersteller wie Bols und De Kuypers in Holland die Produktion auf.

FRAISE DES BOIS
Diese Sorte Crème de Fraises enthält wilde Erdbeeren.

Mixgetränke

Genauso unbegrenzt wie die Zahl ihrer Aromen sind auch die Verwendungsmöglichkeiten dieser Liköre in Cocktails. Manche lassen sich gut kombinieren (probieren Sie z. B. braunen Cacao und Fraise oder Banane und Noyau), benötigen dann aber eine trockene Grundlage, um die Süße auszugleichen. Alle passen gut in Sahne-Cocktails, aber normalerweise reicht eine Geschmacksrichtung völlig aus. Lassen Sie Ihrer Phantasie freien Lauf.

Früchte-Daiquiri: Das Originalrezept für Daiquiri (s. S. 39) kann durch Zugabe eines Teils von einem der Fruchtliköre (und vielleicht auch etwas Früchtepüree) variiert werden; möglicherweise bevorzugen Sie das Ganze dann jedoch ohne Zucker.

Stinger: Die Stinger-Variante besteht einfach aus gleichen Teilen irgendeines Schnapses und weißer Crème de Menthe, mit Eis geschüttelt und in einem Cocktailglas auf zerstoßenem Eis serviert. Der Prototyp ist vermutlich die Version mit Cognac.

Alexander: Das auf S. 21 angegebene Rezept kann auch durch Verwendung anderer Spirituosen variiert werden (mit Gin gelingt es besonders gut), aber in jedem Fall muß braune Crème de Cacao verwendet werden.

Bevor diese Art von Produkten überall erhältlich war, verwendete man zum Süßen eines Cocktails in der Regel schlicht und einfach Zucker; vielleicht auch einen Zuckersirup. Die Crème-Liköre hatten nun den Vorteil, nicht nur zu süßen, sondern den Drinks, denen man sie beimischte, auch noch eine andere Geschmacksrichtung zu verleihen. Seitdem sind sie für Barmixer ein unentbehrliches Mittel zur Erweiterung des Repertoires.

Die meisten dieser Liköre basieren auf geschmacksneutralem, nicht gereiftem Traubenbranntwein, wobei die unterschiedlichen Aromastoffe per Digestion oder Mazeration im Branntwein ausgezogen werden. Der Haupt-

Aromastoffe

Es gibt bei dieser Likörart zahlreiche Aromen, und die nachfolgende Liste erhebt keinen Anspruch auf Vollständigkeit. Zuerst werden die französischen Bezeichnungen angegeben, da sie auf den Etiketten stehen. Am weitesten verbreitet sind: Crème de Banane (Banane), Cacao (Kakao oder Schokolade, in dunklen und hellen Sorten erhältlich), Cassis (schwarze Johannisbeere), Fraise (Erdbeere), Framboise (Himbeere) und Menthe (Minze, in hellgrünen und weißen Sorten erhältlich).

CRÈME DE FRAISE

Ein einfacher Erdbeerlikör von Marie Brizard (Bordeaux)

SERVIERVORSCHLAG

Sollen diese Getränke ihrem ursprünglichen Zweck gemäß getrunken werden (als angenehme Digestifs am Ende eines glanzvollen Diners), serviert man sie am besten nicht pur, sondern *frappé*. Auf diese Weise wird auch ihre zuckrige Süße etwas abgeschwächt.

MIXGETRÄNKE

Oracabessa: 1 Teil dunklen Rum, 1 Teil Crème de Banane, den Saft von ½ Zitrone und Eis im Mixbecher schütteln und in ein hohes Glas seihen. Einige dünne Bananenscheiben vorsichtig auf die Oberfläche des Drinks geben und mit kohlensäurehaltiger Limonade auffüllen. Großzügig mit Früchten garnieren.

Silver Jubilee: Gleiche Teile Gin, Crème de Banane und Sahne mit Eis im Mixbecher schütteln und in ein Cocktailglas seihen.

Blackout (aus Lucius Beebes *Stork Club Bar Book*): 1¾ Teile Gin, ¾ Teil Crème de Mûre und den Saft von ½ Limone mit viel Eis im Mixbecher schütteln und in ein Cocktailglas seihen.

Stratosphere: Ein paar Spritzer Crème de Violette in ein Glas Champagner geben, bis er malvenfarbig ist. Anschließend wird seine Parfümierung noch durch Zugabe einer ganzen Gewürznelke verstärkt. (Der amerikanische Veilchenlikör Crème Yvette war früher das einzig passende Erzeugnis für diesen Aperitif.)

English Rose: 1½ Teile London Gin, ¾ Teil Crème de Roses, den Saft von ½ Zitrone, ½ TL feinen Zucker, ½ Eiweiß und Eis im Mixbecher schütteln und in ein Weinglas seihen (Sie können dafür auch einen elektrischen Mixer verwenden, damit die Mischung besonders schaumig wird).

CRÈME DE CACAO

Cacao – Kakao oder Schokolade – ist zum Vergnügen der Schokoholiker in zwei Sorten erhältlich (hell und dunkel).

unterschied zwischen Digestion (oder Heißextraktion) und Mazeration (oder Kaltextraktion) besteht darin, daß der Alkohol bei der Digestion auf 50–60 Grad erhitzt wird, während man die Extraktstoffe bei der Mazeration nur kalt in ihm ziehen läßt, bis sie zerfallen sind und ihre Aromastoffe abgegeben haben. Es ist klar, daß das Mazerationsverfahren wesentlich länger dauert als das der Digestion. In beiden Fällen muß die Ingredienz wasserlöslich gemacht werden.

Da sie als vollmundige, aber einfache Erzeugnisse mit einer vorherrschenden Geschmacksrichtung gedacht sind, läßt man Crème-Liköre im allgemeinen nicht in Holz reifen; dies würde ohnehin

CRÈME DE BANANE
Banane ist eine besonders vielseitige Geschmacksrichtung.

nur ihre oft kräftigen Hauptfarben beeinträchtigen und zudem den Geschmack verschleiern.

Meist werden Crème-Liköre in 50-cl-Flaschen vertrieben. Bei Gebrauch werden Sie feststellen, daß sich unter den Schraubverschlüssen ein wenig Zucker ablagert; wischen Sie die Öffnung einfach dann und wann gründlich ab.

Herstellung

Nach Digestion oder Mazeration, in deren Verlauf die Aromastoffe aufgenommen werden, müssen unter Umständen noch Festkörper aus dem aromatisierten Alkohol gefiltert werden. Anschließend wird die Flüssigkeit gesüßt, in der Regel durch Zugabe von

CRÈME DE CASSIS
Cassis ist auch eine Spezialität aus Burgund.

Mixgetränke

Kir: Dieser berühmte, nach einem Bürgermeister von Dijon benannte Aperitif besteht aus einem Glas leichtem, trockenem, säuerlichem Weißwein und je nach Geschmack 1–2 TL Crème de Cassis. Der klassische Wein hierfür ist ein Bourgogne Aligoté des jüngstmöglichen Jahrgangs, doch auch andere, eher geschmacksneutrale, aber herbe Weißweine lassen sich verwenden. Gibt man den Cassis in ein Glas Brut Champagne ohne Jahrgang, erhält man einen **Kir Royale** (unten).

Crème de Framboise

Von roten Fruchtlikören wie z. B. Framboise (Himbeere) kann man sehr gut einen Teelöffel voll in ein Glas mit einfachem Champagner oder Schaumwein geben.

Aromastoffe

Zu den selteneren Geschmacksrichtungen zählen: Crème d'Ananas, Café, Mandarine, Mûre (Brombeere), Myrtille (Heidelbeere), Noyau (Mandel), Roses (Rosenblüten), Thé (Tee), Vanille, Violette (Veilchen).

Zuckerlösung, manchmal auch einer Zucker-Glukose-Mischung. Falls man auf natürlichem Weg keine auffallende Farbe erzielen kann (das geht in der Tat nur recht selten), wird sie noch durch Zugabe von pflanzlichen Farbstoffen wie Karotin oder Rote Bete gefärbt; Rottöne werden oft durch Zusatz von Koschenille erzielt. Diese Farbstoffe haben keinen Einfluß auf den Geschmack. Der Likör wird anschließend sehr gründlich gefiltert, damit er leuchtend und kristallklar ist, und in neutrale Tanks aus rostfreiem Stahl geleitet, um dort auf die Abfüllung zu warten.

CRÈME DE MENTHE

Der grüne Crème de Menthe ist sehr süß und schmeckt nach Pfefferminze.

MIXGETRÄNKE

Grasshopper: Gleiche Teile grüne Crème de Menthe, helle Crème de Cacao und Sahne mit Eis im Mixbecher schütteln und in ein Cocktailglas seihen.

PASST GUT ZU ...

Besonders naheliegend ist es, Desserts derselben Geschmacksrichtung (vor allem Fruchtdesserts) durch Verwendung dieser Liköre einen interessanteren Geschmack zu geben. Peppen Sie ihre Erdbeer-Mousse mit Crème de Fraise auf, Ihren Brombeer-Käsekuchen mit Crème de Mûre usw. (Andererseits kommt ein üppigsämiger Pot au chocolat auch ganz gut ohne Crème de Cacao aus, wenn Sie Spitzen-Schokolade verwendet haben.) Crème-Liköre mit Blumenaroma verleihen dem Sirup für einen einfachen Obstsalat eine exotische Note.

CRÈME DE MÛRE

Ein hocharomatischer Brombeerlikör

CRÈME DE PÊCHE

Pfirsich ist eine ungewöhnliche Geschmacksrichtung.

BRAMBLE

Ein Fruchtlikör aus Großbritannien

Curaçao

Curaçao wurde ursprünglich von den Holländern erfunden. Dieser Likör, auf der Basis weißen Rums, wird aromatisiert mit den Schalen grüner Curaçao-Früchte (einer Pomeranzenart), die die Siedler auf der gleichnamigen karibischen Insel entdeckten. Trotz seines geographisch eindeutigen Namens wurden für diesen Likör niemals Vorschriften für die Herkunftsbezeichnung festgelegt. Dementsprechend wird er von vielen verschiedenen Firmen in einer Reihe von Ländern hergestellt, und als Ausgangsbasis dient Branntwein.

ORANGE CURAÇAO
Curaçao ist immer mit Pomeranzen aromatisiert.

Mixgetränke

Olympic: Gleiche Teile Cognac, orangenen Curaçao und frischen Orangensaft mit Eis im Mixbecher schütteln und in ein Cocktailglas seihen. Mit Orangenschale garnieren.

Oasis: 2 Teile Gin in einem hohen Glas auf Eiswürfel gießen. ½ Teil blauen Curaçao zugeben, mit Tonic auffüllen und gut verrühren. Mit einer Zitronenscheibe und einem Zweigchen frische Minze garnieren.

Als Alternativbezeichnung war auch Triple Sec weit verbreitet (das bekannteste Beispiel dafür ist Cointreau), obwohl Curaçao verwirrenderweise überhaupt nicht trocken, sondern immer süß ist. Der bittere Geschmack der Orangen (die nur deshalb grün sind, weil sie nicht ganz reif sind) gleicht diese Süße jedoch wieder in solchem Maße aus, daß viele ihn vielleicht doch als trocken empfanden.

Curaçao ist nicht nur farblos, sondern auch in mehreren Farben erhältlich. Orangener Curaçao (vor allem von Firmen wie Bols) ist oft besonders bitter; seine Farbe ist ein dunkles, gelbbraunes Orange. Curaçao in den Farben hellblau, dunkelgrün, rot und gelb hat zwar den Reiz des Neuen, aber immer denselben Orangengeschmack. Der Alkoholgehalt liegt in der Regel irgendwo zwischen 25 und 30 Vol.-%.

Der Name der Insel ist natürlich nicht holländisch, sondern nach den ursprünglichen Entdeckern portugiesisch (*curação* = Herz), und die korrekte Aussprache stiftet mehr Anlaß zur Verwirrung als der Name irgendeines anderen Likörs. Portugiesisch hieße es zwar korrekt »kurasao«, gängig ist inzwischen jedoch »kürasao«.

Aromastoff

Curaçao-Früchte (Pomeranzen)

Serviervorschlag

Der bittere Fruchtgeschmack paßt gut zu anderen bitteren Zutaten; orangener Curaçao und Tonic etwa ergeben einen guten Longdrink. (Sie können auch eine nicht zu süße Limonade mit Kohlensäure verwenden.) Zu gleichen Teilen mit trockenem oder süßem Wermut gemixt schmeckt Curaçao ebenfalls gut; pur ist er dagegen nicht besonders angenehm.

Curaçao

Blauer Curaçao war während der Cocktail-Renaissance der frühen 80er Jahre sehr populär, obwohl seine Farbe es schwierig macht, ihn zu mixen.

Alternativbezeichnung

Triple Sec (strenggenommen nur für die farblose Variante)

Herstellung

Die Blüte und getrocknete Schale wilder Orangen werden in Traubenbranntwein oder auch neutralem Branntwein per Digestion ausgezogen; das Resultat wird gesüßt, gereinigt und gegebenenfalls gefärbt.

TRIPLE SEC
Dieser Begriff wird eher für den farblosen Curaçao verwendet.

Mixgetränke

Whip: Gleiche Teile Cognac, trockenen Wermut und Curaçao mit 1 Spritzer Pastis und viel Eis im Mixbecher schütteln und in ein Cocktailglas seihen. (Vorsicht, dieser Cocktail enthält keine alkoholfreien Bestandteile!)

Rite of Spring (unten): 2 Teile Wodka und 1 Teil grünen Curaçao mit Eis in einem Mixglas mixen. In ein hohes Glas dekantieren und mit klarer Limonade auffüllen. Einen langen Streifen Zitronenschale in den Drink baumeln lassen.

Passt gut zu ...

Für eine klassische Crêpe Suzette unentbehrlich: Im Rezept des großen französischen Küchenchefs Auguste Escoffier wird der Pfannkuchenteig mit Mandarinensaft und Curaçao aromatisiert; auf den fertigen Pfannkuchen gibt man eine Sauce aus Butter, Zucker und Mandarinenzesten. Heutzutage wird in diesem allzeit beliebten Dessert in der Regel Cointreau verwendet.

Cuaranta y Tres

Cuaranta ist ein süßer Likör aus der ostspanischen Region Cartagena, dessen Rezept angeblich noch aus der Zeit stammt, in der die Phönizier in Nordafrika Karthago gründeten und den Weinbau einführten. Er wird auf Branntweinbasis aus heiß extrahierten Kräutern hergestellt, besitzt jedoch ein merklich vorherrschendes Vanillearoma, was eher gegen die angeführte Ursprungstheorie spricht, denn Vanille wurde erst im 16. Jahrhundert von spanischen Eroberern in Mexiko entdeckt. Außerhalb seines Herstellungsgebietes ist er wenig bekannt.

DRAMBUIE

DRAMBUIE IST DER HERAUSRAGENDSTE Vertreter Schottlands unter den Likörklassikern der Welt. Diese einmalige und unnachahmliche Kombination aus schottischem Whisky, Heidehonig und Kräutern erfreut sich mancherorts höchster Beliebtheit. Man erzählt sich, daß der englische Thronanwärter Charles Edward Stuart einem gewissen Captain Mackinnon das Rezept nach der Niederlage bei Culloden 1746 zum Dank überreichte. Der von Geburt her zum König bestimmte Junge war nach Skye und von dort aus nach Frankreich gebracht worden, wobei Captain Mackinnon als Beschützer gewirkt hatte.

Inzwischen wurde die Geschichte aber als Unsinn entlarvt; in Wahrheit verlief sie wohl genau andersherum: Es waren die Mackinnons, die die Lebensgeister des flüchtigen Prinzen mit ihrem eigenen, hausgemachten Gebräu auf Scotchbasis wieder weckten. Dieser durch Süßung und Kräuterzusatz getarnte, unraffinierte Schnaps war für jene Zeit eine ganz typische Mischung.

Heute ist seine Alkoholbasis, eine Mischung aus feinen Malz- und reinen Getreidewhiskys, alles andere als unraffiniert. Noch immer stellt ihn die Mackinnon-Familie her, aber nicht mehr auf Skye, sondern in der Nähe von Edinburgh. Sie ließen seinen Markennamen (aus dem Gälischen *an dram buidheach*, »ein Drink, der zufriedenstellt«) 1892 registrieren. Seit dem 18. Jahrhundert wird er privat hergestellt, wurde aber erst 1906 – und mit spektakulärem Erfolg – kommerziell auf den Markt gebracht.

DRAMBUIE
Vermutlich der wichtigste Beitrag Großbritanniens zur Likörwelt

PASST GUT ZU ...

Ein großes Stück gehaltvoller, mit Drambuie übergossener Dundee Cake ist bei kaltem Wetter ein herrlicher Leckerbissen.

CYNAR

Dieser pikant-bittere Likör eignet sich nur für Mutige: ein sämiger, dunkelbrauner Trank aus Italien, der mit Artischockenherzen aromatisiert wird (sein Name leitet sich von der lateinischen Bezeichnung für Artischocke, *cynarum*, ab). In Venedig habe ich mal in einer kleinen Seitenstraße ein bescheidenes Gläschen davon geschluckt, und ich muß schon sagen, daß das von all den schimmernden Erinnerungen an diese feuchte Stadt nicht die angenehmste ist.

SERVIERVORSCHLAG

Reichen Sie Drambuie auf Eis oder zu gleichen Teilen mit Scotch als **Rusty Nail**.

GALLIANO

EINE WEITERE LIKÖRSPEZIALITÄT aus Italien: Der goldgelbe Galliano ist in der internationalen Cocktailszene vor allem als unvergleichlicher Aufpepper der Wodka-Orange-Mischung im Harvey-Wallbanger-Cocktail sowie für seine hohe, konische Flasche bekannt. Entwickelt wurde er von einem gewissen Arturo Vaccari, einem Brennmeister aus der Toskana, der seine Neuschöpfung zu Ehren des italienischen Soldaten Major Giuseppe Galliano so benannte. Im Jahre 1895 hielt dieser bei Enda Jesus in Äthiopien 44 Tage lang der Belagerung durch die weit überlegenen abessinischen Truppen stand.

Wie so oft ist auch hier sein Rezept ein peinlich gehütetes Geheimnis, aber es soll auf bis zu 80 Kräutern, Wurzeln, Beeren und Blumen von den norditalienischen Hochgebirgshängen beruhen. Von seinen Aromen sind Anis oder Lakritze sehr stark ausgeprägt, und er besitzt einen ausgeprägten Vanilleduft; zudem ist er natürlich sehr süß. Trotz seiner geschmacklichen Komplexität ist er eine wertvolle Ergänzung im Sortiment eines Barkeepers.

HERSTELLUNG

Die verschiedenen Geschmacksgrundstoffe setzt man vor der Destillation mit einer Mischung aus neutralem Branntwein und Wasser an; der erzielte Trank wird mit raffiniertem Sprit verschnitten und mit 35 Vol.-% abgefüllt.

AROMASTOFFE

Anis
Lakritze
Vanille

MIXGETRÄNKE

Harvey Wallbanger: 1 großzügigen Teil Wodka in einem Highballglas auf Eis gießen, mit frischem Orangensaft auffüllen und noch 1 Teil Galliano obenauf geben.

GALLIANO
Diesen italienischen Klassiker gibt es in einer unverwechselbaren, konischen Flasche.

MIXGETRÄNKE

Milano: Gleiche Teile Gin und Galliano mit dem Saft von 1/2 Zitrone und Eis im Mixbecher schütteln und in ein Cocktailglas seihen.

FIOR D'ALPI

Kein Likör stellt sich selbst mehr zur Schau als der in Norditalien hergestellte Fior d'Alpi. Sein Name bedeutet »Alpenblumen«, und genau die sind neben einer Handvoll wilder Kräuter seine Hauptgeschmacksstoffe. Er hat einen feinen, schlüsselblumengelben Farbton und wird in einer hohen, schmalen Flasche verkauft. Den Augenfang im Schaufenster bildet jedoch das knorrige, kleine Bäumchen, das sich in jeder Flasche befindet. Wenn Sie diese eine Weile unberührt lassen, kristallisiert der Zucker des Getränks zu einer Glasur auf den Zweigchen, was rührend weihnachtlich aussehen kann. Deshalb und wegen seiner angenehmen Süße bleibt er – wenigstens in Italien – so populär.

GLAYVA

GLAYVA IST WIE DRAMBUIE ein Likör auf Scotchbasis, der in der Nähe von Edinburgh hergestellt wird, aber erst seit wesentlich kürzerer Zeit. Er wurde kurz nach dem Zweiten Weltkrieg entwickelt, und seine Aromastoffe sind denen von Drambuie recht ähnlich, sein Geschmack unterscheidet sich allerdings auf eine faszinierende Weise. Man verwendet Heidehonig und verschiedene Kräuter sowie Orangenschale, wodurch dieser Likör weitaus fruchtiger schmeckt als Drambuie.

Im Falle von Glayva wird wieder eines noblen Schotten gedacht, und zwar eines gewissen Master Borthwick – ein 16jähriger, dem man zuschreibt, das Herz des schottischen Königs Robert Bruce (1306–1329) nach dem Sieg der Sarazenen zurück nach Schottland gebracht zu haben. Da er jedoch mit der Errettung des königlichen Herzens noch nicht zufrieden war, tötete der unbeugsame Bursche einen Sarazenenanführer, schnitt ihm den Kopf ab, spießte ihn auf seinen Speer und brachte ihn ebenfalls mit nach Hause. Alle Pubs mit dem Namen »Saracen's Head« erinnern an dieses Ereignis, genau wie der einst auf dem Glayva-Etikett abgebildete Maurenkopf.

GLAYVA
Das Originalrezept für Glayva ist wesentlich älter als das Produkt selbst.

MIXGETRÄNKE

Saracen: 1 Teil schottischen Whisky, je ½ Teil Glayva und trockenen Sherry und 1 Spritzer Orangebitter mit Eis im Mixbecher schütteln. In einen Tumbler gießen und einen Schuß Sodawasser zugeben; mit einem Stück Orangenschale dekorieren.

PASST GUT ZU …

Wie andere Liköre auf Scotchbasis paßt Glayva besonders gut zu Eiscreme – womöglich sogar zu einer, die wie er selbst nach Honig- und/oder Orange schmeckt.

AROMASTOFFE

Heidehonig
Orangenschale
verschiedene Kräuter

SERVIERVORSCHLAG

Glayva sollte man in einem normalen Tumbler so, wie er ist, servieren. Aufgrund seiner Fruchtigkeit kann man ihn besser gekühlt trinken als Drambuie, aber übertreiben Sie's nicht.

Goldwasser

Aromastoffe
Anissamen
Kümmelsamen
Zitrusfrüchte

Goldwasser bzw. Danziger Goldwasser (um es bei seinem ursprünglichen Namen zu nennen) erinnert an den bedeutenden katalanischen Mediziner Arnaldo de Villanova, der angeblich im 13. Jahrhundert den Papst von einer gefährlichen Krankheit heilte, indem er ihm ein Kräuterelixir mit Goldspänen verabreichte; dadurch rettete er zugleich seine eigene Haut vor der Inquisition.

Der kommerzielle Prototyp dieses Getränks wurde erstmals in der Ostseehafenstadt Danzig hergestellt; als Ausgangsbasis dient Kümmelschnaps, der mit Anis- und Kümmelsamen aromatisiert wird. Goldwasser ist farblos, nicht so süß wie andere Liköre und wird zum Gedenken an Arnaldo in der Tat mit echtem Blattgoldflitter versetzt. Wenn man aus der Flasche einschenkt, wirbeln die Goldspäne unter allgemeinem Beifall wie Flocken durcheinander (eine Zeitlang gab es auch »Silberwasser«, eine Variante mit Silber). Das französische Pendant dazu, Liqueur d'Or, ist inzwischen nicht mehr zu haben. Einige Marken hatten auch ein Zitrusfruchtaroma, mal Zitrone, mal Orange.

GOLDWASSER
Ursprünglich kam Goldwasser – so wie dieses – immer aus Danzig.

Alternativbezeichnungen
Frankreich: Liqueur d'Or oder Eau d'Or

Mixgetränke
Normalerweise macht es keinen Sinn, Goldwasser zu mixen, da dann die Goldspäne nicht mehr zu sehen sind. Ich verdanke jedoch Lucius Beebes *Stork Club Bar Book* von 1946 folgendes Cocktail-Rezept mit mehreren Schichten (nur anwenden, wenn Sie sicher sind, daß Ihre Eier frei von Salmonellen sind):
Golden Slipper: 1 Teil gelben Chartreuse in ein Sherryglas gießen. Dann 1 Eigelb als Ganzes auf die Oberfläche geben und vorsichtig 1 Teil Goldwasser darüber gießen. (Ich habe ihn nicht ausprobiert, vermute aber, daß er besser aussieht, als er schmeckt.)

Serviervorschlag
Es sieht noch hübscher aus, wenn man es in einem kleinen Kristallikörglas reicht.

Passt gut zu ...
Soufflé Rothschild ist ein klassisches, heißes Dessert aus Crème patissière und kandierten Früchten, die in Danziger Goldwasser eingeweicht wurden, und wird von Erdbeeren umgeben in individuellen Soufflé-Förmchen serviert.

GRAND MARNIER

GRAND MARNIER IST EINER der beliebtesten Liköre mit Orangengeschmack. Das Originalprodukt ist nicht ganz so alt wie sein großer französischer Rivale Cointreau, aber von ganz anderer Art. Da für ihn bittere Orangensorten aus der Karibik verwendet werden, kann man ihn als eine weitere Curaçao-Art bezeichnen, aber er ist ein deutlich hochwertigeres Erzeugnis als der meiste durchschnittliche Curaçao.

Seine Herstellerfirma wurde 1827 von einer Familie namens Lapostolle gegründet; Louis-Alexandre Marnier heiratete später in das Familienunternehmen ein und hatte 1880 auch als erster die Idee zu dem Likör, der seinen Namen trägt. Als er die bitteren Orangen auf einer Reise in Haiti entdeckte, kam ihm die Idee, feinsten Cognac mit ihrem Geschmack zu versetzen und dann eine Weile im Faß reifen zu lassen.

Heute gibt es für den Likör zwei Produktionszentren, eines in Château de Bourg in der Cognac-Region und eines in Neuphle-le-Château in der Nähe von Paris. Der anfängliche Verschnitt erfolgt auf dem Gelände des einen, die Lagerung im anderen Château. Das Ergebnis ist eine feine, weiche Spirituose mit 40 Vol.-% von warmer Bernsteinfarbe und mit dem intensiv-stimmungsvollen Duft reifer Orangen. Grand Marnier ist zwar süß, aber der bei seiner Herstellung verwendete, hochwertige Cognac aus der Champagne verhindert, daß er pur gereicht auch nur im geringsten zu süß wirkt.

Die Firma Marnier-Lapostolle entschied sich auch, von der vor etwa 20 Jahren aufgekommenen Sahnelikörwelle zu profitieren, indem sie einen Crème de Grand Marnier mit wesentlich niedrigerem Alkoholgehalt auf den Markt gebracht hat.

GRAND MARNIER
Er ist besseren Cognacsorten vollkommen ebenbürtig.

MIXGETRÄNKE

Gloom Chaser: Gleiche Teile Grand Marnier, orangenen Curaçao, frisch gepreßten Zitronensaft und 1 Spritzer Grenadine mit Eis im Mixbecher schütteln und in ein Cocktailglas seihen. Mit einer Orangenscheibe dekorieren.

AROMASTOFF

Orangen

HERSTELLUNG

Karibische Orangen werden in Spitzen-Cognac ausgezogen und mazeriert. Nach der völligen Verschmelzung der Aromen wird er destilliert, verschnitten, gesüßt und eine Zeitlang im Faß gelagert.

PASST GUT ZU ...

Grand Marnier ist die klassische Zutat für Ente à l'orange und kann auch in verschiedenen Desserts verwendet werden – insbesondere flambierten Crêpes und allem, was mit dunkler Schokolade zubereitet wird.

SERVIERVORSCHLAG

Ehrerbietig wie besten Cognac servieren.

KAHLÚA

KAHLÚA IST DER EINZIGE Likör von Bedeutung, der in Mexiko entwickelt wurde, eine dunkelbraune Essenz mit Kaffeearoma, die in einer rundschulterigen, undurchsichtigen Flasche mit farbenfrohem Etikett steckt. Er wird zwar z. T. noch in Mexiko unter Verwendung heimischer Kaffeebohnen hergestellt, aber unter Lizenz auch in Europa (von der dänischen Firma Peter Heering). Zwangsläufig wird er oft mit dem anderen, bekannteren Kaffeelikör, Tia Maria, verglichen, ist jedoch etwas dickflüssiger und nicht ganz so süß wie sein jamaikanisches Pendant.

AROMASTOFF
Kaffee

MIXGETRÄNKE

Black Russian: Bestimmte Liebhaber bestehen darauf, neben dem Wodka nicht Tia Maria, sondern Kahlúa zu nehmen. In jedem Fall ist es ratsam, den Drink nicht mit Cola zu panschen.

Alexander der Große: 1 1/2 Teile Wodka, 1/2 Teil Kahlúa, 1/2 Teil Crème de Cacao, 1/2 Teil Sahne und viel Eis im Mixbecher schütteln. In ein Cocktailglas seihen.

KAHLÚA
Ein Likör mit der anregenden Wirkung eines starken Kaffees.

SERVIERVORSCHLAG

Kahlúa eignet sich gut als kalte Alternative zum Likörkaffee. In einem hohen Glas über zerstoßenes Eis gießen und etwas Sahne darauf geben. Man kann ihn auch in heißen, schwarzen Kaffee gießen; Sahne darauf geben und mit Zimt bestreuen. Nach Ansicht mancher läßt er sich gut als Longdrink mit Coca-Cola oder Milch mixen.

PASST GUT ZU ...

Wenn man das Aroma eines Desserts durch Kaffeegeschmack (z. B. Soufflés oder Eiscreme) mit Kahlúa hebt, wird das Resultat glatter als mit dem häufiger verwendeten Tia Maria.

IZARRA

Izarra ist eine Art baskischer Chartreuse und wird im südwestfranzösischen Bayonne hergestellt. Er ahmt Chartreuse sogar darin nach, daß er in einer grünen und einer gelben Sorte im Handel ist – beide erfüllt vom Aroma wilder Kräuter aus den Pyrenäen. Grüner Izarra hat einen höheren Alkoholgehalt (tatsächlich sind es 55 Vol.-%, genau wie beim grünen Chartreuse, obwohl er nicht wirklich dieselbe geschmackliche Komplexität besitzt). Im Regionaldialekt bedeutet sein Name »Stern«. Als Ausgangsbasis dient Armagnac, der zusammen mit den Aromastoffen erneut destilliert und anschließend eine Zeitlang im Faß gelagert wird.

KÜMMEL

KÜMMEL GEHÖRT ZU DEN älteren Likörsorten. Wir wissen zwar, daß er aus Nordeuropa kommt, kennen seinen genauen Herkunftsort jedoch nicht. In Frage kommt Holland, aber auch die Deutschen haben einen berechtigten Anspruch auf das Patent. Sicher ist, daß er im 16. Jahrhundert in Holland hergestellt wurde, und da er ein unraffinierter, durch einen Aromastoff maskierter Kornbrand gewesen sein dürfte, paßt er recht gut zu den damaligen Getränken dieses Typs.

Hier ist der Aromastoff Kümmelsamen. Unnötigerweise verursacht sein Name eine gewisse Verwirrung, indem er den Anschein erweckt, daß hier ein Zusammenhang mit dem pikanteren Kreuzkümmel besteht. Die Ursache hierfür liegt darin, daß in bestimmten europäischen Sprachen oft von Kümmel als von einer Art Kreuzkümmel gesprochen wird. Die beiden haben jedoch nichts weiter gemein.

Eine wichtige Rolle in der Geschichte des Kümmels spielt Zar Peter der Große. Als er gegen Ende des 17. Jahrhunderts in Holland war, nahm er ein Rezept für das Getränk, an dem er im Laufe der Zeit Gefallen gefunden hatte, mit zurück nach Rußland. So kam es, daß Kümmel für ein russisches bzw. baltisches Erzeugnis gehalten wurde. Während des ganzen 19. Jahrhunderts war der Ostseehafen Riga sein wichtigster Herstellungsort; daneben wurde auch etwas in Danzig hergestellt, wo man dann begann, ihm Goldspäne zuzusetzen und das Ganze Goldwasser zu nennen.

Heute werden Kümmelsorten nicht nur in Lettland, sondern auch in Polen, Deutschland, Holland, Dänemark und den Vereinigten Staaten hergestellt. Kümmel wird nicht zuletzt dafür geschätzt – und zwar bereits seit altägyptischer Zeit –, daß er Blähungen entgegenzuwirken vermag.

KÜMMEL
Wolfschmidt ist die führende Kümmelmarke.

HERSTELLUNG

Als Grundlage dient ein reiner Kornbrand – im Grunde eine Art Wodka –, in dem die Samen ausgezogen werden. Die meisten Marken werden recht stark gesüßt, aber nie gefärbt.

PASST GUT ZU ...

Geben Sie ihn einmal in die Teigmischung für einen englischen Kümmelkuchen.

MIXGETRÄNKE

Tovarich: 1 1/2 Teile Wodka, 1 Teil Kümmel und den Saft von 1/2 Limone mit Eis im Mixbecher schütteln und dann in ein Cocktailglas seihen.

AROMASTOFF

Kümmelsamen

SERVIERVORSCHLAG

Kümmel wird in seinen Herkunftsländern fast immer auf Eis gereicht.

LIKÖR-BRANDYS

EINIGE FRUCHTLIKÖRE WERDEN üblicherweise als »Brandys« bezeichnet, obwohl sie im Grunde nichts mit dem gemein haben, was wir heute unter diesem Begriff verstehen. Es gibt im wesentlichen drei Frucht-Brandys (Kirsche, Aprikose und Pfirsich), und obwohl sie gelegentlich auch unter anderen Namen erscheinen, kennt man sie in erster Linie als Cherry-Brandy.

Genaugenommen gehören diese Liköre in dieselbe Gruppe wie diejenigen, die mit »Crème de« beginnen, denn im Gegensatz zu Obstbranntweinen sind sie gesüßte und gefärbte Getränke auf der Basis eines einfachen Traubenbranntweins, der mit den entsprechenden Früchten aromatisiert wurde. Steine oder Kerne werden in der Regel zusammen mit der Frucht mazeriert, da sie eine bittere Geschmacksnote und im Falle von Aprikosensteinen den typischen Mandelgeschmack beisteuern.

Die Aprikosenvariante ist von allen dreien vermutlich am weitesten herumgekommen. In Osteuropa stellt man echte Aprikosenbrände her, von denen der ungarische Barak Pálinka am bekanntesten ist; diese sind allerdings so trocken wie die französischen Obstbrände. Gute Beispiele für einen süßen Aprikosenlikör sind der Apricot-Brandy von Bols und Cusenier sowie Apry von der Firma Marie Brizard.

Cherry-Brandy ist einer der wenigen Liköre, die womöglich sogar von den Engländern erfunden wurden, wobei ein gewisser Thomas Grant aus Kent für sich die Schöpferrolle in Anspruch nimmt. Ursprünglich wurde er aus Schattenmorellen hergestellt, doch in den modernen

CHERRY-BRANDY
Unentbehrlich für die Zubereitung eines Singapore Sling

AROMASTOFFE
Aprikosen
Kirschen
Pfirsiche

SERVIERVORSCHLAG
In kleinen Mengen gereicht sind die besten dieser Liköre herrliche Digestifs – vorausgesetzt, es handelt sich nicht um die ganz süßen Sorten.

ALTERNATIVBEZEICHNUNGEN
Deutschland: Likör-Brandys sind auch als »Aprikosenlikör«, »Kirschlikör« usw. zu finden, wenn man den Begriff »Brandy« nur im engen Sinne auf Traubenbranntweine anwendet.
Frankreich: Apricot-Brandy wird dort zuweilen Apry oder Apricotine genannt.

MIXGETRÄNKE
Paradise: 1 Teil Gin, 1/2 Teil Apricot-Brandy und 1/2 Teil frischen Orangensaft mit Eis im Mixbecher schütteln und in ein Weinglas geben.

Mixgetränke

Angel Face: Gleiche Teile Gin, Apricot Brandy und Calvados mit Eis im Mixbecher schütteln und in ein Cocktailglas seihen.
Singapore Sling: 1 Teil Gin, 1 Teil Cherry-Brandy und den Saft von ½ Zitrone mit Eis und einer Prise Zucker im Mixbecher schütteln. In ein hohes Glas seihen und mit Sodawasser auffüllen. (Manche mögen auch noch einen Schuß Cointreau darin.)
Pick-me-up: 1 Teil trockenen französischen Wermut, 1 Teil Cherry-Brandy, einige Spritzer Gin und Eis im Tumbler mixen und hinunterkippen. (Dies ist nur eines von vielen Pick-me-up-Rezept en; alle muß man schnell trinken, oder wie Harry Craddock, der Cocktail-König des Savoy-Hotels in den 20er Jahren zu sagen pflegte, »während er dich auslacht«.)
Wally (aus dem *Stork Club Bar Book*): Gleiche Teile Calvados (oder Applejack), Peach Brandy und frischen Limonensaft mit Eis im Mixbecher schütteln und in ein Cocktailglas seihen.

Erzeugnissen werden unter Umständen auch andere Kirschsorten verwendet (je nachdem, welche vor Ort erhältlich sind).

Zu den bekannteren Kirschlikörmarken gehört Cherry Heering (korrekt »Peter Heering Cherry Liqueur«), die erstmals in der Mitte des 19. Jahrhunderts von einem dänischen Brennmeister dieses Namens entwickelt wurde. Erwähnenswert sind ferner Cherry Rocher, de Kuyper, Garnier und Bols.

Peach-(Pfirsich)Brandy begegnet einem am seltensten; sein bekanntester Vertreter dürfte vermutlich die von Bols vertriebene Marke sein.

Herstellung

Der ausgepreßte Fruchtsaft und die Steine der jeweiligen Früchte werden in der Regel mit neutralem Traubenbranntwein (seltener Kornbrand) gemixt, mit Zuckersirup gesüßt und mazeriert, bis das Aroma ganz in den Likör übergegangen ist. Weist der Fruchtsaft selbst bereits einen hohen natürlichen Süßegrad auf, wird entsprechend weniger Sirup zugegeben. In einigen Fällen läßt man die Liköre eine Zeitlang im Faß lagern und korrigiert ihre Farbe im Anschluß daran mit pflanzlichen Farbstoffen.

Passt gut zu ...

Solche Fruchtliköre passen allesamt gut zu Obstdesserts, in denen dieselben Früchte verwendet werden, z. B. heiße Soufflés, Obsttorten und Charlotten.

APRICOT-BRANDY
Liköre von Cusenier erhält man in diesen unverwechselbaren Flaschen.

Heering

Nach einem dänischen Brennmeister des 19. Jahrhunderts benannt.

MALIBU

AROMASTOFF
Kokosnuß

ANGESICHTS DES ZUNEHMENDEN Tourismus auf den karibischen Inseln war es nur eine Frage der Zeit, wann sich Liköre mit Kokosnußaroma auf dem internationalen Markt bemerkbar machen würden. Der bekannteste von ihnen ist Malibu, eine Mischung aus rektifiziertem, weißem Karibik-Rum und Kokosnußauszügen mit relativ niedrigem Alkoholgehalt. Er schmeckt erfreulicherweise nicht zu süß und ist besser als die meisten Liköre mit tropischen Namen, mit denen man den Markt im Zuge der Cocktail-Renaissance der frühen 80er Jahre bombardierte.

Ein weiteres, recht gutes Erzeugnis ist Batida de Coco, ein mit Kokosnuß aromatisierter, neutraler Branntwein aus Brasilien, der auch in großen Mengen auf die Urlaubsinseln der Karibik exportiert wurde; Cocoribe ist ganz ähnlich.

Bei allen handelt es sich um farblose Liköre mit etwas höherem Alkoholgehalt als aufgespriteter Wein. Seit dem Erfolg dieser Markenerzeugnisse sind auch einige bekannte holländische und französische Likörhersteller in das Geschäft eingestiegen und haben Crème-de-Coco-Sorten auf den Markt gebracht.

MALIBU
Vielleicht der beste Kokosnuß-Likör

SERVIERVORSCHLAG
Nur für sich schmecken diese Getränke nicht so toll, mit Eis und Fruchtsäften gemixt dagegen ausgezeichnet, und dazu waren sie in erster Linie auch gedacht.

MIXGETRÄNKE
Pina Colada: Hiervon kann man eine Mogelversion zubereiten, indem man Malibu anstelle von echter Kokosmilch verwendet. Zu gleichen Teilen mit Rum und viel Eis mixen und mit Ananassaft auffüllen.
Batida Banana: Gleiche Teile Batida de Coco mit Crème de Banane und einigen Eiswürfeln in einem hohen Glas mixen. Mit Vollmilch auffüllen. (Dies ist ein gefährlich leckerer Cocktail, sozusagen ein Milchshake für Erwachsene.)

HERSTELLUNG
Die meisten Kokosnußliköre basieren auf raffiniertem weißem Rum, einige werden allerdings auch aus neutralem Kornbrand hergestellt. Man aromatisiert den Alkohol mit getrocknetem Fruchtmark und Milch von Kokosnüssen, bevor man ihn süßt und filtriert.

PASST GUT ZU ...
Einen Schuß Kokosnußlikör kann man mit gutem Ergebnis in Saucen für Cajun- oder fernöstliche Gerichte geben (vor allem Gerichte der thailändischen oder indonesischen Küche, wo Kokosnuß selbst eine große Rolle spielt). Auch gehaltvoll-sahniger Eiscreme verleiht er ein herrliches Aroma.

BATIDA DE COCO
Brasiliens Vertreter unter den Kokoslikören.

Mandarine Napoléon

Mandarine ist eine weitere Curaçao-Sorte, bei deren Herstellung jedoch keine bitteren karibischen Orangen, sondern Mandarinenschalen verwendet werden. Die bei weitem bekannteste Sorte ist Mandarine Napoléon, deren Ursprünge in der Tat auf die Trinkgewohnheiten von Napoleon I. zurückgehen. Die Schlüsselfigur in seiner Entstehungsgeschichte war ein französischer Chemiker namens Antoine-François de Fourcroy.

De Fourcroy gewann die Gunst Napoleon Bonapartes und wurde zum Mitglied des kaiserlichen Staatsrats. Als nun die Mandarinenfrucht gegen Ende des 18. Jahrhunderts zum ersten Mal aus China nach Europa gelangte, waren die Damen und Herren geradezu verrückt danach. Man pflegte die Schale nach dem Verzehr der Frucht in Cognac einzutauchen, und in seinem Tagebuch vermerkt Antoine-François, daß er in zahlreichen Nächten gerufen wurde, um an der Leidenschaft des Kaisers teilzunehmen.

Mandarine Napoléon wurde 1892 von dem belgischen Brennmeister Louis Schmidt, der im Zusammenhang mit chemischen Untersuchungen auf das Rezept in de Fourcroys Korrespondenz stieß, auf den Markt gebracht. Doch erst, als man die Brennerei nach dem Zweiten Weltkrieg von Belgien nach Frankreich verlegte, wurde die Familie Fourcroy wieder beteiligt und übernahm schließlich den weltweiten Vertrieb von Schmidts Likör. Als dieser immer mehr Erfolg hatte, verlegte man die Produktion wieder zurück nach Brüssel, wo sie sich bis heute befindet.

Die verwendeten Mandarinen kommen ausschließlich aus Sizilien. Auch andere Firmen produzieren Mandarinenliköre, aber Mandarine Napoléon bleibt zu Recht der herausragende Vertreter, ein ausgesprochen individuelles Erzeugnis, das verdientermaßen internationale Auszeichnungen gewonnen hat.

MANDARINE NAPOLÉON
Eine französische Erfindung, die heute in Belgien hergestellt wird.

Alternativbezeichnungen
Frankreich: Mandarine *Italien*: Mandarinetto

Serviervorschlag
Obwohl er so süß ist, eignet er sich gut als Digestif – pur oder *frappé* in einem traditionellen Cognacschwenker gereicht.

Aromastoff
Mandarinen

Herstellung

Bei der Herstellung von Mandarine Napoléon setzt man Mandarinenschalen mit Cognac oder anderen französischen Weinbränden an; diese werden dann erneut destilliert, gesüßt, mit Karotin lebhaft gelb-orange gefärbt und reifen mehrere Monate. Der Likör wird mit 38 Vol.-% abgefüllt.

Passt gut zu …

Verwenden Sie ihn zur Verfeinerung von Mousses mit Mandarinenaroma oder zum Flambieren süßer Pfannkuchen.

Mixgetränke
Titanic: Gleiche Teile Wodka und Mandarine Napoléon auf Eis in einem Tumbler mixen und mit Sodawasser auffüllen.

MARASCHINO

DER ECHTE MARASCHINO (»Maraskino« gesprochen), ein feuriger Likör aus der roten Maraskakirsche, ist schon ziemlich alt; diese Weichselsorte wuchs nur an der dalmatischen Küste. Als nun die italienischsprachige Enklave Dalmatien ein Teil Jugoslawiens wurde, verlegte man die italienische Maraschinoproduktion nach Venedig, wo man mit Ablegern Maraskakirschplantagen anlegte.

Maraschino ist ein farbloser Likör, der durch Digestion ausgepreßter Kirschhäute (»Rindenauszug«) in einem Kirschsteindestillat gewonnen wird (aufgrund dieser zusätzlichen Digestion sollte Maraschino als Likör und – im Unterschied zu Kirsch – nicht als Brand betrachtet werden). Nach einer weiteren Destillation wird der reine und farblose Likör gelagert, im Idealfall für mehrere Jahre. Er bleibt in jedem Fall farblos und sollte ein ausgeprägt bitteres Kirscharoma haben, das noch vom nußartigen Geschmack der Kirschsteine unterstützt wird.

Eine Reihe italienischer Firmen widmet sich insbesondere der Maraschinoproduktion, besonders Luxardo (die ihr Erzeugnis seit jeher in Flaschen mit Strohhülle mit 50 Vol.-% vertreibt), die altehrwürdige Firma Drioli und Stock.

HERSTELLUNG

Zerquetschte Kirschen werden bei mäßiger Hitze mehrere Monate lang in einem Kirschbrand ausgezogen. Dieser wird anschließend rektifiziert und zur Reifung in neutrale Tanks (entweder aus leichtem, hellem Holz wie Esche oder aus Glas) geleitet. Man süßt ihn mit Zuckersirup und läßt ihn mehrere Jahre reifen.

PASST GUT ZU ...

Er eignet sich wunderbar zum Einweichen von Biskuitteig in einer Schichttorte oder zum Übergießen frischer Kirschen und vieler anderer Früchte wie Pfirsiche oder Aprikosen.

MARASCHINO
Luxardos traditionelle Flasche in der Strohhülle

AROMASTOFF
Maraskakirschen

MIXGETRÄNKE

Tropical Cocktail: Gleiche Teile trockenen französischen Wermut, Maraschino und helle Crème de Cacao mit je 1 Spritzer Angostura und Orangenbitter sowie viel Eis im Mixbecher schütteln. In ein Weinglas seihen.

SERVIERVORSCHLAG

Die besten Maraschinosorten sollten so weich sein, daß man sie pur trinken kann; je süßer er aber ist, desto eher mag Ihnen der Griff zum Eiskübel notwendig erscheinen.

MIDORI

ALS MIDORI, DER GENIALE Marketingeinfall der riesigen japanischen Getränkegruppe Suntory, in den frühen 80er Jahren auf den Markt kam, war er sofort ein Knüller. Suntory war offensichtlich noch nicht zufrieden mit ihrer Palette feiner Whiskys nach Scotch-Art und ihrem Spitzenweingut Château Lagrange in Bordeaux, sondern wollte mit diesem hellgrünen Likör in der eigenwilligen, kleinen Flasche aus gemustertem Glas auch im Cocktailbereich mitmischen.

MIDORI beherrscht den Melonenlikörmarkt.

MIXGETRÄNKE

Green Caribbean: Gleiche Teile weißen Rum und Midori mit Eis im Mixbecher schütteln, in ein hohes Glas seihen und mit Sodawasser auffüllen. Eine Zitronenscheibe zugeben.

AROMASTOFF

Melone

Der verwendete Geschmacksstoff (Melonen) ist in der Likörwelt nicht besonders verbreitet; die lebhafte, grüne Farbe wird jedoch mit Hilfe eines Farbstoffs erzielt. Sie ist sein wichtigstes Verkaufsargument – *midori* ist das japanische Wort für »grün« – und soll vielleicht an die Schale bestimmter Melonensorten erinnern – tatsächlich wird aber das Fruchtfleisch für die Aromatisierung verwendet. Allerdings erinnert Midori in Aroma und Geschmack nicht an eine bestimmte Melonensorte, sondern eher an Banane. Er ist süß und sirupartig und gehört zu den Likören mit relativ niedrigem Alkoholgehalt.

PASST GUT ZU ...

Küchenchefs einiger experimentierfreudigerer Restaurants haben bei Desserts mit tropischen Früchten sofort danach gegriffen; Salate mit Mango, Ananas, Melone usw. eignen sich besonders gut, obwohl man in jedem Fall mit jener unentschuldbaren Farbe fertig werden muß.

MERSIN

Mersin ist eine türkische Curaçaosorte, ein farbloser Likör auf der Basis von Traubenbranntwein, der mit Orangen und Kräutern aromatisiert wird. Normalerweise trinkt man danach einen starken türkischen Kaffee.

SERVIERVORSCHLAG

Midori eignet sich wesentlich besser zum Mixen als zum Purtrinken, da sein Geschmack sonst schnell an Reiz verliert. Er paßt wunderbar zu Fruchtsäften, die Verbindung mit Limonade mag vielleicht optisch ansprechender sein, aber ein süßer Soft Drink zu einem süßen Likör ist in keinem Fall eine geniale Idee.

Nussliköre

Liköre mit Nussaroma verdienen einen eigenen Abschnitt, da sie eine recht große Untergruppe darstellen. Getränke, deren Geschmack in erster Linie von Kokosnuß bestimmt wird, wurden dagegen an anderer Stelle behandelt; hier geht es um die mit Haselnuß-, Walnuß- und Mandelaroma.

Bei den französischen Vertretern der ersten beiden Sorten ist dies recht einfach: Sie werden nach den französischen Wörtern Noisette und Crème de Noix genannt. Komplizierter wird dies bei den Mandeln, vor allem da bestimmte Obststeine wie die von Aprikosen und Kirschen einen mandelartigen Geschmack haben. Einen Likör aus echten Mandeln nennt man Crème d'Amandes; ein Likör namens Crème de Noyau dagegen enthält keine richigen Mandeln, sondern hat nur einen ähnlichen Geschmack (*noyau* bedeutet »Kern, Stein« und schließt die mandelähnlichen Obststeine mit ein).

Bei all diesen Getränken setzt man die gehackten Nüsse mit klarem Traubenbranntwein an,

FRANGELICO
Ein Markenlikör mit einer Flasche in Mönchsgestalt

Alternativbezeichnungen
Mandelliköre: Amaretto (*Italien*), Crème d'Amandes (*Frankreich*)
Haselnußliköre: Noisette (*Frankreich*)
Walnußliköre: Crème de Noix (*Frankreich*), Nocino (*Italien*)

NOCINO
Ein hochprozentiger, italienischer Walnußlikör

Serviervorschlag
In Frankreich ist es durchaus üblich, diese Liköre mit zerstoßenem Eis als Digestifs zu trinken. Sie können auch eisgekühlt mit ungefähr derselben Menge Wasser als Aperitifs genommen werden; im Gegensatz zum trockenen britischen Geschmack nimmt man in Frankreich traditionell einen eher süßen Aperitif (Champagner ist da eindeutig eine Ausnahme).

klärt den erhaltenen Likör und füllt ihn in farblosem Zustand ab. Eine Ausnahme bildet hier Crème de Noyau, der meist einen leicht rosanen Farbton besitzt, wenn er aus Kirschsteinen hergestellt wurde. Alle Sorten sind süß, ziemlich sirupartig und eine unschätzbare Ergänzung im Cocktail-Repertoire.

Italien stellt ebenfalls eine Palette von Likören auf Nußbasis her; hier gibt es den unverwechselbaren Disaronno-Amaretto mit Mandelaroma sowie einen Walnußlikör namens Nocino. In den 80er Jahren wurde ein Erzeugnis namens Frangelico auf den Markt gebracht, ein köstlicher, strohfarbener Likör mit Haselnuß- und Kräuteraroma in einer dunkelbraunen Flasche, die wie ein Mönch aussehen soll. Zwar hat sie das Aussehen eines billigen Touristen-Souvenirs, aber der Likör selbst ist köstlich, nicht zu süß und von faszinierender geschmacklicher Vielfalt.

EAU DE NOIX
Ein hervorragender französischer Walnußlikör

MIXGETRÄNKE

Pink Almond: 1 Teil Scotch, ½ Teil Crème de Noyau, ½ Teil Kirsch, ½ Teil frischen Zitronensaft und ½ Teil Mandelsirup (oder doppelter Mandelliköranteil) mit Eis im Mixbecher schütteln und in ein Cocktailglas seihen.

Walnut Whip: Gleiche Teile Cognac, Crème de Noix und Sahne mit Eis im Mixbecher schütteln und in ein Cocktailglas seihen.

Mad Monk (unten): 1 Teil Gin, 1 Teil Frangelico und den Saft von ½ Zitrone mit Eis im Mixbecher schütteln. In ein Weinglas seihen und einen Spritzer Sodawasser zugeben.

AROMASTOFFE

Mandeln
Walnüsse
Haselnüsse
Obststeine
Honig (bei einigen Crème-de-Noix-Likören)

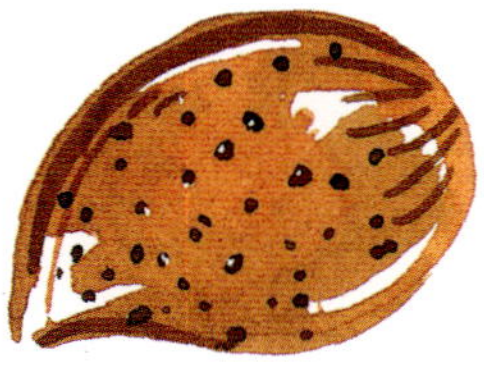

HERSTELLUNG

Die Nüsse werden geraspelt und in Branntwein ausgezogen; anschließend wird der Likör gesüßt, gefiltert und mit einem für Liköre durchschnittlichen Alkoholgehalt von 25% abgefüllt. Beim Crème de Noix aus der Gascogne schlägt man die Walnüsse noch grün von den Bäumen, süßt den Alkohol mit Honig und destilliert ihn dann erneut. Bei Crème de Noyau werden Obststeine heißextrahiert; normalerweise handelt es sich um Kirsch- oder Aprikosensteine, aber auch Pfirsich- und sogar Pflaumensteine können verwendet werden.

PASST GUT ZU ...

Sie passen gut zu Nußdesserts und auch in die Schokoladenmousse und können zu einem Stück gehaltvollem, dunklem Früchtekuchen getrunken werden. Gekühlt kann Frangelico ein reifes Stück Stiltonkäse unglaublich gut begleiten.

PARFAIT AMOUR

DER NAME DES LILAFARBENEN Likörs Parfait Amour preist das uralte Zusammenspiel von Trinken und Verführung. Vor allem im 18. Jahrhundert hatte Alkohol bei amourösen Bestrebungen nicht zum Ziel, den Partner so benommen zu machen, daß er nicht mehr wußte, was er tat, sondern sollte die erotischen Impulse mit raffinierten, alkoholischen Gewürz- und Blumenmischungen stimulieren.

Der Likör Parfait Amour ist in der Tat der einzig verbliebene Vertreter dieser noblen Tradition. Mit ziemlicher Sicherheit stammt er aus Holland, doch wie bei allen derartigen Tränken ist sein Name französisch, weil er so mit einer gewissen romantischen Aura umgeben werden sollte. Wie die (zugesetzte) Farbe bereits erwarten läßt, besitzt er einen zarten Veilchenduft, wogegen sein Geschmack eher auf Früchten und Gewürzen als auf Blumen beruht, und das grenzt ihn recht deutlich vom farblosen Crème de Violette ab. Den Hauptbestandteil bilden Zitrusfrüchte (in der Regel Zitronen) sowie eine Mischung aus Gewürznelken und anderen Gewürzen.

Während des Cocktail-Booms der 20er Jahre erfreute sich der Likör großer Beliebtheit, nicht zuletzt wegen der Farbe Lila, die oft eng mit Leidenschaft in Verbindung gebracht wird. Heute wird Parfait Amour nicht nur von dem holländischen Likör-Spezialisten Bols hergestellt, sondern auch von einigen französischen Firmen.

PARFAIT AMOUR *läßt unweigerlich an Romanzen denken.*

AROMASTOFFE

Zitronen oder andere Zitrusfrüchte (wie etwa die größere, unförmige Zitrone aus Korsika)
Gewürznelken
Zimt
Koriandersamen
Veilchen

SERVIERVORSCHLAG

Am besten reicht man Parfait Amour ungemixt oder aber mit etwas Farblosem wie Zitronenlimonade, um das Vergnügen an der Farbe nicht zu schmälern. Gekühlt schmeckt er besser, wenngleich Sie vielleicht der Ansicht sind, daß ein zu kalter Drink die erogenen Zonen gefühllos macht (und das wäre sicher keine gute Idee).

MIXGETRÄNKE

Eagle's Dream: 1 1/2 Teile Gin, 1 Teil Parfait Amour, den Saft von 1/2 Zitrone, 1/2 TL feinen Zucker und 1 Eiweiß mit zerstoßenem Eis im Blender mixen und in ein großes Weinglas seihen.

HERSTELLUNG

Man mazeriert die unterschiedlichen Aromastoffe in Traubenbranntwein, der dann gegebenenfalls erneut destilliert wird; die lila Farbe wird mit Hilfe eines pflanzlichen Farbstoffes erzielt.

PASST GUT ZU ...

Einer Schachtel Veilchen-Pralinen – was sonst?

Pastis

Pastis gehört zu den wichtigsten traditionellen Getränken Europas, wenngleich er in den nördlichen Ländern nur eine geringere Rolle spielt. In der europäischen Mittelmeerregion – von Südostfrankreich bis zu den griechischen Inseln – fungiert Pastis in seinen verschiedenen Erscheinungsformen genauso als Durstlöscher wie weiter nördlich das Bier. Bereits die in dieser Gegend konsumierte Menge macht ihn zu einem wichtigen Getränk, zudem ist er auch von kultureller Bedeutung, eher ein Drink für zwischendurch als einfach nur ein Aperitif, ein Drink für träge Nachmittage, an denen man dem Boule-Spiel auf dem Dorfplatz zuschaut.

RICARD
Der bekannte Pastis aus Südfrankreich

Alternativbezeichnungen
Griechenland: Ouzo *Spanien*: Ojen

Mixgetränke
Monkey Gland: 2 Teile Gin, 1 Teil frischen Orangensaft und je 3 Spritzer Pastis und Grenadine mit viel Eis im Mixbecher schütteln und in ein Cocktailglas seihen.

Die meisten sind bei der ersten Begegnung mit Pastis normalerweise von seiner bekanntesten Eigenschaft fasziniert, der beim Mischen mit Wasser entstehenden Trübung. Dies hat dem Getränk sogar seinen Namen gegeben, denn *pastis* ist ein alter, südfranzösischer Dialektbegriff mit der Bedeutung »dunstig« oder »unklar«.

Pernod und Absinth

Auf die große Ähnlichkeit von Pastis und Anislikör wurde bereits an anderer Stelle hingewiesen (vgl. Anislikör). Als wichtigster Aromastoff im Pastis werden entweder Lakritze oder Anissamen genannt (ersteres vielleicht häufiger) – je nachdem, wen man konsultiert; dazu kommen jedoch auch noch andere Kräuteringredienzen. Ein neutraler, stark rektifizierter und im allgemeinen auf pflanzlicher Basis hergestellter Alkohol liefert die Basis, in der man die Aromagrundstoffe ziehen läßt, bevor Lakritz- oder Anisessenzen zugegeben werden und das ganze Gemisch gesüßt und verdünnt wird.

Bereits in altägyptischer Zeit war Anis den Medizinern als verdauungsförderndes Mittel bekannt, weshalb bis heute viele magenberuhigende Mittel leicht nach Anis schmecken. Historisch gesehen gibt es jedoch einen Zusammenhang zwischen Pastis und einem ähnlichen Getränk, das sich als alles andere als gesundheitsfördernd erwies: Absinth.

Abgesehen von selbstgebranntem Schnaps und individuellen Marken war Absinth die einzige Art von Getränk, die jemals regelrecht abgeschafft wurde. Er war wesentlich stärker als der heute handelsübliche Pastis, jedoch was ihm eigentlich zum Verhängnis wurde, war sein Gehalt an Wermut, der bei gewohnheitsmäßigen Konsumenten zu einer Vergiftung ihres Nervensystems führte. Während des ausgehenden 19. Jahrhunderts wurde Absinth bekannt als das Stammgetränk dekadenter Pariser Künstler, symbolistischer Poeten und anderer, von denen viele deswegen eines scheußlichen Todes starben.

Als Frankreich dem Absinth 1915 mittels eines Regierungserlasses den Garaus machte, taten andere Länder bald das gleiche. Die Firma Henri Pernod, einer der Hauptthersteller, der Absinth länger als ein Jahrhundert produziert hatte, ging nun dazu über, ein ähnliches Produkt ohne Wermut und mit niedrigerem Alkoholgehalt unter Verwendung von Anis als Hauptaromastoff herzustellen; Pernod war also praktisch eine Art entschärfter Absinth.

Heute ist Pernod der wohl bekannteste Pastis auf dem Markt; Ricard, die andere große Marke in Frankreich, gehört inzwischen zur selben Fir-

PERNOD
Das nordfranzösische Pendant zu Ricard

SERVIERVORSCHLAG

Pastis sollte idealerweise zu gleichen Teilen mit Wasser in einem kleinen Glas mit schwerem Boden gereicht werden, wobei das Wasser so kalt sein sollte, daß sich die Zugabe von Eis erübrigt. Wer es gern etwas süßer hat, kann Zucker zugeben. Dies tut man am besten, indem man eine Pernodgabel oder ein Teesieb aus Metall mit dem Zuckerwürfel darauf quer über das Glas hält und das Wasser darüber gießt. (Dies war auch die traditionelle Weise, Absinth zu süßen.)

MIXGETRÄNKE

Yellow Parrot: Gleiche Teile Pastis, gelben Chartreuse und Apricot-Brandy mit Eis im Mixbecher schütteln und auf zerstoßenes Eis in ein Cocktailglas seihen.

MIXGETRÄNKE

Bunny Hug: Gleiche Teile Gin, Scotch und Pastis im Mixbecher schütteln und in ein Cocktailglas seihen. (Für unerfahrene Cocktailtrinker nicht geeignet!)

mengruppe, obwohl beide in völlig entgegengesetzten Gegenden Frankreichs produziert werden. Ein anderer bedeutender Hersteller derartiger Erzeugnisse ist Berger. In den nordeuropäischen Ländern, wo man einem Getränk mit Anis- oder Lakritzgeschmack oft eher zurückhaltend begegnet, sind Pernod und Ricard als Grundlage zum Mixen mit Fruchtsaft sehr beliebt, aber in ihren Ursprungsregionen (vor allem rings um Marseille) besteht die einzig wirklich authentische Art, sie zu trinken darin, daß man sie mit etwas Wasser verdünnt.

Ein wenig unerwartet hat Absinth in einigen europäischen Ländern, besonders in der Schweiz und in Portugal, ein vorsichtiges Comeback gefeiert. Vermutlich enthält er hier erheblich weniger Wermut und kann daher nur entfernt mit dem Original verglichen werden. Zudem hat eine Theorie Verbreitung gefunden, der zufolge er im Grunde nur verboten wurde, weil er einen derart hohen Alkoholgehalt hatte (dann hätte der selige Chartreuse allerdings größere Schwierigkeiten bekommen müssen, als es der Fall war). Der Wissenschaftler Harold McGee weist darauf hin, daß Wermut ein toxisches Öl namens Thujon enthält, das bei unbesonnen-unmäßigem Konsum mit größter Wahrscheinlichkeit zur Bildung von krankhaften Veränderungen der Gehirnrinde führt. Sie haben die Wahl …

SPANIEN

Das spanische Pendant heißt *ojen* (gesprochen »ochen«) und wurde nach der Stadt benannt, in der es hergestellt wird. Es wird in zwei Sorten (süß und trocken) verkauft.

MIXGETRÄNKE

In Nordeuropa und den Vereinigten Staaten mixt man Pastis häufiger mit Fruchtsäften. Da er farblos ist, liefert er eine gute Basis, und am besten gelingen Mischungen mit herberen Geschmacksrichtungen wie z. B. Grapefruit. In den 70er Jahren war es Mode, Pastis mit dem Sirup schwarzer Johannisbeeren zu trinken; vielleicht erinnerte diese Mischung die Konsumenten an ein bestimmtes Kinderbonbon mit zähem Kern, der Lakritz- und Johannisbeergeschmack kombinierte. In meiner eigenen Jugend war z. B. der mit lieblichem Cidre aufgefüllte **Pernod-and-black** (andernorts als **Red Witch** bekannt) ein beliebtes Mittel, um sich zu benebeln.

AROMASTOFFE

Lakritze
Anissamen

MIXGETRÄNKE

Sollten Sie auf Absinth stoßen und genug Mut besitzen – hier das Rezept für den echten **Absinth-Cocktail**: Gleiche Teile Absinth und Wasser, jeweils 1 Spritzer Zuckersirup, Angostura und Eis im Mixbecher schütteln und in ein Cocktailglas seihen.

AROMASTOFFE

Neben Anis andere Kräuter, darunter möglicherweise Koriander, Kamille, Petersilie, Ehrenpreis (das früher in Frankreich als Tee-Ersatz verwendet wurde) und sogar Spinat!

SERVIERVORSCHLAG

Ouzo sollte kalt in einem kleinen Glas mit dickem Boden gereicht werden – pur, zu gleichen Teilen mit Wasser oder mit ein, zwei Eiswürfeln.

GRIECHENLAND

Das bekannteste Mitglied dieser Getränkefamilie neben Pastis ist Ouzo, den die Urlauber auf dem Peloponnes und den Inseln vielleicht sogar noch lieber trinken als Retsina. Sein Aromastoff ist Anis, und wie bei Pastis verfärbt sich das Getränk bei Wasserzugabe milchig-weiß. Er wird auch fast genau wie Pastis getrunken, nur daß man vielleicht etwas mehr Wasser als in Frankreich zugibt und ihn normalerweise als Aperitif trinkt. Die Abfüllstärke beträgt ungefähr 35–40 Vol.-%.

OUZO
Das Getränk von den sonnigen Inseln Griechenlands

MIXGETRÄNKE

Cocktails mit Pastis gehören wohl mit zum Aufregendsten, was man in diesem Repertoire findet. Viele davon enthalten keine alkoholfreien Zutaten, weshalb eine relativ geringe Menge Pastis selbst in den ungewöhnlichsten Mischungen geschmacklich zur Geltung kommt; viele der feineren Liköre würden in diesen Zubereitungen untergehen.

Block and Fall: 1 Teil Cognac, 1 Teil Cointreau, $^1/_2$ Teil Pastis und $^1/_2$ Teil Calvados auf Eis im Tumbler verrühren.

Hurricane: 1 $^1/_2$ Teile Cognac, $^1/_2$ Teil Pastis und $^1/_2$ Teil Wodka mit Eis im Mixbecher schütteln und dann in ein Cocktailglas seihen.

Ojen Cocktail: 2 Teile trockener Ojen, 1 TL Zucker, 1 Teil Wasser und 1 Spritzer Orangenbitter mit Eis im Mixbecher schütteln und in einen kleinen Tumbler seihen.

HERSTELLUNG

Die verschiedenen Kräuter und Pflanzen zieht man in der Regel in einem unverdünnten Alkohol (z. B. aus Kartoffeln) aus und setzt Anis- oder Lakritzeessenzen zu. Nach einem erneuten Verschnitt mit rektifiziertem Alkohol wird er gesüßt und mit durchschnittlich 35 Vol.-% auf Flaschen gezogen.

PASST GUT ZU …

Die Kombination der Aromastoffe im Pastis paßt besonders gut zu Fisch – entweder beim Marinieren oder zum Verfeinern der Sauce. Marinieren Sie einmal Thunfischstücke in Olivenöl, Pastis und Dill, bevor Sie sie auf Spießen grillen.

PIMM'S

PIMM'S NO. 1, DER INBEGRIFF des englischen Sommers, ist die gesetzlich geschützte Variante einer Früchte-Bowle, die der namengebende Mr. Pimm in den 20er Jahren des 19. Jahrhunderts kreierte. James Pimm erfand dieses Rezept ursprünglich, um sein eigenes Geschäft in der Londoner City von den ganz gewöhnlichen Austernbars abzugrenzen (in jenen Tagen kosteten Austern noch fast nichts); dort servierte man zu den Muscheln nämlich üblicherweise Stout.

Pimm machte mit seinem Getränk ein solches Bombengeschäft, daß er es ab 1859 zu einem saftigen Preis fertiggemixt auf den Markt brachte. Seitdem hatte Pimm's eine Reihe von Besitzern, darunter auch um die Jahrhundertwende den Oberbürgermeister von London, Sir Horatio Davies. Zu Kolonialzeiten war Pimm's im gesamten britischen Empire beliebt und kam nach dem Krieg auch in Frankreich und Italien in Mode.

SERVIERVORSCHLAG
Eine großzügige Portion Pimm's No. 1 in einem hohen Glas auf Eis gießen, dann mit Limonade oder Sodawasser aufgießen und mit Orangen-, Zitronen- und Limonenscheiben, einem Apfelschnitz und einem Streifen Gurkenschale garnieren. Falls Sie frisches Gurkenkraut zur Hand haben, verwenden Sie anstelle der Gurkenschale einige kleinere Blätter davon. Ein kleines Büschel Minzblätter auf die Oberfläche geben. Wenn Ihnen das nach zuviel Firlefanz klingt, geben Sie einfach eine Zitronenscheibe hinein und lassen Sie's dabei bewenden.

Zu Beginn des 20. Jahrhunderts wurden sechs verschiedene Sorten Pimm's entwickelt, jede auf der Basis einer anderen Spirituose. Davon sind nunmehr zwei auf dem Markt übriggeblieben: Pimm's Vodka Cup und das Original, das immer noch als No. 1 Cup verkauft wird, auf London Gin basiert und ungemischt eine Alkoholstärke von 25 Vol.-% aufweist.

PASST GUT ZU ...
Die klassische englische Picknickkost – Gurkensandwiches, hartgekochte Wachteleier, Cracker mit Rahmkäse und Rohkost – schmeckt mit viel Pimm's noch viel besser. Nehmen Sie einfach einen großen Krug mit und schütten Sie eine halbe Flasche Pimm's und einen Liter Limonade hinein.

PIMM'S
Der ganze Geschmack eines englischen Sommers

AROMASTOFFE
Natürlich streng geheim; erkennbar sind immerhin Fruchtauszüge (besonders Orange) und mindestens ein weiterer alkoholischer Bestandteil, womöglich Curaçao. Wer weiß?

POIRE WILLIAM

AROMASTOFF
Williamsbirnen

POIRE WILLIAM SOLLTE MAN NICHT mit echtem Birnengeist, d. h. dem im Elsaß und der Schweiz hergestellten farblosen Obstbrand verwechseln. Fast alle großen Likörhersteller produzieren auch einen süßen Likör mit Birnenaroma, der normalerweise leicht gefärbt ist und nach dem üblichen Verfahren – durch Ausziehen zerquetschter Früchte in neutralem Traubenbranntwein – hergestellt wird. Einige reifen womöglich kurze Zeit im Faß, die meisten jedoch nicht.

Poire William, dessen Name sich von der verwendeten Birnensorte herleitet, hat die Besonderheit, daß sein Aroma zwar sehr kräftig und typisch ist, sein Geschmack aber oft enttäuschend mild, und das ist bei Birnen – im Gegensatz zu Äpfeln – meistens der Fall. Daher muß der Likör in einem Cocktail auch in relativ großen Mengen verwendet werden, damit er gut zur Geltung kommt.

Liköre mit Birnenaroma werden in Frankreich (die wohl beste Marke hier ist Marie Brizard), Italien (von dort kommt Pera Segnana), Deutschland und der Schweiz hergestellt. Ein ungewöhnliches Produkt ist Poire Prisonnière, bei dem eine ganze Birne mit in der Flasche ist. Viele mögen sich schon gefragt haben, wie so etwas möglich ist. Ich selbst dachte ursprünglich, daß man die Flasche von Hand um die Frucht geblasen haben muß. In Wirklichkeit läßt man die Birnen jedoch in den Flaschen wachsen; diese werden so am Baum befestigt, daß jede Frucht ihr eigenes Gewächshaus hat. Bevor man die Flaschen mit dem Likör füllt, werden die Birnen angestochen, damit sie ihren Saft abgeben.

MIXGETRÄNKE

Old William (aus dem *Cocktail Book* von G. Marcialis und F. Zingales): 2 Teile Poire William in einem Tumbler auf Eis gießen. 1/2 Teil Maraschino und je 1/2 Teil frischen Orangen- und Zitronensaft zugeben; gut mixen. Mit Orangen- und Zitronenscheiben dekorieren.

PASST GUT ZU ...

Poire Williams kann man vorzüglich über bestimmte frische Früchte gießen, insbesondere Segmente von rosa Grapefruits, Ananas oder natürlich Birne.

POIRE PRISONNIÈRE
Die Birne ließ man unter großem Aufwand in der Flasche wachsen.

POIRE WILLIAM
Französischer Birnenlikör mit delikatem Aroma

SERVIERVORSCHLAG
Gut gekühlt, vielleicht auch mit einem Stück Eis, gibt sie einen guten Aperitif. Man kann aber auch einen Schuß Limonade zugeben.

PUNSCH

DER STAMMBAUM DES PUNSCHS oder »Swedish Punch«, wie er im angelsächsischen Raum auch genannt wird, reicht bis ins 18. Jahrhundert zurück. Zu jener Zeit nahm die schwedische Hochseeschiffahrt den Handel mit Südostasien auf. Zu den Artikeln, mit denen sie zurückkehrten, gehörte auch Arrak, der für jene Regionen typische Schnaps. Ein Teil davon basiert auf Reis, ein anderer wird aus Zuckerrohr gebrannt und ähnelt daher eher Rum.

Im Rohzustand war dieses Produkt nicht nach nordeuropäischem Geschmack, weshalb einige Getränkefirmen begannen, ihn mit Traubenbranntwein, verschiedenen Weinen und Likören zu verschneiden. Wie beim traditionellen Punsch wird die Mischung zudem stark gewürzt – ein Rezept, wie es oft von Ärzten im harten skandinavischen Winter verschrieben wurde.

Der echte Punsch stammt aus den britischen Kolonien, aber bis zum 18. Jahrhundert war er nicht nur in Skandinavien, sondern ebenso in Frankreich in Mode gekommen. Ein beliebter Hauptbestandteil war Rum, dessen Geschmack auf unterschiedliche Weise mit heißem Tee, Zitronensaft und süßen Gewürzen wie Zimt gehoben wurde.

In Anlehnung an die britische Gewohnheit wurde schwedischer Punsch heiß serviert – wenigstens bis zum Ende des letzten Jahrhunderts. Inzwischen hat die allgemeine Mode, Alkoholika kalt zu servieren, dazu geführt, daß er jetzt pur oder sogar mit Eis getrunken wird.

PUNSCH
Der einzig Wahre: Ein faßgelagerter Punsch aus Schweden

ALTERNATIVBEZEICHNUNG
Großbritannien: Swedish Punch

MIXGETRÄNKE
Diki-Diki: 2 Teile Calvados, ½ Teil Punsch und ½ Teil Grapefruitsaft mit Eis im Mixbecher schütteln und in ein Cocktailglas seihen.
Grand Slam (unten): 2 Teile Punsch und je ½ Teil trockenen weißen und süßen roten Wermut mit Eis in einem Krug mixen und anschließend in einem Weinglas auf zerstoßenes Eis seihen.

HERSTELLUNG
Heutzutage basiert Punsch ausschließlich auf Rum, dem andere Alkoholika (einschließlich Wein) zusammen mit einer gewissen Menge wohlriechender Gewürze wie Zimt und Gewürznelken beigegeben werden. Nach dem Süßen wird er mehrere Monate faßgelagert.

PASST GUT ZU ...
Punsch paßt recht gut zu salzigen Häppchen mit kräftigem Käse.

AROMASTOFFE
Süße Gewürze wie Zimt und Gewürznelken

SERVIERVORSCHLAG
Den Punsch behutsam in einem kleinen Topf erwärmen (nicht aufkochen lassen) und in großen, hitzebeständigen Weingläsern servieren.

RATAFIA

ALTERNATIV-BEZEICHNUNGEN
Frankreich:
Pineau des Charentes,
Floc de Gascogne,
Pommeau

RATAFIA WIRD BEREITS SEIT Jahrhunderten getrunken und kann insofern durchaus als ein Vorläufer der heutigen Liköre bezeichnet werden, zumal seine Herstellung das Ansetzen von Früchten oder Nüssen in gesüßtem Branntwein einschloß. Inzwischen ist aus dem Begriff Ratafia jedoch vor allem eine Bezeichnung für eine Aperitifsorte aus den französischen Weinbrandregionen geworden.

Die Bezeichnung Ratafia (lat. *rata fiat*, »auf daß das Geschäft beschlossen sei«) steht jedoch nicht für ein Herkunftsgebiet, sondern geht zurück auf den alten französischen Brauch, jede Art formeller Übereinkunft mit einem gemeinsamen Glas zu besiegeln.

Auch in Weinanbaugebieten wie Burgund oder der Champagne produziert man Ratafia, wobei natursüßer Traubensaft und etwas Wein aus der jeweiligen Region beigemischt werden. Der berühmteste Ratafia ist jedoch Pineau des Charentes, den man in der Cognac-Region durch Aufspritung von Traubensaft mit Cognac herstellt. Er kann trotzdem nicht als aufgespriteter Wein bezeichnet werden – mit gutem Grund, denn der Traubensaft bleibt unvergoren. Es gibt weiße und roséfarbene Sorten, die aber in jedem Fall so süß wie reifer Traubensaft sind.

Um nicht hinter den anderen zurückzustehen, stellt man im Armagnac-Gebiet nach demselben Verfahren eine eigene Sorte dieses Likörs namens Floc de Gascogne her. Seine Produktion wird längst nicht so kommerziell betrieben wie die seines Gegenstücks aus der Charente.

Auch im Calvados-Gebiet der Normandie wird eine Ratafia-Sorte hergestellt, wobei man frischen Apfelsaft mit Apfelbranntwein aufspritet. Sie heißt Pommeau und ist meines Erachtens wesentlich wohlschmeckender als Pineau oder Floc.

HERSTELLUNG
Unfermentierter Trauben- bzw. Apfelsaft wird mit Trauben- bzw. Apfelbranntwein bis auf eine Abfüllstärke von 17 Vol.-% aufgespritet.

PASST GUT ZU ...
Ratafia paßt recht gut zu einem aromatischen Stück Melone – auf jeden Fall besser als die meisten Weine.

SERVIERVORSCHLAG
Diese Getränke sollte man stark gekühlt in Weingläsern als Aperitif reichen. In der Armagnac-Region mixt man den Floc mit Sekt und nennt das Ganze *pousse-rapière* (wörtlich: »Schwertstoß«).

PINEAU DES CHARENTES
Ratafia aus der Cognac-Region

POMMEAU
Ein Apfel-Ratafia aus der Normandie

SAMBUCA

SAMBUCA ROMANA IST ein italienischer Likör, der in den 70er und 80er Jahren auch jenseits seiner Heimatregion (Rom) in Mode kam. Dieses klare, nicht zu süße und recht feurige Getränk wird mit Holunderbeeren und Anissamen aromatisiert, und sein Name leitet sich von der botanischen Bezeichnung für die Holunderbeere, *Sambucus nigra*, ab. Er enthält auch andere Kräuter und Wurzeln, doch diese beiden Geschmacksrichtungen sind vorherrschend.

Zu den Zeiten, als man noch jeden Drink mit seinem eigenen Ritual servierte, wurde festgelegt, daß man Sambuca mit Kaffeebohnen garnieren und anzünden müsse, und bei Liebhabern dieses Brauchs gab es starke Meinungsverschiedenheiten bezüglich der Frage, ob es korrekterweise zwei oder drei Bohnen zu sein hätten.

Um als wirklicher Sambuca-Trinker gelten zu können, müssen Sie die Flamme auf einem vollen Glas auspusten und den Drink dann wie eine Auster in einem Zug leeren. In Rom wird man gefragt, ob man ihn *con la mosca* (wörtlich »mit Fliege«) möchte, d. h. mit den Kaffeebohnen. Diese dienen dort nicht einfach als Dekoration; wenn Sie mit *si* antworten, wird erwartet, daß Sie die Bohnen beim Trinken zerkauen.

SABRA

Dies ist eine elegante, mit einer pfiffigen Kombination von Jaffa-Orangen und Schokolade aromatisierte Mischung aus Israel. Trotz der bitteren Note von den Orangenschalen ist das Ergebnis außergewöhnlich süß. Mixen Sie ihn einmal mit Cognac und Eis, damit sein Geschmack richtig zur Geltung kommt.

MIXGETRÄNKE

Matinée (aus Michael Walkers *Cinzano Cocktail Book*): 1 Teil Gin, 1/2 Teil Sambuca, 1/2 Teil Sahne, 1/2 Teil Eiweiß und 1 Spritzer frischen Limonensaft mit viel Eis im Mixbecher schütteln und in ein Cocktailglas seihen. Mit feingeriebenem Muskatnuß bestreuen.

PASST GUT ZU ...

Ein kühles Glas Sambuca ist eine gute Ergänzung zu einer original-italienischen *torta*, einem herrlich-süßen Kuchen aus Dörrobst, Mandeln und Zitronenschale.

SAMBUCA
Ein feurig schmeckender Likör, den es in mehreren Varianten gibt

AROMASTOFFE

Holunderbeeren
Anissamen

SERVIERVORSCHLAG

Wenn Sie das Kunststück mit dem flambierten Sambuca ausprobieren möchten, ist es von Vorteil, den Likör in einem schmalen Glas (z. B. in einem großen Sherryglas) zu servieren, damit die Oberfläche kleiner ist.

SCHLEHENLIKÖR

AROMASTOFF
Früchte des wilden Schlehdorn

ENGLISCHER SCHLEHENLIKÖR (Sloe Gin) und sein französisches Gegenstück Prunelle beziehen ihren Geschmack und ihre Farbe aus der Frucht des Schlehdornstrauchs. Der englische Sloe Gin, den Firmen wie Hawker's vertreiben, ist nichts anderes als ein Ansatz aus gesüßtem Gin und Schlehen, die abgefiltert werden, sobald er sich dunkelrot gefärbt hat. Die Schlehen verleihen dem Getränk einen kräftigen, recht medizinischen Geschmack.

Prunelle ist nicht rot, sondern grün, und wird durch Mazeration der Steine in einer Traubenspritbasis hergestellt. Seine Farbe spiegelt die des grünen Fruchtfleischs wider, auch wenn sie möglicherweise nachträglich zugesetzt wurde. Er wird von Likörherstellern wie Garnier und Cusenier (dessen Marke sich Prunellia nennt) hergestellt und ist in Anjou, dem westlichen Bereich des Loire-Tals, besonders beliebt. Aus Schlehen stellt man in Burgund und im Elsaß zudem ein Eau de vie her.

SLOE GIN
Ein Schlehenlikör von einem der großen Gin-Hersteller

ALTERNATIVBEZEICHNUNGEN
Frankreich: Prunelle/Prunellia

HERSTELLUNG

Schlehenlikör kann man leicht selbst ansetzen, wenn man die Früchte findet. Das beste Verhältnis liegt etwa bei bei einem halben Pfund Zucker auf ein Pfund Früchte; wenn diese jedoch sehr sauer sind, verwenden Sie noch etwas mehr Zucker. Die Frucht sollte teilweise zerdrückt oder angestochen werden, damit die Geschmacksstoffe besser herausgezogen werden; dann die Flasche mit Gin auffüllen (oder mit Wodka, falls Sie diesen vorziehen; bei Gin ergibt sich jedoch eine interessantere Geschmackskombination). Lassen Sie sie wenigstens drei Monate verschlossen stehen (von Zeit zu Zeit schütteln), bevor Sie die Flüssigkeit von den festen Bestandteilen abseihen.

PASST GUT ZU ...

Aus Schlehen kann man wie aus Preiselbeeren oder Vogelbeeren ein leckeres, herbes Gelee zum Garnieren kräftiger Wildgerichte bereiten. Ein Gläschen Schlehenlikör eignet sich überdies wunderbar, um eine Sauce oder den Bratensaft aufzupeppen.

SERVIERVORSCHLAG
Schlehenlikör reicht man am besten pur und zimmerwarm. Vor einigen Jahren wurde in einer Werbekampagne für eine Schlehenlikörmarke empfohlen, einen oder zwei Teelöffel zu einem Glas Sekt zu geben – keine schlechte Idee, wie ich finde.

Southern Comfort

Southern Comfort, das fruchtige Gegenstück zu den Likören auf Scotchbasis, ist der führende amerikanische Likör, und als Ausgangsbasis wird für ihn natürlich amerikanischer Whiskey verwendet. Wie bei so vielen Likören ist auch die genaue Zusammensetzung von Southern Comfort ein streng gehütetes Geschäftsgeheimnis, aber wir wissen immerhin, daß das enthaltene Fruchtaroma das von Pfirsichen ist.

Seinen Ursprung lieferte vermutlich der traditionelle Südstaaten-Cocktail, eine Mischung aus Bourbon und Pfirsichsaft. In New Orleans gab es früher einen Drink namens Sazerac. Er besteht aus einem Glas Roggenwhiskey mit ein wenig Pfirsichbitter, einem Stück Zucker und einem Spritzer Absinth und gehört so zur Tradition, daß eine Firma in New Orleans seit Mitte des 19. Jahrhunderts eine fertiggemixte Variante davon herstellt.

Die Pfirsiche werden in den Südstaaten selbst viel angebaut, und der Georgia-Pfirsich gehört zu den stolzesten Produkten amerikanischer Landwirtschaft. Der Brauch, Whiskey in den Bars von New Orleans mit Pfirsichsaft zu mixen, trug zweifellos auch zur Erfindung von Southern Comfort bei.

Heute ist die Marke im Besitz derselben Firma, der auch die führende Tennessee-Whiskeymarke Jack Daniel's gehört. Die Brennerei von Southern Comfort befindet sich in St. Louis im Bundesstaat Missouri. Er wird hochprozentig (40 Vol.-%) auf Flaschen gezogen, was möglicherweise einer der Gründe dafür ist, daß er der großen Rocklegende Janis Joplin so zusagte.

SOUTHERN COMFORT
Ein fruchtiger Whiskylikör aus dem tiefen Süden

Passt gut zu ...

Zu Thanksgiving oder Weihnachten kann man gut Southern Comfort anstelle von Bourbon über den traditionellen, leichten Früchtekuchen geben – allerdings in äußerst großzügigen Mengen (eine ganze Flasche ist durchaus schon vorgekommen).

Mixgetränke

Southern Peach: 1 Teil Southern Comfort, 1 Teil Peach-Brandy und 1 Teil Sahne mit 1 Spritzer Angostura und viel Eis im Mixbecher schütteln und in einen Tumbler seihen. Mit einem Pfirsichstück dekorieren.

Aromastoff

Pfirsiche

Serviervorschlag

An Southern Comfort sollte man wie an amerikanischen Whiskeys eher besinnlich nippen. Durch Mixen mit Pfirsichnektar können Sie ihm die Schärfe nehmen und seine Fruchtigkeit hervorheben. Sehr gut schmeckt er auch mit Orangensaft auf Eis.

Strega

Strega ist das italienische Wort für »Hexe«. Diese beliebte italienische Likörmarke wurde so genannt, da sie angeblich auf einem Hexengebräu basiert – einem aphrodisischen Liebestrank, der jedes Liebespaar nach dem Konsum unter Garantie für ewig vereint. Seien Sie also gewarnt.

Es handelt sich um einen hellgelben Trank voll vielfältig-komplexer Aromen. Die Basis liefert eine Zitrusfruchtmischung, und dem Vernehmen nach enthält er zudem an die sechs Dutzend verschiedener Kräuter, was ihm eine gewisse Ähnlichkeit zum gelben Chartreuse verleiht. Er besitzt auch dieselbe sirupartige Konsistenz und gilt als außergewöhnlich guter Digestif.

Obwohl er farblich Galliano, der anderen italienischen Likörspezialität, ähnelt, schmeckt Strega doch ganz anders, eindeutiger nach Kräutern, und hat eine stärkere Zitrusfruchtnote.

STREGA
Ein italienischer Likör voll komplexer Aromen

Mixgetränke

Golden Tang (aus Michael Walkers *Cinzano Cocktail Book*): 2 Teile Wodka, 1 Teil Strega, 1/2 Teil Crème de Banane und 1/2 Teil frischen Orangensaft mit Eis im Mixbecher schütteln und in ein großes Weinglas seihen. (Man kann auch die Mengen pauschal verdoppeln und ihn in ein hohes Glas seihen.)

Passt gut zu …

Strega eignet sich besonders gut als Begleiter für frisch geknackte Nüsse am Ende einer Mahlzeit.

Serviervorschlag

Strega trinkt sich auf zerstoßenem Eis (*frappé*) angenehmer als pur, da er dann nicht so süß wirkt.

SUZE

Müsste ich neben Champagner und trockenem Sherry noch einen dritten perfekten Aperitif nennen, dann wäre dies zweifellos Suze. Man mag der Ansicht sein, daß Suze und die ähnlichen Erzeugnisse aus Deutschland und der Schweiz aus technischer Sicht eher als »Bittere« klassifiziert werden sollten, aber sie sind nicht in jedem Fall direkte Destillate, denn einige basieren auf Wein. Allen ist jedoch gemein, daß ihre geschmackliche Intensität auf Enzian beruht.

Enzian wird vor allem wegen seiner Wurzeln geschätzt; diese können bis zu einem Meter lang werden und sind überaus bitter. Die pharmazeutische Verwendung von Enzian ist wie die von Chinin historisch bedeutsam; er galt lange als für die Behandlung von Lebererkrankungen besonders gut geeignet.

Die Marke Suze ist derzeit im Besitz der Pastis-Hersteller Pernod-Ricard. Suze ist ein Weinauszug von feiner, schlüsselblumengelber Farbe und einem so trocken-bitteren Geschmack, daß er – selbst mit etwas Wasser oder auf Eis – außerordentlich appetitanregend wirkt.

Vergleichbare Erzeugnisse werden in Frankreich und der Schweiz – nach der Pflanze – auch als »Gentiane« und in Deutschland als »Enzian« etikettiert; die deutschen Produkte werden dabei jedoch eher nicht auf Weinbasis hergestellt, sondern direkt aus der Enzianwurzel gebrannt.

SUZE
Ihn zu kosten, lohnt eine Frankreichreise.

HERSTELLUNG

Bei Suze und vergleichbaren Erzeugnissen läßt man einen Enzianauszug in einer Weißweinbasis ziehen, wodurch die Flüssigkeit eine leichte Färbung bekommt. Anschließend wird sie geklärt und mit demselben Alkoholgehalt wie aufgespritete Weine abgefüllt.

PASST GUT ZU ...

Suze schmeckt vorzüglich zu allen bitteren Appetithäppchen, und ist in Verbindung mit pikanteren grünen Olivensorten außerordentlich appetitanregend.

ALTERNATIVBEZEICHNUNGEN

Deutschland: Enzian *Frankreich*: Gentiane

MIXGETRÄNKE

Drought: Gleiche Teile Gin und Suze sowie einen kleinen Schuß frischen Orangensaft im Mixbecher schütteln und in ein Cocktailglas seihen. (Diese sehr trockene Mischung ist besonders appetitanregend.)

SERVIERVORSCHLAG

Gießen Sie eine Portion Suze in den Tumbler und frischen Sie sie durch einen Spritzer sehr kaltes Wasser oder einen Eiswürfel auf.

AROMASTOFF

Enzianwurzel

GENTIANE

Eine andere, französische Enzian-Aperitif-Marke

TIA MARIA

TIA MARIA IST EIN LIKÖR AUS Jamaika und hat sich sowohl in Amerika als auch in Europa zu einem Renner entwickelt. Dieses elegante Getränk mit Kaffeearoma hat sich im Cocktailbereich als äußerst vielseitig erwiesen und kann auch nach dem Essen getrunken werden.

Es überrascht nicht, daß ein guter, wenigstens 5-jähriger jamaikanischer Rum seine Ausgangsbasis liefert; als Aromastoff dienen Kaffeebohnen der hochgerühmten Kaffeesorte Blue Mountain. Daneben verstärkt auch die Zugabe von Kräutern aus der Region seinen Geschmack. Obwohl dieser Likör deutlich süßer ist als beispielsweise sein mexikanisches Gegenstück Kahlúa, verhindern seine Aromastoffe, daß er zu süßlich wirkt. Aus diesem Grund gehört er zu den wenigen derartigen Getränken, die man gut pur trinken kann.

Seine Beliebtheit in Europa geht nicht zuletzt auf den Modecocktail Black Russian zurück, der üblicherweise mit Coca-Cola gemixt wird; diesem ansonsten recht einfachen Mix verleiht er eine verschwenderisch-üppige Note.

AROMASTOFFE

Kaffee
Gewürze

MIXGETRÄNKE

Sunburn: Gleiche Teile Cognac und Tia Maria, je 1/2 Teil frischen Orangen- und Zitronensaft und Eis im Mixbecher schütteln und in ein Cocktailglas seihen.

Beim klassischen **Black Russian** (unten) variieren die Mengenverhältnisse je nach Geschmack; gut sind 2 Teile Wodka auf 1 Teil Tia Maria mit Eis und ohne Soft Drink.

TIA MARIA
Der bekannteste Kaffeelikör der Welt

HERSTELLUNG

Kaffeebohnen und Gewürze zieht man in faßgelagertem Rum (der dann etwas gesüßt wird) aus; die Abfüllstärke liegt knapp unter 27 Vol.-%.

PASST GUT ZU ...

Mit einem Schuß Tia Maria kann man sehr gut Schokoladendesserts verfeinern und natürlich auch einen guten Likörkaffee zubereiten.

SERVIERVORSCHLAG

Tia Maria auf Eis ist ein wohltuender Digestif; er gehört aber auch zu den wenigen Likören, die mit Cola gemixt wirklich lecker sind. Manch einer mixt ihn mit Orangensaft, aber die sich dabei ergebende Farbe ist etwas unschön.

TRAPPISTINE

Trappistine ist einer der wenigen Liköre, die noch von religiösen Orden hergestellt werden, und kommt aus dem Kloster der Abbaye de Grâce de Dieu im ostfranzösischen Departement Doubs, unweit der schweizerischen Grenze. Er hat eine helle, gelbgrüne Farbe und enthält Auszüge vieler wilder Kräuter, die in einer Armagnacbasis mazeriert werden.

VAN DER HUM

VAN DER HUM, DAS SÜDAFRIKANISCHE Gegenstück zu Curaçao, wird von mehreren Herstellern am Kap produziert, unter anderem vom riesigen nationalen Weinkonsortium KWV. Seine Basis liefert Weinbrand. Die verwendete Zitrusfrucht ist eine tangerinenähnliche Orangensorte, die vor Ort *naartjie* genannt wird. Die Orangenschalen werden, ähnlich wie bei Curaçao, in Weinbrand ausgezogen und durch Kräuter- oder Gewürze ergänzt; das Rezept ist von Hersteller zu Hersteller unterschiedlich, aber Muskatnuß ist ein beliebter Zusatz.

Der Ursprung dieses Getränks liegt, ähnlich wie bei Mandarine Napoléon, in dem Brauch, Zitrusfruchtschalen mit heimischem Weinbrand anzusetzen. Auf diese Weise produzierten viele Siedler am Kap ein Getränk, dessen Rezept dann auch für die kommerzielle Herstellung Verwendung fand. Die Beliebtheit dieses Likörs wird auch durch seine hellgoldene Farbe und den ausgeprägt bitteren Orangenduft gefördert. Die Abfüllstärke beträgt mindestens 25 Vol.-%.

VAN DER HUM *Südafrikas Antwort auf den orangenen Curaçao*

MIXGETRÄNKE

Sundowner: 1 1/2 Teile südafrikanischen Weinbrand oder Cognac, 1 Teil Van der Hum und je 1/2 Teil frischen Orangen- und Zitronensaft mit Eis im Mixbecher schütteln. In ein Cocktailglas seihen.

LA VIEILLE CURE

Die richtige Übersetzung dieses Likörnamens lautet »Das alte Pfarrhaus« und nicht – wie es den Anschein hat – »Das alte Heilmittel«. Die falsche Übersetzung hätte aber trotzdem ihren Wahrheitsgehalt: Früher wurde dieser goldfarbene Trank von Mönchen der Abtei Cenons (in der Nähe von Bordeaux) hergestellt, wobei man über 50 verschiedene wilde Heilkräuter in einem Weinbrandverschnitt mazerierte. Er hatte eine starke Ähnlichkeit mit den typischen alkoholischen Heilmitteln des Mittelalters, wie man sie entwickelte, als die Brennkunst noch Sache des Apothekers war. Der Geschmack von La Vieille Cure wurde mit dem von Bénédictine verglichen; um ihn richtig genießen zu können, sollte er pur und ohne Eis in kleinen Likörgläsern serviert werden. In den 80er Jahren übernahm zwar eine der großen französischen Getränkefirmen jener Gegend seine Produktion, aber der Likörhersteller sollte nicht mit dem gleichnamigen Weingut in Bordeaux verwechselt werden.

VERVEINE

Verveine du Vélay, um ihn bei ganzem Namen zu nennen, ist ein weiterer Likör, dessen Stil sich so sehr am Chartreuse orientiert, daß es ihn in grüner und gelber Farbe gibt, wobei die grüne Sorte stärker ist. Diese Kräutermischung wird in der Nähe von Puy (in der Auvergne) auf Weinbrandbasis hergestellt. Verveine ist der französische Begriff für Eisenkraut, dessen Blätter in der Volksmedizin als Stärkungsmittel für die Leber und auch bei Nervenleiden angewandt wurden. In dem nach ihm benannten Likör kommt vor allem sein bitterer Geschmack durch (es sind jedoch auch andere Kräuter enthalten), und ein wenig Honig mildert seine Schärfe.

AROMASTOFFE

Naartjie-Schalen, Muskatnuß sowie andere Gewürze und Kräuter

SERVIERVORSCHLAG

Van der Hum wird vom Hersteller traditionsgemäß stark gesüßt; Leute, die einen trockeneren Drink bevorzugen, mixen ihn üblicherweise zu gleichen Teilen mit Weinbrand. Einige Firmen füllen ihn bereits fertiggemixt als Brandy-Hum ab.

AUFGESPRITETE

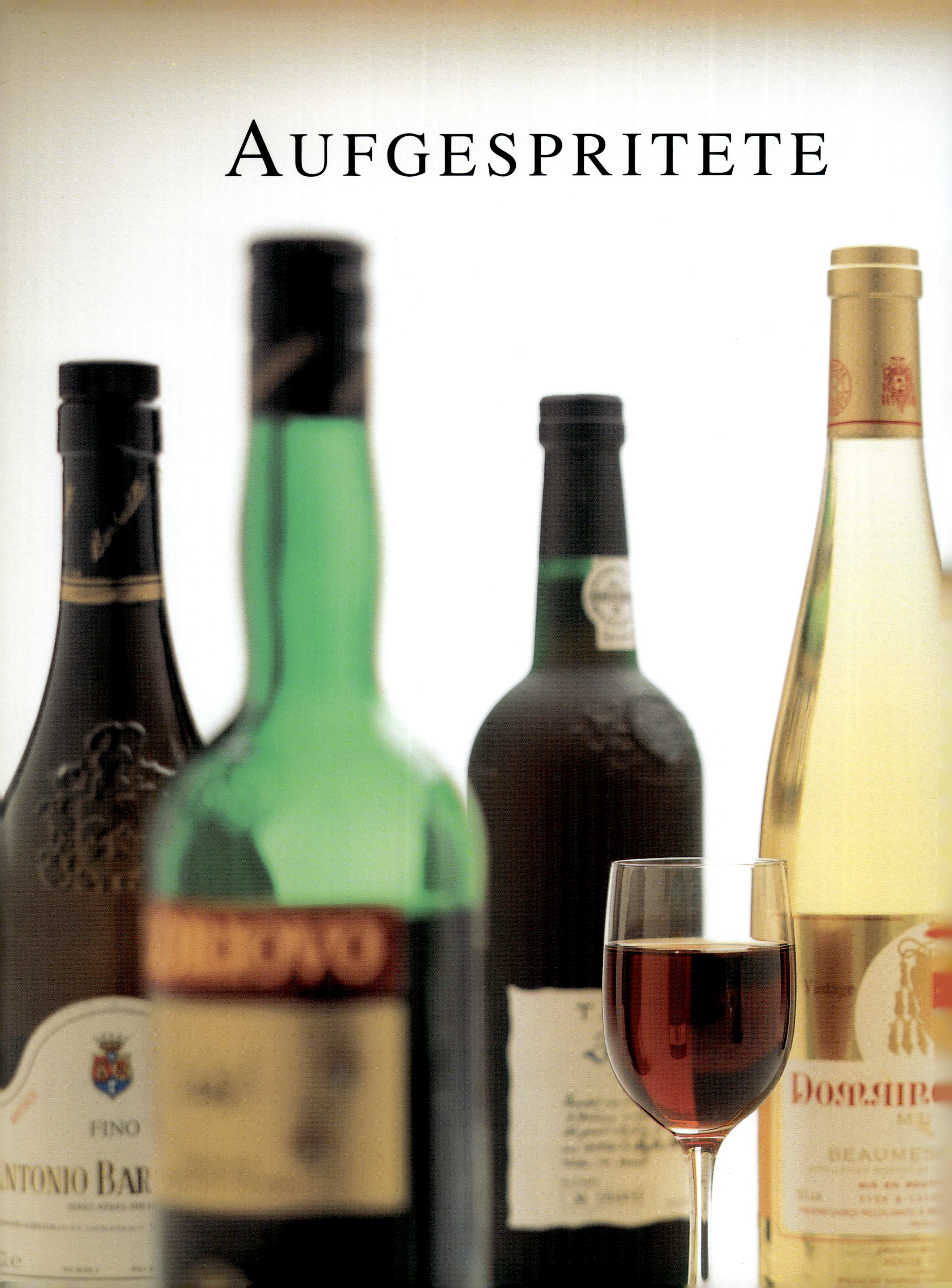

WEINE

Im Grunde handelt es sich bei den Getränken dieses letzten Abschnitts um Weine; wären es jedoch ganz normale Weine, dann gehörten sie nicht in ein Buch über Schnäpse und Liköre. Diese Weine unterscheiden sich von einfachem Tafelwein in einem wichtigen Punkt: Sie sind allesamt aufgespritet, d. h. mit Branntwein (in der Mehrzahl Traubenbranntwein) versetzt. Daher hätte keine dieser Weinarten vor der Entdeckung der Destillation existieren können.

Die meisten klassischen aufgespriteten Weine sind das Ergebnis einer Zufallsentdeckung, die man auf der Suche nach Methoden zur Weinkonservierung machte, und nicht etwa eines pfiffigen Kopfs in Portugal, der sich dachte: »Gießen wir einmal etwas Branntwein in unseren Wein und schauen dann, wie er schmeckt.« Die Branntweinzugabe sollte vielmehr verhindern, daß die Weine auf den langen Seereisen verdarben.

In jenen Tagen verstand man die chemischen Vorgänge bei der Vergärung noch nicht so genau wie heute, und Wein wurde oft in mikrobiologisch instabilem Zustand faßweise verschifft. Es konnte nun vorkommen, daß die Gärung nicht ihren natürlichen Verlauf genommen hatte, sondern nur durch einen plötzlichen Abfall der Kellertemperaturen unterbrochen worden war. Bei Ankunft solcher Weine an ihrem Zielort fand man dann oft heraus, daß sie wieder zu gären begonnen hatten oder – schlimmer noch – daß sie nach der Flaschenabfüllung weitergärten.

Die Hefekulturen, die den Traubensaft zum Gären bringen und dabei Alkohol bilden, können ihre Arbeit nur solange verrichten, wie die Flüssigkeit ausreichend natürlichen Zucker für ihre Ernährung enthält, und solange die erzeugte Alkoholmenge eine bestimmte Grenze (etwa 16–17 Vol.-%) nicht übersteigt. Oberhalb dieser Grenze sterben sie ab, und der Wein wird stabil. Gibt man ein ordentliches Quantum Weinbrand oder anderen Branntwein zu einem Wein, dann erhöht man den Alkoholgehalt in solchem Maße, daß die Hefekulturen absterben.

Man hat dann nicht nur einen stabilen Wein, sondern auch ein Erzeugnis, dessen Alkoholgehalt um einiges höher ist als der der meisten gewöhnlichen Weine.

Links: Die Florhefe, die sich in einem Faß Fino Sherry auf der Oberfläche bildet

Oben: Sherry wird dem Faß noch immer auf traditionelle Weise, mit einer langstieligen Venecia, zum Verkosten entnommen.

Links: Gepflegte Rebzeilen und Gärtanks unter gleißender Sonne im Douro-Tal (bei Pinhão, Portugal)

Oben: Früher verwendete man auf dem Douro kleine Boote, um Portweinfässer flußabwärts zu transportieren (Porto, Portugal).

Der normale Alkoholgehalt nicht aufgespriteter Tafelweine liegt bei 11–13 Vol.-%. Einige deutsche und italienische Weine rühmen sich eines besonders niedrigen Alkoholgehalts (z. T. nur 5%), wogegen dieser bei bestimmten italienischen und kalifornischen Weinen, deren Trauben in heißem Klima gedeihen, bis auf etwa 15 % klettern kann. Bei 15 % aber fangen alkoholverstärkte Weine erst an, und sie können bis auf 22 % aufgespritet werden, was vom Alkoholgehalt eines durchschnittlichen Likörs nicht mehr weit entfernt ist.

Von den klassischen aufgespriteten Weinen der Welt – sie kommen ursprünglich aus Südeuropa, werden heute aber in den meisten weinproduzierenden Ländern hergestellt – hat jeder seine eigene, besondere Produktionsmethode. Die Mehrzahl von ihnen wird aus weißen Trauben hergestellt (die wichtigste Ausnahme ist Portwein, der vorwiegend rot ist). Sie sind tendenziell süß, müssen es aber nicht sein – Fino- und Manzanilla-Sherry sind äußerst trocken. Die meisten von ihnen enthalten nur Wein und Traubenbranntwein, aber im Falle von Wermut und ähnlichen Erzeugnissen sorgt eine Fülle von Aromastoffen – die uns von einigen Kräuterlikören her vertraut sind – dafür, daß sie halb aufgespriteter Wein und halb Likör sind.

Aufgespritete Weine sah man früher vielleicht einmal als gute Möglichkeit zur Verwendung einer unterdurchschnittlichen Ernte, indem man entweder den Alkohol für die Aufspritung aus den Trauben brannte oder aber die Fehler eines schlechten Weines durch Zugabe von Sprit verdeckte. Bei Anbruch des 19. Jahrhunderts jedoch galten die meisten dieser Weine schon als Spitzenerzeugnisse, und insbesondere Jahrgangsport und Madeira fanden dieselbe Anerkennung wie roter Bordeaux und Burgunder. Ungefähr bis zum Zweiten Weltkrieg wurden sie von den Briten, die immer schon eine Vorliebe für starke Weine hatten, besonders geschätzt. Seitdem ist die Nachfrage zunehmend gesunken, da sich der internationale Weingeschmack mehr dem trockenen, leichten Bereich des Spektrums zugewandt und von dem stärkenden Gebräu, an dem man in Winternächten vor dem Kamin nippt, entfernt hat.

Die traditionellen aufgespriteten Weine werden jedoch trotzdem immer eine Rolle spielen, da sie doch immer wieder ihre Einzigartigkeit demonstrieren, jeder auf seine Art.

Madeira

Von allen aufgespriteten Weinklassikern Südeuropas hat Madeira die eigenartigste Geschichte. Er stammt von der gleichnamigen Insel im Atlantischen Ozean, die als unabhängiger Verwaltungsbezirk zu Portugal gehört, aber der Küste Nordafrikas sogar ein wenig näher liegt als der Portugals.

Die Entwicklung dieses Weins geht auf das späte 17. Jahrhundert zurück, als Handelsschiffe die Routen nach Südostasien befuhren. Aufgrund seiner geographischen Lage war Madeira ein Anlaufhafen für Schiffe aus Nordeuropa, die auf ihrem Weg nach Afrika und zum ostindischen Archipel in der Inselhauptstadt Funchal Wein luden. Viele Tafelweine nun verdarben aufgrund der Kombination von heftigem Schaukeln und glühender Hitze, die die Fahrt begleitete; man fand jedoch nach und nach heraus, daß sich Madeiras dabei durchaus zu ihrem Vorteil veränderten.

Die Händler waren sich der Vorzüge, die der Wein auf der Seereise gewann, so sicher, daß sie begannen, Weine, die nur für den europäischen Markt bestimmt waren, den ganzen Weg nach Indonesien und zurückzuschicken. Einige nahmen auch eine andere Richtung, und so fand Madeira in den noch jungen Vereinigten Staaten viele Kenner. Praktisch bis Ende des 19. Jahrhunderts wurden alle begehrten Madeiras auf diese Weise hergestellt.

Schließlich war es jedoch aus finanziellen Gründen nicht mehr möglich, dem Madeira weiterhin eine Rundreise um die Welt zu spendieren, daher wurden die Bedingungen, denen er auf See ausgesetzt war – vor allem die glühende Hitze – in den Kellereien oder »Lodges«, aus denen der Wein kam, nachgeahmt.

Serviervorschlag
Servieren Sie Madeira in einem großen Sherry- oder einem kleinen Weinglas. Bei den trockeneren Sorten mag ein wenig Kühlung von Vorteil sein, aber die volleren, dunkleren Sorten mit ihren Toffee- und Weihnachtskuchennoten sollten zimmerwarm gereicht werden.

RICH MALMSEY
Dies ist die süßeste Madeirasorte.

VERDELHO
Die halbtrockene Sorte; dieser 5jährige Madeira besitzt nur sehr wenig Süße.

HERSTELLUNG

Aus einer der vier Hauptsorten wird ein leichter, weißer Basiswein hergestellt, eventuell unter Zugabe von etwas rotem Traubensaft der lokal verbreiteten Sorte Tinta Negra Mole. Bei den süßeren Sorten Bual und Malmsey kann die Vergärung schon früh durch Zugabe von Traubenbranntwein abgebrochen werden, wodurch sie etwas natürlichen Restzucker behalten; die trockeneren Weine dagegen (Sercial und Verdelho) werden länger vergoren, so daß bis zur Aufspritung mehr Zucker verbraucht worden ist. Während der anschließenden Faßlagerung werden, wie oben beschrieben wurde, die Weine der Hitze ausgesetzt. Wurden sie im heißesten Bereich der Kellerei gelagert, können sie die Bezeichnung *vinho canteiro* tragen.

Manchmal wird er einfach dadurch erhitzt, daß man ihn unter dem Dach der Kellerei lagert, oder in speziellen Räumen, in denen auch während der drückenden Sommerhitze dicke, temperierte Heizungsrohre entlang der Wände verlaufen.

Es gibt vier Grundtypen von Madeira, die nach den verwendeten Traubensorten benannt sind: Die hellste und trockenste Sorte ist Sercial; dem folgt Verdelho (ein wenig süßer und dunkler), dann Bual und schließlich Malmsey (die entstellte englische Version des portugiesischen Namens Malvasia). Die Weine werden zudem nach der Lagerdauer eingestuft; dies kann durch Angabe des Mindestalters (5 Jahre, 10 Jahre usw.) auf dem Etikett erfolgen oder durch Verwendung einer der üblichen Bezeichnungen: »Reserve« entspricht ungefähr dem 5jährigen, »Special Reserve« dem 10jährigen, »Extra Reserve« dem 15jährigen. Manche Madeiras haben eine Jahrgangsangabe, was bedeutet, daß sie das unverschnittene Produkt der Ernte des angegebenen Jahres sind.

SERCIAL
Die hellste und trockenste Madeirasorte

MIXGETRÄNKE

In Amerika war es früher üblich, süßen Madeira anstatt Brandy in einem **Prairie Oyster**, dem Katermittel für besonders Mutige, zu verwenden – dazu gehörte ein rohes Eigelb, Salz, Cayenne-Pfeffer und ein Schuß Worcestersauce.

Boston (unten): Gleiche Teile trockenen Madeira und Bourbon, 1/2 TL feinen Zucker und ein Eigelb im Mixbecher schütteln. In ein kleines Weinglas seihen und mit geriebenem Muskatnuß besprenkeln.

PASST GUT ZU ...

Die trockenen Sorten liefern die Antwort auf die uralte Frage danach, was man zur Suppe trinkt; besonders gut passen sie zu klarer, gehaltvoller Consommé. Die süßeren Sorten trinkt man zu Frucht-Pies, Früchtebroten oder festen Früchtekuchen und natürlich zu Madeira-Kuchen.

MARSALA

SIZILIENS UREIGENER aufgespriteter Wein trägt den Namen der Stadt Marsala in der Provinz Trapani am westlichen Ende der Insel, aber wie bei vielen aufgespriteten Weinen aus Südeuropa gibt es auch hier eine Verbindung nach England: Tatsächlich wurde er 1773 von dem Weinhändler John Woodhouse, der bis dahin mit Sherry und Madeira befaßt war, als direkte Nachahmung dieser Weine entwickelt. In der unkomplizierten Art jener Zeit gab er einfach Branntwein zu den herkömmlichen Weißweinen aus Westsizilien und stellte bei der Verschiffung fest, daß das Ergebnis den bereits etablierten aufgespriteten Weinen recht nahe kam.

Woodhouse gründete Ende des 18. Jahrhunderts ein Unternehmen auf der Insel und bekam unter anderem wichtige Aufträge von der Royal Navy. Während der Feindseligkeiten mit Frankreich wurde Marsala auf Nelsons Schiffen transportiert, und sein guter Ruf breitete sich rasch aus. Anfangs war der Handel damit zwar von englischen Kaufleuten dominiert, aber schließlich stiegen auch die Italiener selbst ins Geschäft mit ein; die erste bedeutende Firma italienischen Ursprungs war Florio und wurde 1832 von einem Unternehmer vom Festland gegründet.

Gerechterweise muß gesagt werden, daß Marsala seit jener Zeit an Popularität verloren hat, was nicht zuletzt mit den widersprüchlichen Theorien über seine Herstellung und der weit verbreiteten Bewässerung der Weinberge, in denen er angebaut wird, zusammenhängt. Letztere kann zu einem niedrigeren Zuckergehalt der Trauben führen, weshalb man andere Methoden zur Süßung des Weins finden mußte.

TERRE ARSE
Ein Jahrgangs-Marsala aus Florio

SECCO
Die trockenste Marsalasorte

SERVIERVORSCHLAG
Trockener und halbtrockener Marsala, wovon es bedauerlicherweise nur wenig gibt, sollte gekühlt in großen Sherry-Gläsern als Aperitif gereicht werden. Die süßesten Sorten sollte man zimmerwarm als Digestifs oder zu alten, trockenen Käsesorten reichen.

Mixgetränke

Casanova: 1 Teil Bourbon, 1/2 Teil süßen Marsala, 1/2 Teil Kahlúa, 1 Teil Sahne und viel Eis im Mixbecher schütteln. In ein Cocktailglas seihen.

Inigo Jones (aus Michael Walkers *Cinzano Cocktail Book*): 1 Teil Cognac, 1 Teil süßen Marsala, 1 Teil trockenen Rosé-Wein und je 1 Spritzer frischen Orangen- und Zitronensaft mit viel Eis in einem Mixbecher verrühren. In einen zur Hälfte mit zerstoßenem Eis gefüllten Tumbler seihen.

Die Gesetze und Vorschriften zur Produktion von Marsala wurden erst 1969 definitiv festgelegt und sind wesentlich flexibler als die für die Herstellung der anderen bekannten aufgespriteten Weine. Am wenigsten dürfte man dabei mit den zur Süßung zugelassenen Substanzen zufrieden sein; dies kann entweder aufgespriteter Traubensaft sein oder einfach Traubensaft, dessen Zuckergehalt durch Einkochen erhöht wurde (letzteren nennt man *mosto cotto*). Die besten Marsalas besitzen die natürliche, durch Unterbrechung der Vergärung bewahrte Süße reifer Trauben.

Marsala wird nach seinem Alter klassifiziert – Fine ist ein Jahr alt, Superiore zwei, Superiore Riserva vier, Vergine fünf und Stravecchio zehn – sowie nach seiner Süße: Trockener wird als *secco* etikettiert, halbtrockener als *semisecco* und der süßeste als *dolce*. Es gibt ihn außerdem in drei Farbtönen; die zwei besseren Sorten sind Gelbbraun-Töne – entweder bernstein- (*ambra*) oder goldfarben (*oro*) –, aber es gibt auch einen Roten (*rubino*). Zu den bedeutenden Herstellern gehören de Bartoli, Pellegrino und Rallo.

Herstellung

Leichte Weißweine aus den ortsüblichen Traubensorten Grillo, Inzolia und Catarratto werden mittels einer der folgenden drei Methoden zu Marsala verarbeitet: Sie können nach dem traditionellen Verfahren mit Traubenbranntwein aufgespritet werden, aber auch nach dem Süßen entweder mit alkoholverstärktem Saft aus sehr süßen Trauben oder mit eingedicktem Traubensaftkonzentrat versetzt werden; die Verwendung des Konzentrats ist nur bei Ambra Marsala zulässig. Anschließend werden die Weine für unterschiedliche Zeiträume faßgelagert.

Passt gut zu ...

Mehr noch als Madeira wird Marsala zum Kochen verwendet. Sowohl in Zabaglione als auch in Tiramisù stellt er den unentbehrlichen Alkoholanteil, während es zu den in italienischen Trattorias auf der ganzen Welt zubereiteten Kalbs-Scaloppine oft eine sämig-eingedickte, braune Marsalasauce gibt.

DOLCE
Er eignet sich am besten für die klassischen italienischen Desserts.

Fine

Die jüngste Sorte heißt Fine Marsala.

Riserva

Superiore Riserva Marsala ist vier Jahre alt.

MUSKATWEINE (MUSKATELLER)

DIE MUSKATELLERTRAUBE bildet überall auf der Welt die Grundlage für süße, aufgespritete Weine. Eigentlich handelt es sich nicht um eine einzelne Traubensorte, sondern um eine Traubenfamilie. Einige ihrer Sprößlinge sind von edelster Herkunft, insbesondere eine Sorte, die man in Frankreich Muscat Blanc à Petits Grains nennt. Andere wie Muscat d'Alexandrie oder Muscat Ottonel sind von einfacherer Abstammung und ergeben auch keine so aufregenden Weine. Auf der iberischen Halbinsel trägt die Traubenfamilie den Namen Moscatel.

Diese Weine sollten in jedem Fall gekühlt als Dessertweine oder allein gereicht werden. Sie haben 15–18 Vol.-%, abgesehen von den australischen Muskatweinen, die bis zu 20 % erreichen.

MUSCAT DE BEAUMES DE VENISE
Domaine de Coyeux gehört zu den besten Muscat-Herstellern.

AUSTRALISCHE LIQUEUR MUSCATS

Diese vollmundigen Muskatweine mit hohem Alkoholgehalt werden in und um die Stadt Rutherglen im australischen Bundesstaat Victoria hergestellt – nach einem Verfahren, das scheinbar von allen Produktionsmethoden für aufgespritete Weine etwas übernommen hat. Man läßt die Trauben an den Rebstöcken überreif werden. Nach dem Keltern vergärt man sie teilweise, stoppt die Vergärung dann aber durch Aufspritung mit Traubenbranntwein, so daß der Wein viel natürlichen Zucker behält. Die Faßlagerung verbindet Techniken des *solera*-Systems, wie man es bei spanischem Weinbrand und Sherry anwendet, mit der Einwirkung sengender Hitze wie bei *canteiro*-Madeiras. Zu den bedeutenderen Herstellern gehören Stanton & Killeen, Mick Norris und Chambers.

VIN DOUX NATUREL MUSCATS

Eine Gruppe von Muskatweinen aus Südfrankreich wird praktisch auf dieselbe Weise wie Portwein hergestellt. Ihr Sammelbegriff *Vins doux naturels* bedeutet »natursüße Weine«. Die Trauben werden in sehr reifem Zustand gepflückt, und der Vergärungsprozeß wird durch Zugabe eines hochprozentigen Traubenbranntweins abgebrochen, so daß die natürliche Süße der Muskatellertrauben erhalten bleibt. Es gibt sechs Herkunftsbezeichnungen für diesen Weintyp, dessen bekanntester Vertreter aus dem südlichen Rhône-Tal (Muscat de Beaumes de Venise) stammt; seine besten Hersteller sind Domaine Durban und Domaine de Coyeux.

Von den übrigen kommen vier Sorten aus dem Languedoc – Muscat de Frontignan, de Lunel, de Mireval und de St. Jean de Minervois. Der sechste, Muscat de Rivesaltes, wird noch weiter südlich in Roussillon, nahe der spanischen Grenze, angebaut. Er muß jedoch nicht aus der edelsten Muskatellertraube hergestellt sein und weist erhebliche Qualitätsunterschiede auf.

SETÚBAL MOSCATEL

Dies ist ein ganz traditioneller alkoholverstärkter Wein aus der Muscat d'Alexandrie (sowie einigen unbedeutenderen Verwandten). Er wird südöstlich von Lissabon nahe der Stadt Setúbal hergestellt und gilt seit Beginn des 20. Jahrhunderts als Wein mit abgegrenztem Anbaugebiet. Seine Herstellung verläuft wie bei den französischen *Vins doux naturels*, außer daß man die Traubenschalen nach der Aufspritung einige Monate lang im fertigen Wein mazeriert. Ein Teil des Setúbal Moscatel kommt nach ungefähr fünf Jahren auf den Markt, wenn das Holz ihm bereits eine lebhaft-orangene Farbe verliehen hat. Andere Weine lagert man mehrere Jahrzehnte, wobei sie so dunkel wie poliertes Mahagoni werden und schließlich so dickflüssig wie Sirup sind, dabei ein reines Muskataroma besitzen. Der bedeutendste Hersteller ist José Maria da Fonseca.

Moscatel de Valencia

In der Gegend von Valencia an der spanischen Ostküste stellt man einen Wein her, den man in Frankreich *Vin de liqueur* nennen würde, d. h. der eigentlich nicht selbst vergoren wird; vielmehr keltert man die Trauben und spritet sie dann mit Traubenbranntwein auf. (In dieser Hinsicht kann man sie mit den Ratafias aus den französischen Weinbrandregionen vergleichen.) Moscatel de Valencia wird nicht aus der edelsten Muskatellertraubensorte hergestellt und ist vorwiegend in Flaschen mit Schraubverschluß zu haben. Sehr frisch und sehr gut gekühlt kann er einen recht erfrischenden Drink abgeben.

Jerepigo

Jerepigo ist die südafrikanische Variante des Moscatel de Valencia, aber für ihn verwendet man nur die edle Traubensorte Muscat Blanc à Petits Grains, die hier verwirrenderweise als Muscadel bezeichnet wird. Davon abgesehen ist das Herstellungsverfahren dasselbe: Traubenbranntwein wird dem sehr süßen, frisch gepreßten Traubensaft zugesetzt. Jerepigo-Jahrgangsweine werden gelegentlich mit etwa 15 Jahren auf den Markt gebracht und haben erfahrungsgemäß noch viel von ihrer anfänglichen Frische bewahrt.

SETÚBAL MOSCATEL
Ein 20jähriger Moscatel aus Setúbal (Portugal)

MOSCATEL DE VALENCIA
Eine sehr prunkvolle Flasche für ein in Wirklichkeit recht einfaches Getränk..

Jerepigo
Ein alter Jahrgang des südafrikanischen aufgespriteten Weins

Portwein

Von den bedeutenderen aufgespriteten Weinen ist Portwein der einzige, der auf Rotwein basiert. Zwar gibt es weißen Portwein, aber der macht nur einen Bruchteil der Produktionsmenge aus. Portwein hat nur ein abgegrenztes Herkunftsgebiet, das Douro-Tal in Nordportugal, ist aber als Weintyp seit jeher so beliebt, daß sich seit dem 19. Jahrhundert viele Weinländer an Portweinimitationen versucht haben. Inzwischen dürfen deren aufgespriteten Weine aber nicht mehr als Portwein bezeichnet werden (zumindest in den Ländern der EU).

Dieser Wein entstand im 17. Jahrhundert während einer der vielen Perioden, in denen Frankreich und England verfeindet waren. Als Folge davon verhängten die englischen Behörden Strafzölle auf Güter, die aus Frankreich importiert wurden, was auch den Weinhandel hart traf. Um ihre Kunden zu versorgen, wandten sich die englischen Weinhändler nun an Portugal – Englands ältesten Verbündeten. Auf der Reise den Douro hinauf landeinwärts stießen sie zufällig auf die Rotweine der Gegend und fanden, daß sie ganz nach dem Geschmack ihrer Landsleute waren. Vor der Seereise spritete man sie mit etwas Branntwein auf, wie es seinerzeit üblich war.

So entstand Portwein. Ursprünglich war dies natürlich ein trockener Wein, da es sich um vollständig vergorene Weine handelte, die mit Weinbrand verstärkt wurden. Es bedurfte jedoch nur der zufälligen Entdeckung,

COCKBURN'S 1991
Ein Jahrgangsport von einem englischen Händler

GRAHAM'S 1989 LBV
Port eines einzelnen Jahrgangs, in den Kellereien des Händlers gereift

Serviervorschlag
Guter Portwein sollte in Weingläsern gereicht werden, und zwar mit Ausnahme von weißem Portwein ungekühlt. Ältere Weine, die ein Depot gebildet haben, müssen unter Umständen dekantiert werden.

Mixgetränke

Port in a Storm (aus Michael Walkers *Cinzano Cocktail Book*): 2 Teile leichten Rotwein, 1 ½ Teile Portwein und ½ Teil Cognac mit viel Eis in einem Krug mixen und alles (mit dem Eis) in ein großes Weinglas gießen.

welche Auswirkungen die Aufspritung bei einem äußerst reifen, süßen Wein hatte, um dem Portwein sein heutiges Gesicht zu geben. Um diese Süße zu bewahren, wurde die normale Vergärung der Weine mit Hilfe von Weinbrand unterbrochen bzw. »stumm gemacht«, so daß ein Teil des Traubenzuckers unverbraucht übrigblieb.

Schließlich überlegte man sich, daß die Verwendung eines einfachen, ortsüblichen Traubenbranntweins für die Aufspritung billiger wäre als der Einkauf edlen Cognacs. Außerdem war Portwein im Begriff, aus eigenem Recht als guter Wein zu gelten, und daher wünschte man sich für die Aufspritung einen möglichst neutralen Branntwein, damit die Merkmale des zugrundeliegenden Weines zur Geltung kämen.

Die Zahl der Portweinarten ist seitdem stark gestiegen. Qualitativ an der Spitze stehen die Jahrgangsports, Weine eines einzelnen Jahrgangs, die innerhalb von zwei Jahren nach der Ernte abgefüllt sein müssen und für lange Lagerung bestimmt sind. Ein Late-Bottled-Vintage (LBV) ist ebenfalls das Produkt nur eines Jahrgangs, er wurde jedoch länger in den Hallen des Händlers faßgelagert (normalerweise um die sechs Jahre), um bei der Abfüllung reifer und beim Erwerb trinkfertiger zu sein. Vintage-Character ist ein durchschnittlicher Verschnitt und nichts Besonderes, wogegen edle alte Tawny-Portweine oft viele Jahre im Faß gelagert werden. Ihre anfänglich blutrote Farbe verblaßt dabei zu herbstlichem Braun.

Gute alkoholverstärkte Weine nach Portweinart werden auch in Australien, Südafrika und in den Vereinigten Staaten hergestellt. Aus Griechenland kommt ein sehr guter aufgespriteter Rotwein namens Mavrodaphne, der eine gute Alternative zu den einfacheren Erzeugnissen vom Douro darstellt.

Herstellung

Die Vergärung der Douro-Weine wird durch Zugabe von Traubenbranntwein in der Mitte abgebrochen, was einen süßen, hochprozentigen Wein ergibt. Die verschiedenen Güteklassen werden unterschiedlich lange faßgelagert; die Abfüllstärke liegt bei 18–20 Vol.-%, kann aber auch bis zu 22 Vol.-% betragen.

Passt gut zu ...

Portwein paßt ausgezeichnet zu Nüssen und reifem, kräftigem Hartkäse wie Cheddar – weniger gut dagegen zu Stilton, seiner traditionellen Beilage.

QUINTA DO CRASTO

Ein LBV von einem kleinen portugiesischen Hersteller

TAYLOR'S 20 YEARS OLD

Dieser Verschnitt ist im Durchschnitt 20 Jahre alt.

GRAHAM'S SIX GRAPES

Ein recht einfacher Ruby-Port

COCKBURN'S FINE RUBY

Die einfachste Portweinsorte

QUADY'S

Ein portweinartiger, aufgespriteter Wein aus den USA

SHERRY

OBWOHL UNTER DEM NAMEN »Sherry« seit weit mehr als einem Jahrhundert auf der ganzen Welt aufgespritete Weine hergestellt werden, kommt der echte Sherry nur aus einem festgelegten Gebiet in der südspanischen Provinz Andalucía; die drei wichtigsten Produktionsorte hier sind Jerez de la Frontera, Puerto de Santa María und Sanlúcar de Barrameda.

Von allen aufgespriteten Weinen hat Sherry eines der aufwendigsten Produktionsverfahren. Dabei wird der Most vergoren, bis der frische Weißwein ganz trocken ist; diesen leitet man anschließend in große Gärfässer. Sollen daraus Sherrys der hellen, trockenen Sorte (Fino oder Manzanilla genannt) gewonnen werden, entwickelt sich auf der Oberfläche des Weins eine *flor* genannte Hefedecke. In einigen Fässern stirbt sie ab (wenn alle verbliebenen Nährstoffe des Weins verbraucht sind), zerfällt und sinkt auf den Faßboden. Da der Wein daraufhin mehr Luftkontakt hat, wird seine

TIO PEPE
Muy Seco ist die allertrockenste Sherrysorte.

ALTERNATIVBEZEICHNUNGEN
Spanien: Jerez *Frankreich*: Xérès

HARVEYS BRISTOL CREAM
Ein vielverkaufter brauner Dessert-Sherry.

SERVIERVORSCHLAG
Fino, Manzanilla und die gesüßten hellen Sherrys sollten sehr gut gekühlt und vorzugsweise aus einer frisch geöffneten Flasche serviert werden. In Spanien trinkt man Sherry nicht so wie hierzulande Tafelwein. Die anderen Sorten sollten zimmerwarm serviert werden. Finos sind exzellente Aperitifs, alte Olorosos dagegen eher Digestifs.

MIXGETRÄNKE

Parkeroo (aus Lucius Beebes *Stork Club Bar Book*): 2 Teile hellen trockenen Sherry und 1 Teil Tequila mit Eis in einem Krug mixen. In eine mit geschabtem Eis gefüllte Champagnerflöte dekantieren und einen Streifen Zitronenschale zugeben.

Farbe infolge der Oxidation dunkler, und man erhält den Amontillado genannten Typ.

Einige Weine dagegen bilden überhaupt keinen *flor* und entwickeln einen dunklen, holzbraunen Farbton; dies sind Oloroso-Sherrys, die süße Variante Cream-Sherrys. Je nach Sorte variiert die Aufspritung des Weins: Fino wird unter Umständen nur auf 15 Vol.-% Alkohol heraufgesetzt, wogegen Oloroso normalerweise mit etwa 20% abgefüllt wird. Zu diesem Zeitpunkt sind die Weine natürlich allesamt trocken, und einige werden nach der Faßlagerung auch so abgefüllt (dies sind die Sherrys für die Kenner).

Viele handelsübliche Sherrys jedoch süßt man durch Zugabe einer gewissen Menge *mistela*, mit Traubenbranntwein versetztem Saft von eingeschrumpften Trauben. Von den süßen Sherrys werden die besten mit PX gesüßt – das Kürzel steht für Pedro Ximénez, eine Traubensorte, deren Beeren man in der Sonne trocknen läßt, bis ihr Zuckergehalt sehr hoch ist. Einige Firmen ziehen einen Teil ihres PX zusätzlich als Spezialität auf Flaschen.

Andere Länder, die Weine nach Sherry-Art herstellen, sind Australien, die Vereinigten Staaten, Südafrika und Zypern. In Spanien selbst gibt es noch zwei weitere Gebiete in der Nähe von Jerez, die ähnliche aufgespritete Weine mit derselben Sortenvielfalt herstellen, wenngleich diese nicht so angesehen sind wie Sherry. Zum einen ist dies Montilla-Morilés, zum anderen Condado de Huelva.

Málaga, der zweite große – heute leider fast verschwundene – aufgespritete Wein Spaniens, kommt aus der Region der gleichnamigen Stadt. Die besten Weine dieser Art sind dunkelbraune, karamelsüße und sehr kraftvolle Kreationen.

PASST GUT ZU ...

Trockene Sherrys passen gut zu gesalzenen Nüssen und Mandeln, pikanten Appetithäppchen (Oliven und salziger Fisch, z. B. Sardellen) sowie zu Serrano-Schinken und seinen mediterranen Pendants.

Die süßen, alten Olorosos passen wunderbar zu gehaltvollem, dunklem Früchtekuchen und Hartkäse aus spanischer Schafsmilch (z. B. Manchego).

MIXGETRÄNKE

Adonis: 2 Teile hellen trockenen Sherry, 1 Teil süßen roten Wermut und 1 oder 2 Spritzer Angostura in einem Krug mit Eis mixen und in ein Weinglas seihen.

Sherry Flip: 2 Teile Cream-Sherry, 1/2 TL feinen Zucker und ein ganzes Ei (nur frisch, da Salmonellengefahr!) mit Eis im Mixbecher schütteln und in ein Weinglas seihen. Mit geriebenem Muskatnuß bestreuen. (Sie können den Sherry-Flip auch im Mixer zubereiten.)

Sherry Cocktail (unten): Gut 2 Teile hellen trockenen Sherry und je 3 Spritzer trockenen Wermut und Orangebitter mit viel Eis mixen und in ein großes Weinglas seihen.

EMVA CREAM
Ein zypriotischer Wein, der nicht mehr als »Sherry« etikettiert wird

WERMUT

VOM NATÜRLICHEN PRODUKT der Weinrebe ist Wermut so weit entfernt, wie ein aufgespriteter Wein es nur sein kann. Er wird nicht nur alkoholverstärkt, sondern zudem mit Kräutern und pflanzlichen Zutaten stark aromatisiert, so daß sich eine unverwechselbare Art von Getränk ergibt, die in der Regel gemischt oder pur als Aperitif getrunken werden sollte. Wermut ist im Gegensatz zu alten Sherrys und Jahrgangsports kein Getränk für Kenner, sondern ein Alltagsprodukt, das von jedem Hersteller nach einem einheitlichen und gleichbleibenden Rezept hergestellt wird.

Das Vorhandensein von Kräutern im Wermut zeigt uns bereits, daß es sich hier ursprünglich um einen Heiltrank handelte. Abgesehen davon geht der Brauch, Wein mit Kräutern zu versetzen, bereits auf die Zeit der alten Griechen zurück, als die zusätzlichen Ingredienzen vermutlich gleichermaßen aufgrund ihrer Heilkräfte und bei verdorbenem Wein zur Geschmackskorrektur zugegeben wurden. Ein schon früh beliebter Zusatz war Wermut, der von den Anfängen der Destillation in Europa als Magenmittel hochgelobt, im Zusammenhang mit dem Absinthverbot Stein des Anstoßes wurde.

Was nun ein Getränk betrifft, das man als Vorläufer des Wermuts sehen kann, so muß man ins 16. Jahrhundert zurückgehen, zu einem Kaufmann namens d'Alessio, der in Piemont (Nordwestitalien) einen Wermutwein verkaufte. Die Idee dazu entstammte allerdings deutschen Produkten, die vermutlich nicht kommerziell hergestellt wurden. Daher ist das deutsche Wort »Wermut« auch in anderen Sprachen zu finden.

Zwei Zentren der Wermutproduktion entstanden nun: Das eine befand sich in d'Alessios Heimat, wo verschiedene, wild wachsende pflanzliche Zutaten für den Wein direkt verfüg-

MARTINI EXTRA DRY
International die Wermut-Spitzenmarke

SERVIERVORSCHLAG
Für den perfekten trockenen Martini benötigt man nur einen oder zwei Tropfen trockenen Wermut.

Diese Getränke sollten als Aperitifs oder Cocktails gereicht werden. Einmal geöffneter Wermut hält sich besser als heller trockener Sherry und hält auch extreme Temperaturen wesentlich besser aus als andere aufgespritete Weine.

MIXGETRÄNKE
Merry Widow: Gleich Teile Gin und trockenen Wermut mit je 2 Spritzern Pernod, Bénédictine und Angostura sowie Eis in einem Mixbecher verrühren. In ein großes Weinglas seihen.

bar waren; das andere lag jenseits der Grenze in Ost- und Südostfrankreich. Als dann die großen Herstellerfirmen gegründet wurden, kristallisierten sich zwei bestimmte Wermutarten heraus, eine helle, trockene und ausgeprägt bittere sowie eine rote, süße und nicht ganz so bittere. Die erstgenannte Art verband man mit Frankreich, die andere mit Italien, und diese Definition setzte sich so fest, daß Konsumenten auch heute noch »französisch« und »italienisch« im Sinne von trocken bzw. süß verwenden, auch wenn damit nicht unbedingt die geographische Herkunft verbunden ist.

Süßer und trockener Wermut wird in der Tat in beiden Ländern und auch anderswo hergestellt. Der Unterschied zwischen den Marken besteht in Art und Zahl der zugegebenen Kräuter, aber die Grundcharakteristika bleiben gleich. Gewürznelken, Zimt, Chinin, Zitrusschalen, Ingwer und vielleicht auch noch ein Hauch Wermut – obwohl durch das Absinthverbot auch die zulässige Wermutmenge bei anderen Getränken drastisch gesenkt wurde – sind typische Bestandteile eines Potpourris aus Aromastoffen, das bei modernem Wermut verwendet wird.

NOILLY PRAT
Ein knochentrockener Wermut aus Südfrankreich

Mixgetränke

Lily: Gleiche Teile Gin, Lillet und Crème de Noyau mit einem Spritzer frischem Zitronensaft und Eis im Mixbecher schütteln und dann in ein Weinglas seihen.
Perfect Cocktail (unten): Genau gleiche Teile Gin, trockenen Wermut und süßen Wermut mit Eis im Mixbecher schütteln; in ein Cocktailglas seihen. (Ersetzt man den Gin durch Pernod, erhält man eine **Duchess**).

Aromastoffe

Dazu können gehören: Koriandersamen, Gewürznelken, Wacholder, Ingwer, getrocknete Orangen- und Zitronenschale, Ysop, Kamille, Himbeeren, Rosenblütenblätter usw.

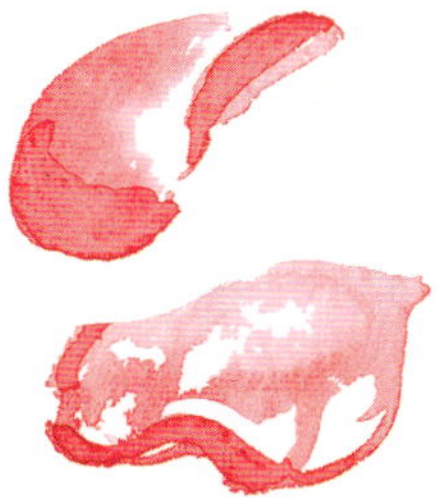

Wie bei vielen traditionellen Likören war dieses Arzneimittel-Image aber bis zu Beginn des 20. Jahrhunderts nicht absatzfördernd, sondern eher von Nachteil. Und wieder war es einmal die Cocktail-Ära, die dem Wermut einen Aufschwung verlieh, denn Wermut ist in Mixgetränken vielseitig verwendbar. Die Nachfrage danach bleibt bis heute – unter anderem dank der großen Marken – ziemlich konstant.

Der große italienische Hersteller Martini e Rossi mit Sitz in Turin ist nach wie vor die Wermutmarke, die dem Verbraucher heute sofort einfällt; weitere italienische Hersteller sind Riccadonna, Cinzano und Ganzia. In Frankreich produziert Noilly Prat in Marseille einen der angeseheneren trockenen Wermutweine, aber auch eine süßere Sorte. Der ostfranzösischen Gegend von Chambéry wurde für ihre Wermutweine, zu denen auch eine fruchtige Sorte mit Erdbeeraroma namens Chambéryzette zählt, die *appelation contrôlée* verliehen. Neben den roten und weißen Wermutsorten gibt es auch eine gold- bzw. bernsteinfarbene und einen Rosé.

Weitere vergleichbare Markenerzeugnisse sind Lillet aus Bordeaux (im Besitz eines der Spitzenweingüter), bei dem neben den üblichen Kräutern auch ein Anteil Fruchtsaft zur

CINZANO BIANCO
Eine äußerst beliebte, süße weiße Wermutmarke

CARPANO PUNT E MES
Ein dunkelroter Wermut, der in Turin hergestellt wird

MIXGETRÄNKE
Bronx: 1 Teil Gin, ½ Teil trockenen und ½ Teil süßen roten Wermut mit dem Saft von (höchstens) ¼ Orange mit Eis im Mixbecher schütteln und in ein Cocktailglas seihen.

Weinbasis gemischt wurde; der französische Dubonnet, ein roter oder weißer, süßer Wermut, der zudem erfüllt ist von äußerst anregender Chinin-Bitterkeit; und Punt e Mes, ein vergleichbares, aber dunkelfarbenes Produkt aus Italien, daß süße und bittere Elemente in faszinierender Ausgewogenheit vereint.

Herstellung

Man stellt einen meist weißen Wein mit niedrigem Alkoholgehalt her und läßt ihn unter Umständen kurze Zeit lagern. Bei den süßeren Wermut-

DUBONNET
Die rote Sorte läßt sich gut mit Limonade mixen.

Mixgetränke

Bamboo: 2 Teile trockenen Sherry und 3/4 Teile süßen roten Wermut mit 1 Spritzer Orangenbitter und Eis im Mixbecher schütteln und in ein großes Cocktailglas gießen. 1 oder 2 Eiswürfel zugeben.

sorten wird dann vor der Aufspritung eine bestimmte Menge Zuckersirup zugesetzt; in der Regel nimmt man Traubenbranntwein, der Sprit kann jedoch auch aus Gemüse, z. B. Zuckerrüben, gewonnen sein. Anschließend leitet man den Wein in große Fässer oder Tanks, in die bereits die getrockneten Aromastoffe gegeben wurden. Von Zeit zu Zeit wird die Mischung mit hölzernen Paddeln manuell umgerührt. Nachdem die Aromastoffe absorbiert worden sind, wird der Wermut mit ungefähr 17 Vol.-% Alkohol abgefüllt. Einige Hersteller behaupten beharrlich, daß ihre Wermutweine bei Aufbewahrung noch einige Jahre in der Flasche weiteraltern, aber es gibt keine Wermutweine mit Jahrgangsangabe.

Passt gut zu ...

Trockene Wermutweine eignen sich in der Küche besonders gut zur Verfeinerung von Saucen für Fischgerichte; diesen verleihen die Kräuteringredienzen des Wermuts eine reizvolle, pikante Note. Mit einer gewürzten Reduktion aus Noilly Prat, Zitronensaft und Sahne kann man feine weiße Fischarten wie Seezunge oder Steinbutt schmackhaft anrichten.

Mixgetränke

Bentley: Großzügig bemessene, gleiche Teile Calvados und roten Dubonnet mit viel Eis im Mixbecher schütteln und in ein Cocktailglas seihen.
Midsummer Night: Gleiche Teile Gin und Punt e Mes mit 1/2 Teil Cassis und Eis im Mixbecher schütteln. In ein Cocktailglas seihen.

SOFT DRINKS ZUM MIXEN

VIELE DER GETRÄNKE, um die es in diesem Buch ging, werden zwar im allgemeinen pur getrunken, aber die große Mehrzahl würde überhaupt nicht konsumiert, wenn es keine Soft Drinks zum Mixen gäbe. Einige davon sind so bekannt, daß sie keiner Erläuterung bedürfen; andere werden vielleicht seltener verwendet, sind aber dennoch ein wichtiger Bestandteil im Mixgetränke- und Cocktail-Repertoire.

FRUCHTSÄFTE

Für Mixgetränke mit nur einer Spirituose ist von allen Fruchtsäften vermutlich der Orangensaft am wichtigsten, insbesondere bei hellen Schnäpsen, die seine Farbe nicht beeinträchtigen. Für den Barmixer ist frisch gepreßter Zitronensaft zweifellos die vielseitigste Zutat, denn er hat die verblüffende Eigenschaft, den Geschmack anderer Früchte beinahe wie ein Gewürz hervorzuheben (probieren Sie doch zum Vergleich einmal ein frisches Früchtepüree mit und ohne Zitronensaft); deshalb ergänzt er Liköre mit Fruchtaroma sehr gut. Außerdem mildert seine Säure die sirupartige Süße vieler klassischer Liköre. Limonensaft ist noch saurer und wird für Drinks verwendet, die besonders scharf schmecken sollten. Ananas gibt einigen Mixgetränken auf Rumbasis eine süßlich-exotische Note.

ORANGENSAFT

FRISCH GEPRESSTER ZITRONENSAFT

GETRÄNKE MIT KOHLENSÄURE

Wenn man den verdünnenden Effekt von Wasser erzielen und dem Mix ein erfrischendes Prickeln verleihen möchte, ist Sodawasser die erforderliche Zutat. Früher fehlte eine Siphonflasche in keiner Bar. Diese waren mit Kohlensäurepatronen ausgestattet und spendeten einen Strahl sprudelnden Wassers aus einer druckfesten Düse. Heutzutage gibt es im Grunde keinen Unterschied zwischen Sodawasser und kohlensäureversetztem Mineralwasser.

TONICWATER

Tonicwater und Gin passen zusammen wie Fred Astaire und Ginger Rogers. Tonic, ein gesüßtes, kohlensäurehaltiges Wasser mit bitterem Chiningeschmack, erhielt seinen medizinischen Namen, da es in tropischem Klima seine Wirkung gegen Malaria unter Beweis stellen sollte. Es paßt nicht nur zu Gin, sondern auch zu Wodka und sogar

SIPHON-FLASCHE

WASSER

Das einfachste Getränk zum Mixen verdünnt die Spirituose nur, ohne ihren Grundgeschmack zu verändern. Für Whiskytrinker ist Wasser unentbehrlich, denn sie behaupten, daß es die geschmacklichen Charakteristika ihrer Lieblingsspirituose eher hervorhebt als dämpft: Wasser mildert die olfaktorische Wirkung des Alkohols, läßt aber komplexe Getreide-, Torf- und Holznoten zur Geltung kommen. Auch Pastis-Trinker verwenden pures Wasser, denn die Trübheit, die ihren Getränken diesen Sammelbegriff verliehen hat, kann nur durch Mixen erzielt werden. In jedem Fall sind gutes Quell- oder Mineralwasser stark gechlortem Leitungswasser vorzuziehen, vor allem bei Highland- und Lowland Malts.

Calvados – immer wenn ein trockener Drink durch ein bitteres Element noch reizvoller gemacht werden kann.

Bei Limonade sollte man nicht lediglich an ein Kindergetränk denken, da man sie gut dazu verwenden kann, sprudelnde und zugleich zitrussaure Longdrinks zu kreieren. Die für den Bargebrauch am besten geeigneten Limonaden sind vielleicht nicht so süß, wie Kinder sie mögen, und einige sind auch still; als Ersatz kann man ebensogut Zitronensaft und eine Prise Zucker verwenden.

ZITRONEN-LIMONADE

Jede Form von Cola geht auf die im späten 19. Jahrhundert in den Vereinigten Staaten von einem gewissen John Pemberton erfundene Coca-Cola zurück. Ursprünglich sollte dies ein anregendes und belebendes Getränk sein, für das man neben geriebenen Nüssen des Kolabaums auch ausgepreßte Kokablätter verwendete; da diese auch die seit Jahrzehnten verpönte Droge Kokain enthalten, strich Coca-Cola sie aus dem Rezept. Rum und nicht aromatisierter Wodka sind anscheinend die Spirituosen, mit denen sich Cola am besten mixen läßt; von den Likören sind die mit Kaffeearoma wie Kahlúa und Tia Maria seine besten Gefährten.

COCA-COLA

Auch Ginger-ale bzw. Ingwerbier lassen sich gut verwenden, z. B. mit Scotch; am besten aber vermutlich mit Wodka im *Moscow Mule* (der Wodka-Hersteller Smirnoff stellt inzwischen eine fertiggemixte Variante dieses Getränks her).

SIRUP

Ohne die Vielfalt alkoholfreier, aromatischer Sirupe, mit denen man einen Drink noch komplexer und interessanter machen kann, wäre Cocktailmixen nicht das, was es ist. Der bekannteste ist Grenadine, mit dem man ansonsten farblosen Gemischen einen kräftigen Rotton und dem klassischen Tequila Sunrise die rotorangegelbe Farbfolge geben kann. Grenadine wird in erster Linie aus dem Saft des Granatapfels hergestellt. Er ist dickflüssig, rubinrot und sehr süß; einige Marken werden mit einem geringen Alkoholanteil hergestellt (nicht mehr als 3 Vol.-%).

Ein anderer, nur selten anzutreffender Sirup, der früher häufig in Cocktails verwendet wurde, ist Mandelsirup. Er verleiht einem Drink auch bei sehr sparsamer Anwendung einen besonderen Marzipangeschmack.

Heute sind noch andere Sirupe erhältlich – aromatisiert mit einem ganzen Reigen exotischer Zutaten: Ananas-, Aprikosen-, Erdbeer-, Bananen- und sogar Kiwisirup wird hergestellt und kann dem Mixgetränk einen leckeren Schuß Fruchtaroma geben – ohne den zusätzlichen Alkoholgehalt entsprechender Liköre.

Neben den aromatisierten Sirupen ist auch ein neutraler Zuckersirup namens Gomme im Handel, doch da er nur aus Wasser und Zucker besteht, kann man ihn genausogut selbst herstellen.

GRENADINE
Dieser rote Sirup schmeckt in der Hauptsache nach Granatapfel.

GOMME
Ein einfacher Sirup, nur aus Zucker und Wasser

MANDELSIRUP
Dieser Sirup wird in Mitteleuropa kaum mehr konsumiert.

GINGER-ALE

Dieses traditionelle englische Getränk eignet sich gut zum Mixen mit einfachem Scotch bzw. mit Wodka für einen *Moscow Mule*.

Rezepte

Das Kochen mit Alkohol hat in vielen Ländern Tradition. Bei den neuen und althergebrachten Rezepten in diesem Teil des Buches finden Sie für jede Jahreszeit etwas und entdecken die reichen kulinarischen Traditionen Europas, Asiens und Amerikas. Ein oder zwei Schuß flüssiger »Göttertrunk« verfeinern und intensivieren die Aromen. Für die traditionellen Gerichte werden häufig Alkoholika verwendet, die typisch für die jeweilige Region sind, aus der die Rezepte stammen. Bei vielen anderen Rezepten werden die Zutaten auf ganz ungewöhnliche Weise mit Alkohol kombiniert. Im Laufe der Zeit sind viele klassische Gerichte mit etwas Alkohol variiert worden. Entdecken Sie die große Vielfalt der hier verwendeten raffinierten Zutaten und kombinieren Sie sie mit Alkohol zu aufregenden Gerichten, zum Beispiel sautierte Jakobsmuscheln mit Grüner Chartreuse oder gerösteter Fenchel mit Pernod in einem Walnußsalat. Die für diese Rezepte verwendeten alkoholischen Getränke reichen von Aperitifs und Wermut bis hin zu Schnäpsen und Likören, aber auch für bestimmte Regionen typische Alkoholika wie Pernod, Calvados und Noilly Prat finden Verwendung.
Ob Sie schnell und leicht zuzubereitende Rezepte suchen oder effektvolle, ungewöhnlichere Gerichte ausprobieren möchten – die hier vorgestellte und manchmal überraschende Verwendung von Spirituosen und Likören wird Ihnen sicher Freude bereiten.

Suppen und Vorspeisen

Ein erfolgreicher erster Gang ist gewissermaßen die Einstimmung auf das nachfolgende Gericht – er regt den Appetit an und weckt die Vorfreude. In diesem Kapitel finden Sie viele ganz unterschiedliche Rezepte: frisches, knackiges Tempura-Gemüse mit einem pikanten Sherry-Dip; erfrischende, saftige Melonen und Gurken mit den Aromen von Portwein und Ingwer oder überraschende Kombinationen wie Lachs-Ceviche mit Gin und Roquefort-Törtchen mit Weinbrand.

KÜRBISSUPPE mit ANIS

Das lakritzähnliche Aroma des Anis verleiht dieser Wintersuppe eine besondere Note.

FÜR 4 PERSONEN
675 g Kürbis
2 EL Olivenöl
2 große Zwiebeln, in Ringen
1 Knoblauchzehe, zerdrückt
2 frische rote Chillies, entkernt und gehackt
1 TL Currypaste
750 ml Gemüse- oder Hühnerbrühe
1 EL Anis
150 g Sahne
Salz und gemahlener schwarzer Pfeffer

TIP

Verwenden Sie ausgehöhlte kleine Kürbisse als originelle Suppenschalen.

1 Den Kürbis schälen, die Samen entfernen und das Fruchtfleisch grob hacken.

2 Das Öl erhitzen und die Zwiebeln goldfarben dünsten. Knoblauch, Chillies und Currypaste unterrühren. 1 Minute dünsten, dann den Kürbis zufügen und weitere 5 Minuten dünsten.

3 Die Brühe zugießen und mit Salz und Pfeffer würzen. Zum Kochen bringen, die Hitze reduzieren und etwa 25 Minuten köcheln lassen.

4 In einer Küchenmaschine pürieren und in die saubere Pfanne zurückgeben. Den Anis zugeben und alles erneut erhitzen. Abschmecken, dann die Suppe in erwärmten Schalen servieren und einen Löffel Sahne auf jede Portion geben. Warmes Brot ist eine ideale Beilage.

FRANZÖSISCHE ZWIEBELSUPPE mit COGNAC

Cognac verleiht dieser klassischen französischen Suppe das gewisse Etwas.

FÜR 4 PERSONEN

2 EL Olivenöl
2 EL Butter
3 Zwiebeln (etwa 450 g), in Ringe geschnitten
1 TL hellbrauner Zucker
2 Knoblauchzehen, zerdrückt
1,2 Liter Gemüse- oder Hühnerbrühe
4 EL Cognac
4 Scheiben Baguette
1 EL Dijon-Senf
115 g Gruyèrekäse, gerieben
Salz und gemahlener schwarzer Pfeffer

TIP

Die Zwiebeln nicht zu schnell bräunen. Ihr süßliches Aroma entfaltet sich durch langsames, vorsichtiges Dünsten.

1 Öl und Butter in einer gußeisernen Kasserolle erhitzen und die Zwiebeln behutsam in 30 Minuten sehr weich dünsten. Braunen Zucker und Knoblauch darüber streuen und dünsten, bis die Zwiebeln goldbraun sind.

2 Brühe und Cognac zugießen, dann mit Salz und Pfeffer abschmecken. Zum Kochen bringen, die Hitze reduzieren und alles 30 Minuten köcheln lassen.

3 Kurz vor dem Servieren das Brot unter einem heißen Grill auf nur einer Seite rösten. Die Scheiben wenden, mit Senf bestreichen und mit dem geriebenen Käse bedecken. Den Käse im Grill schmelzen lassen, bis er goldfarben ist.

4 Die Suppe in Schalen löffeln und das geröstete Brot darauf schwimmen lassen. Sofort servieren.

GEKÜHLTE TOMATEN- und WODKASUPPE

Diese frische, aromatische Suppe belebt wie eine geeiste Bloody Mary.

FÜR 4 PERSONEN

450 g reife Tomaten, grobgehackt
600 ml Rinderbrühe
1 kleine rote Zwiebel, grobgehackt
2 Selleriestangen, in große Stücke geschnitten
1 Knoblauchzehe
1 EL Tomatenpüree
2 TL Zitronensaft
2 TL Worcestersauce
1 Handvoll kleine Basilikumblätter
2 EL Wodka
Salz und gemahlener schwarzer Pfeffer
zerstoßenes Eis, 4 kleine Selleriestangen und mit getrockneten Tomaten gewürztes Brot zum Servieren

1 Tomaten, Brühe, Zwiebel, Sellerie, Knoblauch und Tomatenpüree in einer Küchenmaschine zu einem glatten Püree verarbeiten.

2 Die Mischung durch ein Sieb in eine Schüssel streichen und Zitronensaft, Worcestersauce, Basilikumblätter und Wodka einrühren.

3 Mit Salz und Pfeffer abschmecken. Zugedeckt abkühlen lassen. Die Suppe mit zerstoßenem Eis servieren und eine Selleriestange in jede Schüssel legen. Mit Tomaten gewürztes Brot dazu reichen.

TIP

Stellen Sie Selleriestangen und einen Krug mit Eiswasser auf den Tisch. Die Selleriestangen können in die Suppe gedippt werden.

GEKÜHLTE GEMÜSESUPPE mit PASTIS

Fenchel, Sternanis und Pastis verleihen dieser feinen Suppe ein köstliches Anisaroma.

FÜR 6 PERSONEN

175 g Lauch, in feine Scheiben geschnitten
225 g Fenchel, in feine Scheiben geschnitten
1 Kartoffel, gewürfelt
3 Sternanise, in ein Musselintuch gewickelt
300 g Sahne
2 TL Pastis
6 EL Crème double
Salz und gemahlener schwarzer Pfeffer
Schnittlauch, feingeschnitten

1 900 ml kochendes Wasser in einen Kochtopf gießen, Lauch- und Fenchelscheiben, gewürfelte Kartoffel und Sternanise zugeben und mit Salz und Pfeffer würzen. Zum Kochen bringen und 25 Minuten köcheln lassen.

2 Die Sternanise entfernen. Das Gemüse dann in einer Küchenmaschine zu einer glatten Masse verarbeiten und in einen sauberen Topf geben.

3 Die Sahne einrühren, zum Kochen bringen, abschmecken und nach Bedarf würzen.

4 Durch ein Sieb in eine Schale gießen, zudecken und abkühlen lassen. Zum Servieren den Pastis einrühren, in zwei Schalen gießen, einen Klecks Crème double daraufsetzen und mit dem Schnittlauch garnieren.

TIP

Damit die Suppe schnell abkühlt, einen Löffel zerstoßenes Eis einrühren.

CHARENTAIS-MELONEN mit PORTWEIN

Sehr erfrischend! Durch die Kombination mit Melone, Ingwer und Gurke bildet der Portwein einen Sirup.

FÜR 4 PERSONEN

1 mittelgroße Charentais-Melone
4 EL Portwein
1 EL kandierter Ingwer, gehackt
½ Gurke, geschält, der Länge nach halbiert und entkernt
Minzeblätter zum Garnieren

TIP

Der Geruch verrät, ob die Melone reif ist – reife Melonen duften kräftig aromatisch. Das Blütenende gibt bei Druck leicht nach.

1 Die Melone halbieren und die Kerne entfernen. Das Fruchtfleisch mit einem kleinen Löffel in eine Schüssel geben, dann Portwein und Ingwer einrühren.

2 Die Gurke mit einem Gemüseschäler in lange dünne Streifen schneiden und in die Melonenmischung rühren. Gut gekühlt mit Minze servieren.

HÜHNERLEBERPASTETE mit WEINBRAND

Das kräftige Aroma der Hühnerleber wird mit etwas Weinbrand noch verfeinert.

FÜR 4–6 PERSONEN

350 g Hühnerleber
115 g Butter
1 Scheibe durchwachsener Speck ohne Schwarte, gehackt
1 Schalotte, gehackt
2 Knoblauchzehen, zerdrückt
2 EL Weinbrand
2 EL frische Petersilie, gehackt
Salz und gemahlener schwarzer Pfeffer
frische Lorbeerblätter, Pfefferkörner und Olivenbrot zum Servieren

1 Die Hühnerleber waschen und grob hacken. Die Hälfte der Butter in einer großen Bratpfanne zerlassen. Den gehackten Speck, die Schalotte und den Knoblauch 5 Minuten darin braten. Die Hühnerleber zugeben und vorsichtig weitere 5 Minuten braten.

TIP

Gut verschlossen hält sich die Pastete 3–4 Tage im Kühlschrank.

2 Weinbrand und Petersilie unterrühren. Mit Salz und Pfeffer abschmecken. Zum Kochen bringen und etwa 2 Minuten kochen lassen, dann vom Herd nehmen und in einer Küchenmaschine zu einem glatten Püree verarbeiten.

3 Die Masse in kleine Schälchen geben. Die restliche Butter zerlassen und zum Versiegeln vorsichtig über die Oberfläche der Pasteten gießen. Mit Lorbeerblättern und Pfefferkörnern garnieren.

4 Kalt stellen, bis die Pastete fest ist. Mit Olivenbrot servieren.

TEMPURA-GEMÜSE mit SHERRY-DIP

Dieses traditionelle japanische Gemüse, das in Teig fritiert wird, schmeckt am besten mit kräftigem grünem Meerrettich, geriebenem Daikon und einer Dip-Sauce.

FÜR 4 PERSONEN
1 rote Paprika, entkernt und in Rautenform geschnitten
2 Zucchini, in Scheiben geschnitten
2 Möhren, in Streifen geschnitten
1 kleiner Daikon-Rettich, in Scheiben geschnitten
8 kleine Champignons, halbiert
1 Handvoll Sellerieblätter
FÜR DEN TEIG
1 Ei, leicht verquirlt
115 g Mehl
Öl zum Fritieren
geriebener Daikon, mit Möhrenscheiben, Sellerieblättern und Wasabi garniert, zum Servieren
FÜR DIE DIP-SAUCE
150 ml Dashi
5 EL Sojasauce
4 EL trockener Sherry
2 EL Zucker

1 Das Gemüse auf Küchenpapier oder einem sauberen Geschirrtuch ausbreiten. Es muß vollständig trocken sein.

2 Für den Teig 300 ml kaltes Wasser in eine Schüssel gießen. Das Ei zugeben und das Mehl darüber streuen. Etwas rühren – der Teig sollte aber noch klumpig sein.

3 Das Öl erhitzen, bis eine kleine Menge Teig in der Pfanne absinkt und dann gleich wieder an die Oberfläche steigt. Die Gemüsestücke in den Teig dippen und jeweils einige Stücke goldfarben fritieren. Abtropfen lassen und warm halten, während das restliche Gemüse zubereitet wird.

4 Die Zutaten für die Dip-Sauce verrühren, bis sich der Zucker aufgelöst hat. In kleine Schälchen gießen. Das Tempura-Gemüse mit dem Dip und Wasabi servieren. Ein Schälchen mit geriebenem Daikon, garniert mit Sellerieblättern und Möhren, dazu reichen.

TIP

Daikon-Rettich ist eine Art des Bierrettichs. Seine Form ähnelt einer großen Pastinake.

ZIEGENKÄSE und GIN-CROSTINI mit FRUCHTSALSA

Eine Ginmarinade betont das Aroma des Ziegenkäses und kontrastiert hervorragend mit der Fruchtsalsa.

FÜR 4 PERSONEN

8 Scheiben Ziegenkäse (Chèvre)
1 EL Gin
2 EL Walnußöl
2 EL Olivenöl
4 Scheiben Baguette oder Ciabatta
1 Knoblauchzehe, halbiert
2 Frühlingszwiebeln, in Ringe geschnitten
6 Walnußhälften ohne Schale, grob zerbrochen
1 EL frische Petersilie, gehackt
Salz und gemahlener schwarzer Pfeffer
Tomaten und gemischte Salatblätter zum Servieren

FÜR DIE SALSA

5 Tomaten, geschält, entkernt und gehackt
2 Orangen, in Stücke geschnitten
1 EL frisches Basilikum, gehackt
2 EL Olivenöl
1 Prise hellbrauner Zucker
1 Basilikumzweig zum Garnieren

1 Die Ziegenkäsescheiben in eine flache Schüssel legen und mit Gin, Walnuß- und Olivenöl begießen. An einem kühlen Ort 1 Stunde marinieren lassen.

2 In einer Schüssel die Zutaten für die Salsa vermischen. Abschmecken und mit dem Basilikumzweig garnieren.

TIP

Chèvre ist ein französischer Ziegenkäse. Seine Form ist oft zylindrisch – ideal für dieses Gericht.

3 Die Brotscheiben auf einer Seite rösten, dann wenden und die andere Seite mit den Knoblauchstücken einreiben. Mit der Marinade bepinseln, mit den Frühlingszwiebelringen bestreuen und mit Käsescheiben belegen.

4 Die restliche Marinade darüber gießen, mit Pfeffer bestreuen und die Crostini unter einem heißen Grill backen, bis der Käse gebräunt ist. Mit Walnüssen und Petersilie bestreuen, anschließend mit Tomaten, Salatblättern und Salsa servieren.

Jakobsmuscheln mit Pastis auf Gemüserösti

Das Anisaroma des Pastis paßt ausgezeichnet zu den Meeresfrüchten.

Für 4 Personen

2 Möhren
1 große Zucchini
1 Pastinake
1 kleine Kartoffel
1 Ei, leicht verquirlt
Öl zum Braten
2 Schalotten, gehackt
1 grüne Paprika, entkernt und gehackt
8 große Jakobsmuscheln, halbiert
3 Dillzweige, gehackt
1 EL Pastis
150 ml Hühner- oder Fischbrühe
½ TL Zitronensaft
Salz und gemahlener schwarzer Pfeffer
Dillzweige zum Garnieren

Variation
Austern können auf die gleiche Art zubereitet werden.

1 Möhren, Zucchini, Pastinake und Kartoffel grob in eine Schüssel reiben. Die Mischung mit dem Ei verrühren.

2 Etwas Öl in einer großen Bratpfanne erhitzen und 3–4 gehäufte Löffel der Gemüsemischung in die Pfanne geben. Leicht flachdrücken, dann in 8–10 Minuten goldbraun braten, dabei einmal wenden. Die Rösti aus der Pfanne nehmen und während der Zubereitung der verbleibenden Rösti warm halten.

3 In einer zweiten Bratpfanne etwas Öl erhitzen und Schalotten und Paprika etwa 6–8 Minuten sautieren.

4 Jakobsmuscheln, gehackten Dill, Pastis, Brühe und Zitronensaft 2 Minuten pochieren. Nach Geschmack würzen. Die Mischung auf die Rösti geben, mit Dill garnieren und sofort servieren.

Lachs-Ceviche mit Gin und Limonen

Durch die Gin-Limonen-Marinade wird der Fisch quasi »gegart« und erhält ein wunderbares Aroma.

Für 4 Personen

675 g Lachsfilet ohne Haut
1 kleine rote Zwiebel, in dünne Ringe geschnitten
6 Schnittlauch-Halme
6 Zweige Fenchelgrün
3 Zweige Petersilie
2 Limonen
2 EL Gin
3 EL Olivenöl
Meersalz und gemahlener schwarzer Pfeffer zum Servieren

Variation
Marinierte Streifen von Seebarsch, Brasse, Heilbutt oder Kabeljau sind gute Alternativen.

1 Die Lachsfilets in dünne Scheiben schneiden und große Gräten mit einer Pinzette entfernen. Die Scheiben in eine große flache Glas- oder Keramikschale legen. Mit Zwiebelringen, Schnittlauch, Fenchel und Petersilie bestreuen.

2 Einige dünne Streifen von der Limonenschale abziehen und zum Garnieren aufheben. Die restliche Schale abschneiden – die weiße Haut dabei vermeiden – und grob zerkleinern. Den Zitronensaft in einen Krug pressen und Limonenstücke, Gin und Olivenöl zugeben. Mit Meersalz und schwarzem Pfeffer abschmecken. Über den Fisch gießen und vorsichtig untermischen.

3 Die Platte zugedeckt 4 Stunden kalt stellen. Die aufbewahrten Limonenstreifen kurz vor dem Servieren überstreuen. Mit Salatblättern garniert servieren.

ENTENTERRINE mit CALVADOS

Dieses klassische Gericht aus der Normandie wird mit Apfelbranntwein aus der Region zubereitet.

FÜR 4 PERSONEN

500 g Entenfleisch ohne Knochen, grobgehackt
225 g Schweinebauch, gehackt
2 Schalotten, gehackt
geriebene Schale und Saft von 1 Orange
2 EL Calvados
10 Scheiben durchwachsener Speck ohne Schwarte
2 Eier, verquirlt
2 EL frische Petersilie, gehackt
Salz und gemahlener schwarzer Pfeffer

1 Eine Kastenform (1 Liter) einfetten und auslegen. Das Entenfleisch mit Schweinebauch, Schalotten, Orangenschale und -saft, Calvados und Gewürzen in einer Schüssel gut vermischen, zudecken und 1–2 Stunden kalt stellen.

2 Die Speckscheiben mit der stumpfen Seite eines großen Messers dehnen, die Form damit auslegen und die Ränder überhängen lassen.

3 Die Eier mit der Petersilie in die Fleischmischung rühren, diese dann in die vorbereitete Form geben. Die Oberfläche glattstreichen, den Speck darüberfalten und mit Alufolie bedecken. Den Ofen auf 180 °C (Gas: Stufe 4) vorheizen.

TIP

Durch das mehrstündige Marinieren der Ente entfalten sich die Aromen.

4 Die Terrine in einen Bräter stellen und diesen zu etwa zwei Dritteln mit kochendem Wasser füllen.

5 Etwa $1^1/_4$ Stunden backen, dann die Terrine aus dem Wasserbad nehmen, die Folie entfernen und abkühlen lassen. Mit sauberer Alufolie zudecken, mit einem Gewicht beschweren und 3–4 Stunden kalt stellen, bis die Terrine fest ist. In Scheiben schneiden und mit gemischtem Salat und warmem Toast servieren.

BOURBON-PFANNKUCHEN mit SPARGEL und SCHINKEN

Verfeinern Sie den Teig mit Bourbon und geben Sie das Dressing auf den Spargel mit Schinken.

FÜR 4 PERSONEN
50 g Mehl
½ TL Backpulver
½ TL Senfpulver
1 Ei, verquirlt
4 EL Milch
1 EL Bourbon
8 gekochte Spargelspitzen
8 Scheiben Parmaschinken
FÜR DAS DRESSING
3 EL Olivenöl
1 EL Bourbon
Salz und gemahlener schwarzer Pfeffer

1 Mehl Back- und Senfpulver in eine Schüssel sieben. Eine Mulde in die Mitte drücken. Ei, Milch und Bourbon zugeben; zu einem glatten Teig verrühren.

2 Eine schwere Bratpfanne erhitzen und gründlich einfetten. Den Teig für vier Pfannkuchen mit einem Löffel in die Pfanne geben. 2–3 Minuten braten, bis Blasen an die Oberfläche steigen und aufplatzen.

3 Die Pfannkuchen mit einem Palettenmesser wenden und weitere 2–3 Minuten braten, bis sie goldbraun sind. Aus der Pfanne nehmen, warm halten und vier weitere Pfannkuchen zubereiten.

TIP
Für wohlgeformte Pfannkuchen den Teig in Metallringe gießen.

4 Die Zutaten für das Dressing in einer Schüssel vermischen. Abschmecken und gegebenenfalls nachwürzen.

5 Zwei Pfannkuchen auf jeden Teller geben. Eine Spargelspitze auf jeden Pfannkuchen legen, dekorativ mit einer Scheibe Parmaschinken umwickeln und etwas Dressing darüber geben.

WACHTELEIER und WERMUTTORTELETTS

Auf diese Weise gekochte Eier sehen hübsch aus – sie ähneln chinesischen »Hundert-Jahr-Eiern«.

FÜR 4 PERSONEN
10 Wachteleier
2 EL Sojasauce
2 EL Senfkörner
1 EL grüne Teeblätter
6 Blätter Phyllo-Teig
50 g Butter, zerlassen
1 kleine Avocado
3 EL trockener weißer Wermut
2 EL Mayonnaise
2 TL frischer Limonensaft
Salz und gemahlener schwarzer Pfeffer
Paprika zum Bestäuben
Feldsalat zum Servieren

1 Die Wachteleier in einem Kochtopf mit kaltem Wasser begießen. Sojasauce, Senfkörner und Teeblätter zugeben. Zum Kochen bringen, dann die Hitze reduzieren und 3 Minuten köcheln lassen.

2 Den Topf vom Herd nehmen und die Eier herausnehmen. Vorsichtig auf eine feste Oberfläche klopfen, so daß die Schale rundherum aufplatzt. Die Eier zurück in die Flüssigkeit legen und an einem kalten Ort 8 Stunden oder über Nacht stehen lassen.

TIP

Die gepellten Eier in sterilisierte Gläser geben und mit einem trockenen Sherry oder Wermut bedecken. Gut verschlossen und kühl gelagert sind sie etwa 6 Wochen haltbar.

3 Den Ofen auf 190 °C (Gas: Stufe 5) vorheizen. Vier Tortelettförmchen (10 cm) einfetten. Jede Scheibe Phyllo-Teig mit zerlassener Butter bepinseln und übereinanderlegen. Mit einer Ausstechform (15 cm) vier Kreise ausstechen.

4 Die Tortelettförmchen mit dem Teig auslegen und die Ränder kräuseln. Zum Beschweren ein zerknülltes Stück Alufolie in jede Teigform geben und diese in 12–15 Minuten goldbraun backen. Die Folie entfernen, abkühlen lassen.

5 Die Avocado halbieren, den Kern entfernen und das Fruchtfleisch in eine Küchenmaschine löffeln. Wermut, Mayonnaise und Limonensaft zufügen. Mit Salz und Pfeffer würzen. Verarbeiten, bis die Mischung geschmeidig ist.

6 Die Wachteleier pellen und halbieren. Die Avocadomischung in die Teigschalen löffeln oder spritzen und die Eierhälften darauf anrichten. Die Eier mit etwas Paprika bestäuben und sofort mit dem Feldsalat servieren.

Roquefort-Törtchen mit Weinbrand

Roquefortkäse und Weinbrand machen den Belag dieser lockeren Blätterteigtörtchen unwiderstehlich.

Ergibt 6 Stück

150 g Roquefortkäse
2 EL Weinbrand
2 EL Olivenöl
2 rote Zwiebeln (etwa 225 g), in dünne Ringe geschnitten
225 g Blätterteig (aufgetaut, falls tiefgefroren)
verquirltes Ei oder Milch
6 Walnußhälften, gehackt
2 EL frischer Schnittlauch, gehackt
Salz und gemahlener schwarzer Pfeffer
Salatblätter, Gurkenwürfel und Tomatenspalten zum Servieren

1 Den zerkrümelten Käse in einer Schüssel mit Weinbrand übergießen und 1 Stunde durchziehen lassen. Derweil das Öl in einer Pfanne erhitzen und die Zwiebeln 20 Minuten dünsten, gelegentlich rühren. Die Pfanne beiseite stellen.

2 Den Ofen auf 220 °C (Gas: Stufe 7) vorheizen. Ein Backblech einfetten. Den Teig auf einer bemehlten Oberfläche ausrollen und mit einer 10-cm-Form 6 Kreise ausstechen. Diese auf das Blech legen und mit einer Gabel einstechen.

3 Die Teigränder mit etwas verquirltem Ei oder Milch einpinseln. Die Walnüsse und den Schnittlauch zur Zwiebelmischung geben, mit Salz und Pfeffer abschmecken. Die Mischung auf die Teigkreise verteilen, die Ränder dabei frei lassen.

4 Die Käse-Weinbrandmischung darauf geben und in 12–15 Minuten goldbraun backen. Mit Schnittlauchknoten garnieren (s. Tip) und warm auf Salatblättern, Gurkenwürfeln und Tomatenspalten servieren.

Tip

Mit Schnittlauchknoten garnieren: 3 Schnittlauch-Halme in der Mitte verknoten. Evtl. kurz blanchieren, falls die Halme nicht biegsam genug sind.

Fisch und Meeresfrüchte

Für diese schnell zubereiteten und stilvollen Gerichte eignen sich flache oder rundliche Fische und Schalentiere. Grüner Kräuterlikör verleiht einem cremigen Gericht mit Jakobsmuscheln den Geschmack von Weinbrand und Kräutern, wohingegen Muscheln mit trockenem Sherry und pikanter Kokossauce ein Thai-Aroma erhalten. Ein Stew mit Karpfen, Forelle und Aal läßt sich wunderbar mit einem Schuß Marc de Bourgogne verfeinern.

NEWBURG-HUMMER mit MADEIRA

Für dieses traditionelle Gericht werden die Hummer in einer gehaltvollen Sahnesauce mit Madeira sautiert.

FÜR 4 PERSONEN

2 gekochte Hummer, je etwa 675 g
2 EL Butter
150 ml Madeira
3 EL Fischbrühe
250 g Crème double
3 Eigelb
¼ TL geriebene Muskatnuß
Salz und gemahlener schwarzer Pfeffer
gehackte frische Petersilie, Petersilienzweige und Zitronenspalten zum Garnieren

1 Den Ofen auf 200 °C (Gas: Stufe 6) vorheizen. Hummerscheren und -beine aufknacken, das Fleisch herausnehmen und in kleine Stücke schneiden.

2 Mit einem scharfen Messer den Panzer jedes Hummers vom Kopf bis zum Schwanz durchschneiden und aufbrechen. Den fadenförmigen Darmkanal sowie den graugrünen Beutel entfernen.

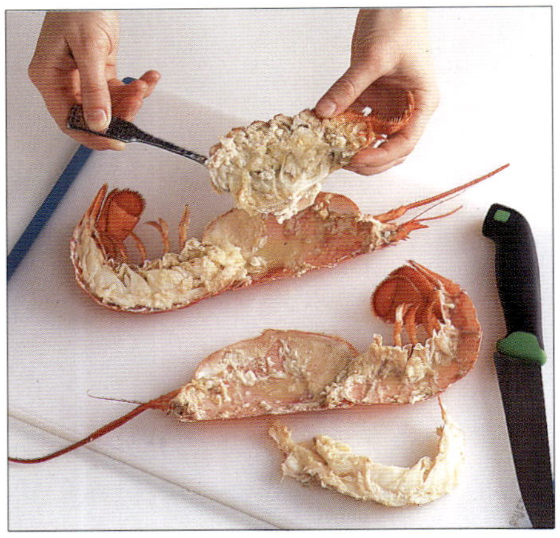

3 Das Fleisch vorsichtig aus den Schalen lösen und in dicke Scheiben schneiden. Die Schalen waschen, trocknen und zum Servieren aufbewahren.

4 Die Butter in einer großen Pfanne zerlassen und das Hummerfleisch 3 Minuten bei mittlerer Hitze dünsten, dabei vorsichtig umrühren.

5 Madeira und Fischbrühe zugießen und fast verkochen lassen. Die Hitze reduzieren und weiterköcheln lassen. Crème double, Eigelbe und Muskatnuß in einer Schüssel mischen. Mit Salz und Pfeffer abschmecken.

6 Die Sahnemischung nach und nach in die Pfanne rühren. 3–4 Minuten bei schwacher Hitze köcheln lassen, dabei ständig rühren, bis die Sauce eindickt. Abschmecken. Die Mischung darf nicht kochen, da sie sonst gerinnt.

7 Den Hummer und die Sauce in die Schalenhälften geben, mit gehackter Petersilie, Petersilienzweigen und Zitronenspalten garnieren und servieren.

VARIATION

Diese köstliche Sauce paßt auch zu gekochten Krabben, Riesengarnelen oder Scampi.

Riesengarnelen mit Noilly Prat

Dieser französische Wermut harmoniert hervorragend mit den mediteranen Aromen.

Für 4 Personen

20 rohe Riesengarnelen, Köpfe entfernt
½ Gurke
2 EL Butter
1 EL Olivenöl
1 kleine Schalotte, feingehackt
25 g getrocknete Tomaten in Öl, abgetropft und gehackt
4 EL Gemüsebrühe
2 EL Noilly Prat
150 g Crème double
1 EL Fenchelgrün, gehackt
3 EL goldfarbener Lachsrogen
Salz und gemahlener weißer Pfeffer
Fenchelgrün zum Garnieren

Tips

Die Tomaten können durch sonnengetrocknete Paprika ersetzt werden. Der Lachsrogen ist zwar köstlich, aber nicht unentbehrlich.

1 Die Garnelen schälen, den Schwanz ganz lassen. Jede Garnele am Rücken einschneiden und den Darm entfernen. Waschen und auf Küchenpapier abtropfen lassen.

2 Die Gurke schälen, der Länge nach halbieren und die Kerne herauskratzen. In dicke Scheiben schneiden.

3 Butter und Öl in einer großen Bratpfanne oder einem Wok zerlassen und die gehackte Schalotte darin weich dünsten.

4 Tomaten, Gemüsebrühe, Noilly Prat und Garnelen zufügen. Bei schwacher Hitze 8–10 Minuten dünsten.

5 Die Gurkenstücke in einem kleinen Topf mit kochendem Salzwasser 3 Minuten kochen, dann abgießen.

6 Crème double und Fenchelgrün unter die Garnelen rühren und kochen lassen, bis die Sauce eindickt. Mit Salz und Pfeffer würzen, dann Gurke und Lachsrogen einrühren. Erneut erhitzen und mit Fenchelgrün garnieren.

PASTETE mit KRABBEN, GARNELEN und PASTIS

Pastis und Schalentiere sind eine perfekte Kombination für diese köstliche Pastete.

FÜR 4–6 PERSONEN

2 Eier, verquirlt
150 ml Milch
2 EL Pastis
200 g Krabbenfleisch
200 g gekochte Garnelen, geschält und ohne Darm
225 g Schichtkäse
115 g Champignons, gehackt
10 Blätter Phyllo-Teig
50 g Butter, zerlassen
Salz und gemahlener schwarzer Pfeffer
50 g gehobelter Parmesankäse zum Garnieren

TIP

Phyllo-Teig erhalten Sie in griechischen Lebensmittelgeschäften. Er muß schnell verarbeitet oder mit einem feuchten Geschirrtuch abgedeckt werden.

1 Den Ofen auf 190 °C (Gas: Stufe 5) vorheizen. Eine Quicheform (18 cm) einfetten. Eier, Milch, Pastis, Garnelen, Champignons, Krabbenfleisch und Schichtkäse in einer Schüssel mischen. Mit Salz und Pfeffer abschmecken.

2 Die Form mit dem Teig auslegen, die Blätter dabei im Wechselwinkel aufeinanderlegen und jeweils mit etwas zerlassener Butter einpinseln. Den Teig über die Ränder der Form hängen lassen.

3 Die Füllung in die Form mit dem Teig löffeln. Den überhängenden Teig umfalten und für einen dekorativen Rand leicht zusammendrücken. Mit zerlassener Butter einpinseln. Die Pastete 35–40 Minuten backen, anschließend mit Parmesankäse bestreuen. Zum Servieren die Pastete in Stücke schneiden.

SARDINEN mit APFELRINGEN und APFELBRANNTWEIN

Gebratene Sardinen und Apfelringe in einer süß-sauren Sauce

FÜR 4 PERSONEN

einige frische Estragonzweige
900 g große Sardinen, Eingeweide und Köpfe entfernt
1 Eiweiß
2 EL kaltes Wasser
50 g Maismehl
Öl zum Fritieren
2 Äpfel, entkernt und in Scheiben geschnitten
2 EL hellbrauner Zucker
1 Prise gemahlene Nelken
1 EL Balsamico-Essig
3 EL Apfelbranntwein
150 ml Gemüsebrühe
Salz und gemahlener schwarzer Pfeffer

TIP

Als Panade für fetthaltigen Fisch eignen sich auch zerkleinerte Taco-Shells, Kräcker oder Hafermehl.

1 In jede Sardine etwas Estragon stecken, aber einige Estragonzweige zum Garnieren aufbewahren.

2 Eiweiß und Wasser in einer kleinen Schüssel leicht verquirlen. Jede Sardine erst in das Eiweiß tunken und dann im Maismehl wenden.

3 Das Öl in einer großen Bratpfanne erhitzen und die Sardinen darin von beiden Seiten knusprig und goldbraun braten. Herausnehmen und warm halten.

4 Die Apfelringe knusprig und goldbraun braten, evtl. noch etwas Öl zugeben. Mit einem Abseihlöffel herausnehmen und warm halten.

5 Zucker, Nelken, BalsamicoEssig, Apfelbranntwein und Brühe in die Pfanne geben. Zum Kochen bringen und zwei Minuten kochen lassen, dann mit Salz und Pfeffer abschmecken. Sardinen und Apfelringe zugeben, die Sauce mit einem Löffel darüber geben und sofort mit Estragonzweigen garniert servieren.

THUNFISCH mit OLIVEN, KORIANDER und NOILLY PRAT

Eigentlich ein Thunfischsalat mit pikanter Wermutsauce

FÜR 4 PERSONEN

3 EL Noilly Prat
3 Anchovisfilets aus der Dose, abgetropft
2 EL Zitronensaft
115 g Butter, in Würfel geschnitten
1 Knoblauchzehe, grobgehackt
175 g entkernte schwarze Oliven
4 Thunfischsteaks, je etwa 115–175 g
Öl zum Braten
35 g Kirschtomaten, halbiert
3 Zucchini, in diagonale Streifen geschnitten
Olivenöl zum Einpinseln
3 EL frischer Koriander, gehackt
angemachte Salatblätter zum Servieren

1 Den Noilly Prat in eine Küchenmaschine gießen. Mit Anchovis, Zitronensaft, Butter, Knoblauch und 90 g Oliven zu einem groben Püree verarbeiten.

2 Die Fischsteaks in Öl 1 Minute auf jeder Seite scharf anbraten. Warm halten.

3 Die Kirschtomaten und Zucchinistreifen mit etwas Olivenöl einpinseln. In einer Grillpfanne ausbreiten und goldbraun grillen, gelegentlich wenden.

4 Derweil das Olivenpüree in eine Pfanne geben. Zwei Minuten kochen lassen, dabei ständig umrühren. Die restlichen Oliven und den Koriander zugeben. Die Fischsteaks mit etwas Sauce übergießen und mit dem Gemüse und den Salatblättern servieren.

TIP

Thunfisch gart sehr schnell, er ist dann außen braun und innen noch schön saftig und gerade durch.

THAI-MUSCHELN mit TROCKENEM SHERRY

Dieses Meeresfrüchtegericht vereint in der feurigen Sherry-Kokossauce westliche und fernöstliche Aromen.

FÜR 4 PERSONEN

1,5 kg frische Muscheln
3 EL trockener Sherry
3 EL thailändische Fischbrühe
400 ml Kokosmilch
150 ml Wasser
2 EL Olivenöl
1 Zwiebel, gehackt
2 Knoblauchzehen, zerdrückt
1 Zitronengrasstengel, in Scheiben geschnitten
2 EL Tomatenpüree
2 TL thailändische Currypaste
1 EL frische Ingwerwurzel, gerieben
1 frische rote Chili, entkernt und in Scheiben geschnitten
1 EL Maismehl
4 EL frischer Koriander, gehackt
Salz und gemahlener schwarzer Pfeffer
Baguette zum Servieren

1 Die Muscheln waschen und putzen. Offene Schalen, die sich beim Daraufklopfen nicht schließen, aussortieren.

2 Die Muscheln in eine große, tiefe Pfanne geben. Sherry, Fischbrühe, Kokosmilch und Wasser zugießen. Gut zugedeckt 5 Minuten kochen, bis sich die Schalen geöffnet haben.

3 Die Muscheln in eine große Schüssel geben, geschlossene Muscheln aussortieren. Die Muscheln warm halten. Die Kochflüssigkeit in einen Krug abgießen und beiseite stellen.

4 Das Öl in einer anderen Pfanne erhitzen. Zwiebeln und Knoblauch unter gelegentlichem Rühren 5 Minuten dünsten.

TIP

Trockenes und »holziges« Zitronengras lieber ganz lassen und weichklopfen. Vor dem Servieren aus der Sauce nehmen.

5 Zitronengras, Tomatenpüree, Currypaste, Ingwer und Chili einrühren. Die Kochflüssigkeit zugießen und mit Pfeffer abschmecken. Zum Kochen bringen, die Hitze reduzieren und alles 5 Minuten köcheln lassen.

6 Maismehl mit etwas Wasser anrühren und in der Pfanne aufkochen lassen. Gelegentlich umrühren. Abschmecken und die Sauce über die gekochten Muscheln gießen. Mit frischem Koriander bestreuen und mit Baguettescheiben servieren.

GEBRATENER TINTENFISCH mit OUZO

Ouzo verleiht diesem deftigen Gericht die Aromen von Anissamen und Kräutern.

FÜR 4 PERSONEN

500 g vorbereiteter Tintenfisch
2 EL Olivenöl
2 EL Sesamsamen
1 EL grüne Pfefferkörner
2 Knoblauchzehen, zerdrückt
6 Frühlingszwiebeln, in Ringen
25 g Anchovis aus dem Glas, abgetropft
1 Zitronengrasstengel, in Scheiben
1 EL frische Petersilie, gehackt
1 EL frisches Basilikum, gehackt
150 ml Fischbrühe
2 TL Zitronensaft
2 TL Ouzo
75 g Zuckererbsen
Salz
Basilikumzweige zum Garnieren
4 gebackene Poppadoms zum Servieren

1 Den Tintenfisch in Streifen schneiden, unter kaltem Wasser waschen und mit Küchenpapier trockentupfen.

2 Das Öl in einer Pfanne erhitzen und die Sesamsamen und grünen Pfefferkörner einige Sekunden rösten.

3 Knoblauch, Frühlingszwiebeln und Tintenfisch zugeben. Die Pfanne schwenken.

4 Anchovis, Zitronengras, gehackte Petersilie und Basilikum einrühren. Brühe, Zitronensaft und Ouzo zugießen und etwa 12 Minuten köcheln lassen. Die Zuckererbsen zugeben und weitere 2 Minuten mitkochen lassen. Mit Salz abschmecken und nach Belieben über gebackene Poppadoms löffeln. Mit Basilikumzweigen garnieren.

TIP

Wenn Ihnen der Geschmack der Anchovis zu streng ist, weichen Sie sie 30 Minuten in kalter Milch ein und lassen Sie sie anschließend abtropfen.

SEETEUFELSPIESSE mit BOURBONMARINADE

Der Fisch wird durch die Bourbonmarinade aromatischer und saftiger – ideal zum Grillen.

FÜR 4 PERSONEN
500 g Seeteufel, in Würfel geschnitten
2 große grüne Paprika, halbiert und entkernt
Olivenöl zum Einpinseln
3 Tomaten, geschält, entkernt und gehackt
2 EL frisches Basilikum, gehackt
Basilikumzweige zum Garnieren
Salz und gemahlener schwarzer Pfeffer

FÜR DIE MARINADE
2 EL Weißweinessig
2 EL Bourbon
1 EL Olivenöl
3 EL frischer Dill, gehackt
1 EL Senfsamen
1 EL klarer Honig

1 Die Zutaten für die Marinade in einer flachen Schale vermischen. Den Fisch zugeben und mit der Marinade bedekken. Zudecken und mindestens 1 Stunde kalt stellen.

2 Den Fisch aus der Marinade nehmen und auf Metallspieße stecken. Die Hälfte der Marinade beiseite stellen und den Rest in einen kleinen Topf gießen.

3 Die Fischspieße und die Paprikahälften auf ein Gitter in eine Grillpfanne oder auf einen Barbecuegrill geben. Die Spieße mit der Marinade und die Paprika mit Olivenöl einpinseln. Grillen, bis der Fisch goldfarben und die Paprika gebräunt ist, gelegentlich begießen.

4 Derweil die Tomaten und das Basilikum zu der Marinade in den Topf geben. Zum Kochen bringen. 2 Minuten kochen lassen und mit Salz und Pfeffer abschmecken. In die Paprikahälften löffeln, mit Basilikumzweigen garnieren und mit den Spießen servieren.

KABELJAU mit MANDELKRUSTE und ANISETTE

Dieses französische Dressing mit Anisette und Limone schmeckt köstlich zu Kabeljau.

FÜR 4 PERSONEN
2 EL Mehl
4 Kabeljaufilets, je etwa 115–175 g
50 g frische Semmelbrösel
50 g geriebener Cheddar
50 g Mandelblättchen, grobgehackt
2 Eier, verquirlt
feine Streifen Limonenschale zum Garnieren
Salz und gemahlenen schwarzen Pfeffer

FÜR DAS DRESSING
4 EL Olivenöl
1 EL Anisette
1 TL frischer Limonensaft

TIP
Käse, Mandeln und Semmelbrösel können auch als Füllung dienen.

1 Den Ofen auf 200 °C (Gas: Stufe 6) vorheizen. Ein Backblech einfetten. Mehl mit Salz und Pfeffer in einen Gefrierbeutel geben. Die Kabeljaufilets einzeln hineinlegen und schütteln.

2 Paniermehl, Käse und Mandeln in einer flachen Schale mischen. Etwas Salz und Pfeffer zufügen. Die Eier in eine ähnliche Schale gießen. Den eingemehlten Fisch erst in den Eiern und dann in der Mandelmischung wenden. Den Vorgang wiederholen.

3 Den Fisch auf das eingefettete Backblech legen und in 20 Minuten goldbraun backen.

4 In der Zwischenzeit das Dressing zubereiten. Öl, Anisette und Limonensaft in ein Glas mit Schraubverschluß geben. Mit Salz und Pfeffer abschmekken, verschließen und schütteln. Den Fisch mit Limonenschale garnieren und das Dressing dazu servieren.

RED SNAPPER mit GIN und INGWERSAUCE

Gin und Ingwer verleihen dem Fisch seine besondere Note – jeder Bissen schmeckt so gut, wie er aussieht.

FÜR 4 PERSONEN
1,5 kg Red Snapper, gesäubert
2 EL Sonnenblumenöl
1 Zwiebel, gehackt
2 Knoblauchzehen, zerdrückt
50 g kleine Champignons, in Scheiben geschnitten
1 TL Koriander, gemahlen
1 EL frische Petersilie, gehackt
2 EL frische Ingwerwurzel, gerieben
2 frische rote Chillies, entkernt und in Scheiben geschnitten
1 EL Maismehl
3 EL Gin
300 ml Hühner- oder Gemüsebrühe
Salz und gemahlener schwarzer Pfeffer
FÜR DIE GARNIERUNG
1 EL Sonnenblumenöl
6 Knoblauchzehen, zerdrückt
1 Salatherz, in feine Streifen geschnitten
1 Bund frischer Koriander, mit Küchenbast zusammengebunden

1 Den Ofen auf 190 °C (Gas: Stufe 5) vorheizen. Eine ofenfeste Schale einfetten. Den Fisch auf jeder Seite mehrmals diagonal einschneiden.

2 Das Öl in einer Bratpfanne erhitzen und Zwiebel, Knoblauch und Champignons 2–3 Minuten dünsten. Koriander und Petersilie einrühren, dann mit Salz und Pfeffer abschmecken.

3 Die Füllung in die Bauchhöhle löffeln, dann den Fisch in die Schale legen. Ausreichend kaltes Wasser zugießen, so daß der Boden der Schale bedeckt ist. Ingwer und Chillies darüber streuen, zudecken und 30–40 Minuten backen, von Zeit zu Zeit begießen. Die letzten 10 Minuten den Deckel entfernen.

4 Den Fisch vorsichtig auf eine Servierplatte legen und warm halten. Die Kochflüssigkeit in einen Topf abgießen.

5 Maismehl und Gin in einem Becher vermischen und in die Kochflüssigkeit rühren. Die Brühe zugießen. Zum Kochen bringen und 3–4 Minuten unter ständigem Rühren köcheln lassen. Abschmecken und in eine Sauciere gießen.

6 Für die Garnierung Öl in einem Topf erhitzen. Den Knoblauch und das Salatherz bei starker Hitze knusprig braten und neben den Fisch löffeln. Den Koriander auf die andere Seite legen und mit der Sauce servieren.

FORELLEN- und SEEZUNGENPÄCKCHEN mit WERMUT

Zwei Fischfiletsorten und eine pfefferige Brunnenkressefüllung werden zu einem »Sandwich« zusammengesetzt und mit einer einfachen Wermut-Sauce serviert.

FÜR 4 PERSONEN
1 Bund Brunnenkresse
1 Zucchini, gerieben
1 TL Tabasco
geriebene Schale und Saft von 1 Zitrone
450 g Forellenfilets, enthäutet
450 g Seezungenfilets, enthäutet
50 g Butter
150 ml Fischbrühe
120 ml trockener weißer Wermut
Salz und gemahlener schwarzer Pfeffer
frische Brunnenkressezweige zum Garnieren

1 Den Ofen auf 200 °C (Gas: Stufe 6) vorheizen. Die Blätter der Brunnenkresse von den dicken Stengeln abziehen und fein hacken. Mit Zucchini, Tabascosauce, Zitronenschale und -saft in eine Schüssel geben, anschließend mit Salz und Pfeffer abschmecken.

2 Die Fischfilets auf beiden Seiten würzen. Die Seezungenfilets der Reihe nach mit der Brunnenkressemischung bedecken und die Forellenfilets darüber legen.

3 Die Fisch-»Sandwichs« zu schmalen Päckchen zusammenbinden. Den Fisch in eine flache ofenfeste Schale legen und Butterstückchen darauf setzen.

TIP

Schneiden Sie die Fischfilets auf die gleiche Größe. Die Überreste fein hacken und der Füllung beigeben.

4 Den Fisch mit Brühe und Wermut begießen, zudecken und 20 Minuten backen, bis der Fisch zart ist. Die Fischpäckchen vorsichtig auf eine Servierplatte heben und warm halten.

5 Die Brühemischung auf dem Herd kochen lassen, bis sie sich um die Hälfte reduziert hat. Die Sauce über den Fisch gießen, mit Brunnenkresse garnieren und servieren.

JAKOBSMUSCHELN mit GRÜNER CHARTREUSE

Grüner Kräuterlikör, einer der ältesten französischen Liköre, verleiht diesem sahnigen Meeresfrüchtegericht die Aromen von Weinbrand und Kräutern.

FÜR 4 PERSONEN

75 g Butter
1 Stange Lauch, nur den weißen Teil, in feine Streifen geschnitten
1 Möhre, in feine Streifen geschnitten
2 EL Grüne Chartreuse
50 g Sahne
20 Jakobsmuscheln
Salz und gemahlener schwarzer Pfeffer

1 25 g Butter in einer Pfanne erhitzen, die Lauch- und Möhrenstreifen zufügen und mit Salz und Pfeffer würzen. Bei schwacher Hitze etwa 12 Minuten dünsten, aber nicht anbräunen.

2 Die Pfanne vom Herd nehmen und die Grüne Chartreuse unterrühren. Nach Belieben flambieren.

3 Die Sahne einrühren und vorsichtig köcheln lassen, bis die Sauce etwas eingedickt ist. Abschmecken und gegebenenfalls nachwürzen.

4 Derweil die restliche Butter erhitzen, bis sie schäumt. Die Jakobsmuscheln sautieren, bis sie gerade gar sind. Zum Servieren die Gemüsemischung auf Tellern verteilen, die Jakobsmuscheln darauf geben und mit Kerbelzweigen garnieren.

VARIATION

Diese köstliche Sahnesauce paßt auch zu Krabben, Hummer oder Lachsfilets.

EINGEWICKELTE SCHELLFISCHSTREIFEN mit WHISKY

Genießen Sie beim Öffnen der Päckchen das berauschende Whisky-Aroma.

FÜR 4 PERSONEN
50 g Butter, zerlassen
500 g Schellfischfilets, enthäutet
3 Frühlingszwiebeln, in dünne Ringe geschnitten
2 Knoblauchzehen, zerdrückt
1 EL abgetropfte Kapern
115 g abgetropfte Palmenherzen, in Scheiben geschnitten
2 große Tomaten, entkernt und in Scheiben geschnitten
2 EL Whisky
1 EL Weißweinessig
1 EL frische Petersilie, gehackt
Salz und gemahlener schwarzer Pfeffer
gegrillte Paprika, Zwiebeln und Zuckererbsen zum Servieren

1 Den Ofen auf 220 °C (Gas: Stufe 7) vorheizen. Aus Backpapier vier 28 cm große Quadrate zuschneiden. Jedes Stück mit zerlassener Butter einpinseln. Den Fisch in dünne Streifen schneiden und einige Streifen in die Mitte eines jeden Papierquadrats legen.

2 Jedes Quadrat mit Frühlingszwiebeln, Knoblauch, Kapern, Palmenherzen und Tomaten belegen.

3 Whisky, Essig und Petersilie in einer kleinen Schüssel vermischen. Mit Salz und Pfeffer abschmecken, gut verquirlen und dann über den Fisch löffeln.

4 Das Papier über dem Fisch zusammenfalten, oben eine Falte umschlagen und die Enden zusammendrehen und verschließen. Die Papierhüllen auf ein Backblech legen und 10–12 Minuten backen, bis das Papier braun wird und die Hüllen sich aufblähen. Auf Teller legen und sofort mit Paprika, Zwiebeln und Zuckererbsen servieren.

VARIATION
Den Schellfisch durch Meeresfrüchte, Kabeljau oder Forelle ersetzen, die Palmenherzen durch Artischockenherzen.

FISCHSTEW mit MARC DE BOURGOGNE

Ein traditionelles französisches Rezept mit Süßwasserfisch und Marc de Bourgogne

FÜR 6 PERSONEN

1,5 kg Süßwasserfisch, z. B. Karpfen, Forelle oder enthäuteter Aal
3 EL Mehl
50 g Butter
225 g geräucherter Speck, in Streifen geschnitten
4 Schalotten, sehr feingehackt
225 g kleine Zwiebeln
225 g Champignons, gehackt
120 ml Marc de Bourgogne
1 Liter Rotwein
300 ml Kalbs- oder Hühnerbrühe
1 Knoblauchzehe, zerdrückt
1 Bouquet garni
Salz und gemahlener schwarzer Pfeffer
frische gehackte Petersilie zum Garnieren
Knoblauchbrot zum Servieren

1 Karpfen und Forelle säubern, filetieren und in Scheiben schneiden. Den Aal in Stücke schneiden.

2 Die Hälfte des Mehls mit Salz und Pfeffer in einen Gefrierbeutel geben. Die Fischstücke zugeben und schütteln.

3 Die Butter bei mittlerer Hitze in einem Topf zerlassen und die Fischstücke auf beiden Seiten bräunen. Aus der Pfanne nehmen und beiseite stellen.

4 Speckstreifen, Schalotten und Zwiebeln in den Topf geben und bei schwacher Hitze 10 Minuten goldbraun dünsten. Die gehackten Champignons einrühren und weitere 5 Minuten dünsten.

TIPS

Statt Marc de Bourgogne kann auch anderer Weinbrand verwendet werden. Der Karpfen kann durch zusätzliche Forellen oder anderen Fisch wie Rotbarbe, Petersfisch oder Brasse ersetzt werden.

5 Marc de Bourgogne einrühren und evtl. flambieren. Den Rotwein zugießen und einige Minuten köcheln lassen.

6 Brühe, Knoblauch und Bouquet garni unterrühren, alles zum Kochen bringen und 5 Minuten köcheln lassen. Den Fisch zugeben und vorsichtig garen.

7 Den Fisch herausnehmen und warm halten. Das restliche Mehl in einer Schüssel mit etwas kaltem Wasser vermischen und dann in den Topf geben. Zum Kochen bringen und 5 Minuten kochen lassen, dann den Fisch wieder in den Topf geben. Mit Petersilie garnieren und mit Knoblauchbrot servieren.

KABELJAUSTEAKS mit SAHNIGER SHERRYSAUCE

Die Zuckersirupmarinade verleiht diesen Kabeljausteaks eine dunkle Farbe, die sich gut von der sahnigen Sherrysauce mit rosa und grünen Pfefferkörnern abhebt.

FÜR 4 PERSONEN

2 EL Zuckersirup
1 TL Salz
2 EL frischer Dill, gehackt
2 EL Zitronensaft
4 Kabeljausteaks, je etwa 150 g
50 g Butter
2 EL Olivenöl
3 Schalotten, gehackt
150 ml Fischbrühe
3 EL trockener Sherry
1 TL rosa Pfefferkörner, leicht zerdrückt
1 TL grüne Pfefferkörner, leicht zerdrückt
3 Kartoffeln, in Scheiben
300 g Crème fraîche
Öl zum Braten
3 Möhren, in dünne Scheiben geschnitten
1 Zucchini, in Scheiben geschnitten
1 dünne Pastinake, in feine Scheiben geschnitten
Salz und gemahlener schwarzer Pfeffer
Limonenspalten und frische Dillzweige zum Garnieren

1 Zuckersirup, Salz, Dill und Zitronensaft in einer Schüssel mischen und die Steaks damit beidseitig bestreichen. Den Fisch in eine flache Schüssel geben, zudecken und 2 Stunden kalt stellen.

2 Butter und Olivenöl in einer Pfanne erhitzen. Die Schalotten zugeben und weich dünsten. Brühe, Sherry und beide Sorten Pfefferkörner einrühren. Weitere 2 Minuten kochen lassen.

3 Die Fischsteaks in die Pfanne geben und 10–12 Minuten kochen, dabei einmal wenden. Derweil die Kartoffelscheiben in leicht gesalzenem Wasser 5 Minuten kochen. Abtropfen lassen und beiseite stellen.

TIP

Rosa Pfefferkörner sind in Feinkostläden erhältlich. Verwenden Sie sie jedoch mit Vorsicht, da sie bei empfindlichen Personen eine allergische Reaktion auslösen können.

4 Den Fisch aus der Pfanne nehmen und warm halten. Crème fraîche in die Pfanne rühren, mit Salz und Pfeffer abschmecken und vorsichtig erwärmen.

5 Die Kartoffelscheiben in heißem Öl goldfarben braten. In einer separaten Pfanne Möhren, Zucchini und Pastinake in 2 Eßlöffel heißem Öl 1–2 Minuten knusprig braten.

6 Die Kartoffeln auf 4 Tellern verteilen, das Gemüse zugeben und den Kabeljau mit Sauce darauf anrichten. Mit Limonenspalten und Dillzweigen garnieren.

MIT KRÄUTERN GEFÜLLTE SEEZUNGE mit SAUERAMPFER und WERMUTSAUCE

Seezunge schmeckt vorzüglich mit einer köstlich lockeren, mit Wermut abgeschmeckten Eiersauce.

FÜR 4 PERSONEN

115 g Butter
1 kleine Zwiebel, gehackt
115 g Champignons, gehackt
50 g frische Semmelbrösel
2 EL frische Zitronenmelisse, gehackt
4 Seezungenfilets ohne Haut, halbiert
150 ml Milch
50 ml trockener weißer Wermut
2 TL Zitronensaft
2 Eigelb
1 Handvoll Sauerampferblätter, feingehackt
Salz und gemahlener schwarzer Pfeffer
Sauerampferblätter zu Garnieren

1 Den Ofen auf 190 °C (Gas: Stufe 5) vorheizen. 25 g Butter in einer Pfanne zerlassen. Zwiebeln und Pilze dünsten, bis die Zwiebeln goldfarben sind und die Pilze die Flüssigkeit absorbiert haben. Paniermehl und Zitronenmelisse zufügen und mit Salz und Pfeffer würzen.

2 Die Seezungenfilets mit der enthäuteten Seite nach oben auf ein Arbeitsbrett legen und jeweils etwas Füllung darauf verteilen. Die Fischstücke sorgfältig vom Kopf zum Schwanz aufrollen und dich an dicht in eine flache Kasserolle legen.

3 Die Milch darüber gießen und 15 Minuten schmoren.

4 In einem Kochtopf Wasser bis zum Siedepunkt erhitzen. In einem separaten Topf den Wermut erhitzen, bis er sich auf die Hälfte reduziert hat.

TIP

Falls die Sauce gerinnt, ein weiteres Eigelb unterquirlen.

5 Den Wermut in eine hitzebeständige Schüssel gießen, über den Wassertopf stellen und mit Zitronensaft und Eigelben zu einer lockeren Sauce verquirlen.

6 Vom Herd nehmen und weiterrühren, währenddessen die restliche Butter stückweise unterschlagen. Den gehackten Sauerampfer einrühren, mit Salz und Pfeffer abschmecken und über den Fisch löffeln. Mit einigen Sauerampferblättern garnieren.

Fleisch, Geflügel und Wild

Fleisch-, Geflügel- und Wildgerichte werden traditionell mit Alkohol zubereitet. Eine Madeirasauce paßt ausgezeichnet zu Schinken, eine Sauce auf Armagnacbasis dagegen zu Lamm. Die Kombination von Fasan mit Wacholder und Portwein ist wahrhaft köstlich. Klassisch oder neuartig: Unter diesen Gerichten findet sich für jeden Geschmack etwas.

PFEFFERSTEAKS mit WEINBRAND

Dieses klassische Gericht ist immer ein Erfolg.

FÜR 4 PERSONEN
4 Filet- oder Lendensteaks vom Rind, je etwa 115–175 g
3 EL Olivenöl
1 EL schwarze und weiße Pfefferkörner, leicht zerdrückt
1 Knoblauchzehe, halbiert
50 g Butter
2 EL Weinbrand
250 ml Rinderbrühe
Salz und gemahlener schwarzer Pfeffer
zusammengebundene Schnittlauchbündel zum Garnieren
FÜR DIE SCHNITTLAUCHBUTTER
50 g Butter
3 EL frischer Schnittlauch, gehackt
Salz und Pfeffer

1 Für die Schnittlauchbutter die Butter schlagen, bis sie weich ist. Mit Schnittlauch, Salz und Pfeffer vermischen, dann zu einer Rolle formen, in Folie wickeln und kalt stellen.

2 Die Steaks mit etwas Olivenöl einpinseln und die zerdrückten Pfefferkörner auf beiden Seiten andrücken.

3 Eine Pfanne mit den Schnittflächen des Knoblauch einreiben. Die Butter im restlichen Öl zerlassen und die Steaks etwa 3–4 Minuten auf jeder Seite darin braten, so daß sie noch halbroh sind. Herausnehmen und warm halten.

4 Weinbrand und Brühe in die Pfanne geben und auf die Hälfte reduzieren, dann mit Salz und Pfeffer abschmekken. Die Schnittlauchbutter in Scheiben schneiden. Jedes Steak mit einer Scheibe Butter und einem Schnittlauchbündel garnieren und mit einer Gemüsebeilage servieren.

TIP
Aromatisierte Butter ruhig einfrieren.

SCHINKEN mit MADEIRASAUCE

Die mit Madeira abgeschmeckte Speck-, Sellerie- und Tomatensauce paßt ausgezeichnet zu Schinken.

FÜR 4 PERSONEN
2 EL Sonnenblumenöl
2 Schinken- oder Räucherschinkensteaks, je etwa 115–175 g, das Fett eingeschnitten
1 Zwiebel, in Ringen
175 g kleine Champignons
175 g rohe Rote Bete, geschält und in dünne Stifte geschnitten
Salz und gemahlener schwarzer Pfeffer
frische gehackte Petersilie
FÜR DIE SAUCE
2 EL Butter
1 große Zwiebel, gehackt
1 Scheibe durchwachsener Speck ohne Schwarte, gehackt
1 Selleriestange, gewürfelt
2 TL Mehl
2 Tomaten, geschält und gewürfelt
1 EL Tomatenpüree
300 ml Rinderbrühe
1 EL frische Petersilie, gehackt
2 EL Madeira

1 Für die Sauce die Butter erhitzen und Zwiebel, Speck und Sellerie etwa 5–7 Minuten braten, bis sie goldfarben sind. Das Mehl einrühren und bräunen, dann Tomaten, Tomatenpüree, Brühe und Petersilie zugeben. Zum Kochen bringen, dann 15 Minuten köcheln lassen.

2 Die Sauce durch ein Sieb in eine Schüssel abseihen, den Madeira zugießen und nach Geschmack mit Salz und Pfeffer würzen.

3 Das Öl in einer Bratpfanne erhitzen und die Schinkensteaks mit der Zwiebel etwa 10 Minuten darin braten. Die Steaks wenden, die Champignons zufügen und weitere 10 Minuten braten, bis das Fleisch gar ist.

4 Derweil die Rote-Bete-Stifte in einem Topf mit leicht gesalzenem Wasser in etwa 5 Minuten zart kochen. Abgießen. Die Sauce erneut erhitzen, über die Steaks gießen und mit Champignons, Zwiebeln und roten Beeten servieren. Mit Petersilie garnieren.

TIP
Das Abseihen durch ein Musselintuch oder engmaschiges Sieb verleiht der Sauce ein glänzendes Aussehen.

GEFÜLLTES SCHWEINEFILET mit WEINBRAND

Gefülltes und mit einem Schuß Weinbrand verfeinertes Schweinefilet ist ideal für ein Abendessen mit Gästen.

FÜR 4 PERSONEN

1 großes Schweinefilet, etwa 500 g, das Fett entfernt
3 EL Weinbrand
2 EL frische, gehackte Kräuter, z. B. Petersilie oder Dill
8 getrocknete Feigen, halbiert
Öl zum Einpinseln
1 EL Mehl
300 ml Schweine- oder Hühnerbrühe
Salz und gemahlener schwarzer Pfeffer
frische Petersilienzweige

1 Den Ofen auf 190 °C (Gas: Stufe 5) vorheizen. Das Schweinefilet der Länge nach tief einschneiden (jedoch nicht aufschneiden) und aufklappen. Mit 1 Eßlöffel Weinbrand einpinseln und mit Kräutern, Salz und Pfeffer würzen. Die getrockneten Feigenhälften nacheinander darauf anrichten.

2 Das Fleisch über der Füllung zusammenfalten und zusammenbinden. In einen Bräter legen, mit Öl einpinseln, mit Pfeffer würzen und 35 Minuten braten.

3 Das Fleisch aus dem Bräter nehmen und warm halten. Das überschüssige Fett herauslöffeln, den Bodensatz und etwa 1 Eßlöffel Fett in der Form belassen. Die Form bei mittlerer Hitze auf den Herd stellen.

4 Das Mehl zugeben und 1 Minute kochen lassen, dann die Brühe und den restlichen Weinbrand einrühren. Eindicken lassen und unter ständigem Rühren 2 Minuten kochen lassen. Nach Belieben mit Salz und Pfeffer würzen.

5 Das Fleisch in Scheiben schneiden, mit Petersilienzweigen garnieren und mit dem Bratensaft servieren. Geröstete oder sautierte Kartoffeln und mit Kopfsalat geschmorte Erbsen sind ideale Beilagen.

TIP

Trockener Sherry, Noilly Prat oder Madeira sind ebenfalls gut geeignet.

SCHWEINEFLEISCH mit SHERRY und COUSCOUS

Ein leicht gewürztes Gericht mit den gut aufeinander abgestimmten Aromen von Schweinefleisch und Sherry.

FÜR 4 PERSONEN
2 EL Mehl
500 g Schweinefleisch, gewürfelt
3 EL Olivenöl
1 große Zwiebel, gehackt
2 Knoblauchzehen, zerdrückt
3 EL Tomatenpüree
225 g Pizza-Tomaten aus der Dose
2 EL Zitronensaft
600 ml Schweine- oder Hühnerbrühe
115 g gekochte Kichererbsen
2 EL trockener Sherry
3 EL Rosinen
175 g Couscous
50 g Butter, zerlassen
3 EL frische Petersilie, gehackt
Salz und gemahlener schwarzer Pfeffer

1 Das Mehl mit Salz und Pfeffer in einen Gefrierbeutel geben. Das Fleisch zugeben und darin schwenken. Öl in einer ofenfesten Kasserolle erhitzen und die Zwiebeln weich dünsten. Das Fleisch zugeben und unter gelegentlichem Rühren goldbraun braten.

2 Knoblauch, Tomatenpüree, Tomaten, Zitronensaft und Brühe einrühren. Mit Salz und Pfeffer würzen. Aufkochen lassen, die Hitze herunterschalten, zudecken und 45 Minuten köcheln lassen.

3 Kichererbsen, Sherry und Rosinen einrühren und 15 Minuten kochen lassen.

4 Das Couscous in einen mit Musselin auslegten Dämpfeinsatz streuen. Über dem Schmortopf zugedeckt 30 Minuten kochen lassen, dann in einer Schüssel mit zerlassener Butter und Petersilie verrühren und mit einer Gabel auflockern. Mit dem Stew servieren.

TIP

Eingeweichtes Couscous kann in einem Topf erhitzt oder in einer zugedeckten ofenfesten Schüssel 20 Minuten gebacken werden. Mit Kräutern, Nüssen oder gehackten Trockenfrüchten, z. B. Aprikosen, vermischen.

GEGRILLTE LAMM-ESPAGNOLE mit SHERRY

Espagnole ist eine traditionelle, aromatische braune Sauce. Hier wird sie mit Sherry zubereitet.

FÜR 4 PERSONEN
2 große Möhren, gehackt
2 Pastinaken, gehackt
50 g Butter
1 EL frische Petersilie, gehackt
8 Lammkoteletts
2 EL Sonnenblumenöl
1 große Zwiebel, in Ringen
Salz und gemahlener schwarzer Pfeffer
Petersilienzweige zum Garnieren

FÜR DIE SAUCE
50 g Butter
1 kleine Zwiebel, gehackt
2 Scheiben durchwachsener Speck ohne Schwarte, gehackt
1 Selleriestange, gewürfelt
1 kleine Möhre, in Scheiben
50 g Mehl
600 ml Rinderbrühe
2 EL Tomatenpüree
1 Bouquet garni
4 EL trockener Sherry

1 Für die Sauce die Butter in einem Topf zerlassen und Zwiebeln und Speck bei mittlerer Hitze 5 Minuten darin braten. Sellerie und Möhre zufügen und etwa 10 Minuten bräunen.

2 Das Mehl einrühren. Sobald es anbräunt, Brühe und Tomatenpüree unterrühren, das Bouquet garni zufügen. Etwa 25 Minuten köcheln lassen, dann durch ein Sieb in eine Schüssel streichen und den Sherry einrühren. Mit Salz und Pfeffer abschmecken; warm halten.

3 Möhren und Pastinaken in Salzwasser zartkochen. Abtropfen lassen, zerstampfen, Butter und Petersilie einrühren und abschmecken. Warm halten.

4 Die Lammkoteletts mit etwas Öl einpinseln und mit Pfeffer würzen. Unter dem heißen Grill 2–3 Minuten auf jeder Seite grillen.

5 Derweil das restliche Öl erhitzen und die Zwiebelringe sehr knusprig braten. Eine Portion Möhren und Pastinaken auf jeden Teller geben, zwei Koteletts darauf anrichten und Zwiebelringe zufügen. Mit etwas Sauce begießen und mit Petersilienzweigen garnieren.

TIP
Die Sauce kann gut eingefroren werden.

LAMMNÜSSCHEN mit ESTRAGON und ARMAGNAC

Ein großzügiger Schuß Armagnac zaubert das Beste aus diesem einfachen Fleischgericht hervor.

FÜR 4 PERSONEN
1 EL Pflanzenöl
2 EL Butter
12 Lammnüßchen
3 EL Armagnac
3 EL trockener Weißwein
300 ml Lammbrühe
2 TL frischer Estragon, gehackt
Salz und gemahlener schwarzer Pfeffer
Estragonzweige zum Garnieren

VARIATION

Die Lammnüßchen vor dem Braten aufbinden und mit frischen Kräutern, Austern oder Olivenpaste füllen.

1 Das Öl und die Hälfte der Butter in einer Bratpfanne erhitzen. Die Lammnüßchen mit Salz und Pfeffer würzen und bei starker Hitze braten, bis sie gar und auf beiden Seiten braun sind. Aus der Pfanne nehmen und warm halten.

2 Die Pfanne vom Herd nehmen, überschüssiges Öl abgießen, den Armagnac zugießen und nach Belieben flambieren. Den Weißwein zugießen und erhitzen, bis er sich auf drei Viertel der Ausgangsmenge reduziert hat.

3 Lammbrühe und Estragon einrühren. Aufkochen lassen und 3–4 Minuten köcheln lassen. Die restliche Butter unterrühren und alles abschmecken. Die Lammnüßchen mit der Sauce servieren und mit Estragonzweigen garnieren.

KALBSROULADEN mit ARMAGNAC

Mit Schinken gefüllte Kalbspäckchen werden mit einer leckeren Armagnacsauce kombiniert.

FÜR 6 PERSONEN
6 dünne Kalbsschnitzel, flachgeklopft
50 g Butter
225 g kleine Zwiebeln, geschält
225 g kleine Champignons
2 TL Tomatenpüree
3 große Tomaten, geviertelt und entkernt
3 EL Armagnac
150 ml trockener Weißwein
400 ml Kalbsbrühe
2 Knoblauchzehen, zerdrückt
1 Bouquet garni
Salz und gemahlener schwarzer Pfeffer

FÜR DIE FÜLLUNG
1 EL Butter
1 Schalotte, feingehackt
115 g Champignons, feingehackt
3 EL Armagnac
2 EL Crème fraîche
115 g gekochter Schinken, feingehackt
175 g Wurstbrät
Salz und Pfeffer

1 Für die Füllung die Butter in einer Pfanne zerlassen und die Schalotte und Champignons 4–5 Minuten darin dünsten. Den Armagnac zugießen und 3–4 Minuten köcheln lassen. Die Crème fraîche einrühren, aufkochen lassen, dann die Pfanne vom Herd nehmen und abkühlen lassen. Danach Schinken und Wurstbrät zugeben und mit Salz und Pfeffer würzen.

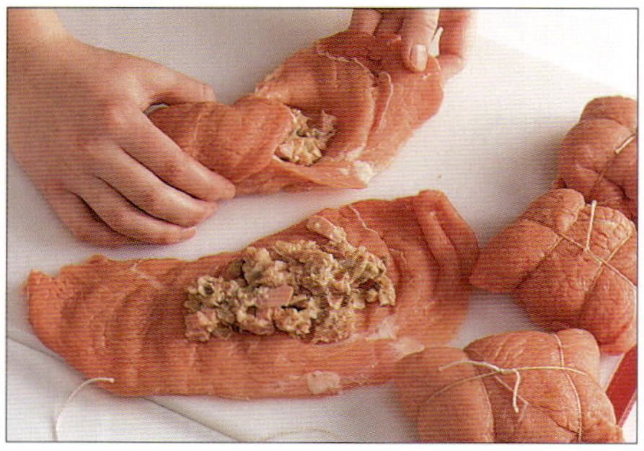

2 Etwas von der Füllung auf die Kalbsschnitzel geben. Die Schnitzel über der Füllung zusammenfalten, so daß sie eine rechteckige Form haben. Mit Küchengarn zusammenbinden.

3 Die Butter in einer Pfanne zerlassen und die Päckchen von allen Seiten bräunen; warm halten. Die Zwiebeln in der Pfanne bräunen, die Champignons einrühren und weitere 2–3 Minuten dünsten.

4 Tomatenpüree und Tomatenviertel einrühren, den Armagnac zugießen und evtl. flambieren. Weißwein, Brühe, Knoblauch, Bouquet garni und die Rouladen zugeben. Aufkochen lassen und zugedeckt 45 Minuten köcheln lassen.

5 Die Rouladen herausnehmen, aufbinden und warm halten. Die Flüssigkeit durch ein Sieb in eine saubere Pfanne abseihen, falls notwendig reduzieren, dann abschmecken. Die Kalbsrouladen mit der Sauce servieren.

VARIATION
Dünne Truthahn- oder große Hühnerschnitzel können das Kalbfleisch ersetzen.

EINGEWICKELTE SCHNITZEL mit KÜMMELLIKÖR

Köstliche, mit Kräutern und Pilzen belegte Kalbsschnitzel werden mit Kümmellikör verfeinert.

FÜR 4 PERSONEN
1 EL Butter
4 dünne Kalbsschnitzel, flachgeklopft
1 EL Kümmellikör
blanchierter Spargel zum Servieren
FÜR DIE FÜLLUNG
2 EL Butter
1 Schalotte, feingehackt
225 g Champignons, gehackt
1 EL gemischte Kräuter, gehackt
Salz und gemahlener schwarzer Pfeffer
1 EL Crème fraîche
¼ TL Kümmelsamen

1 Für die Füllung die Butter in einer Pfanne zerlassen und die Schalotte 5 Minuten darin dünsten. Champignons und Kräuter einrühren, mit Salz und Pfeffer abschmecken und alles weitere 5 Minuten dünsten, bis die gesamte Flüssigkeit verkocht ist.

2 Crème fraîche und Kümmelsamen einrühren und abkühlen lassen.

TIP
Die Schnitzel zum Flachklopfen zwischen zwei Lagen Backpapier legen und vorsichtig mit dem Ende eines Nudelholzes klopfen.

3 Den Ofen auf 220 °C (Gas: Stufe 7) vorheizen und vier tellergroße Stücke Backpapier ausschneiden. Die Butter zerlassen und die Kalbsschnitzel darin bräunen, dann die Pfanne vom Herd nehmen.

4 Ein Kalbsschnitzel auf jedes Stück Backpapier legen, mit etwas Füllung bedecken und einen Schuß Kümmellikör zugießen.

5 Das Backpapier über der Füllung zusammenfalten und die Ränder durch Umknicken verschließen. Die Päckchen auf ein Backblech legen und 10–15 Minuten backen. Sofort mit blanchiertem Spargel servieren.

WHISKYHÄHNCHEN mit ZWIEBELMARMELADE

Eine Paste aus Whisky, Honig und Sesamsamen bringt das Aroma des Hähnchens besser zur Geltung.

FÜR 4 PERSONEN
4 EL Sesamsamen, zerdrückt
2 Knoblauchzehen, zerdrückt
1 Prise Paprika
2 EL Öl
2 EL Whisky
2 EL klarer Honig
4 Hähnchenteile
Salz und gemahlener schwarzer Pfeffer

FÜR DIE MARMELADE
2 EL Öl
2 große Zwiebeln, in feine Ringe geschnitten
1 grüne Paprikaschote, entkernt und in Streifen geschnitten
150 ml Gemüsebrühe

1 Den Ofen auf 190 °C (Gas: Stufe 5) vorheizen. In einer kleinen Schüssel aus Sesamsamen, Knoblauch, Öl, Whisky, Honig und Paprika eine Paste zubereiten. Mit Salz und Pfeffer würzen und bei Bedarf etwas Wasser zugeben.

2 Die Hähnchenteile mehrmals einschneiden und in eine ofenfeste Schale legen. Mit der Paste bestreichen und in etwa 40 Minuten gar rösten.

3 Derweil die Marmelade zubereiten. Das Öl in einer Pfanne erhitzen und die Zwiebelscheiben bei mittlerer Hitze 15 Minuten dünsten. Die Paprikaschote zufügen und weitere 5 Minuten dünsten. Die Brühe zugießen, abschmecken und unter gelegentlichem Rühren etwa 20 Minuten kochen lassen. Warm mit den Hähnchenteilen servieren.

VARIATION
Anstatt die Hähnchenteile einzuschneiden, können Sie auch die Haut vom Fleisch lösen und die Paste darunter auftragen – das Fleisch bleibt dann wunderbar saftig.

HÄHNCHEN mit WILDPILZEN und WERMUT

Zartes Hähnchen mit einer gehaltvollen Sauerrahmsauce und einem Schuß Wermut

FÜR 4 PERSONEN
2 EL Öl
1 Lauchstange, feingehackt
4 Hähnchenbruststücke, kleingeschnitten
225 g Wildpilze, große Pilze in Scheiben geschnitten
1 EL Weinbrand
1 Prise Muskatnuß
1/4 TL frischer Thymian, gehackt
150 ml trockener weißer Wermut
150 ml Hühnerbrühe
6 grüne Oliven, entsteint und geviertelt
150 g Sauerrahm
Salz und gemahlener schwarzer Pfeffer
Thymianzweige und Croûtons zum Garnieren

1 Das Öl erhitzen und den gehackten Lauch weich dünsten, aber nicht anbräunen. Hähnchenfleisch und Pilze zugeben. Alles braten, dabei gelegentlich umrühren, bis das Fleisch gerade

TIP
Zu diesem Gericht passen getrocknete chinesische Pilze. Vor der Verwendung 1 Stunde in kaltem Wasser einweichen.

2 Den Weinbrand zugießen und flambieren. Anschließend Muskatnuß, Thymian, Wermut und Brühe zugeben und mit Salz und Pfeffer abschmecken.

3 Aufkochen lassen, die Hitze reduzieren und 5 Minuten köcheln lassen. Die Oliven und den Großteil des Sauerrahms einrühren. Vorsichtig wieder erhitzen, aber nicht kochen lassen. Mit dem restlichen Sauerrahm, Thymianzweigen und Croûtons garnieren.

TRUTHAHN in WEINBLÄTTERN mit NOILLY PRAT

Päckchen aus Weinblättern mit einer Füllung aus Wildreis, Pinienkernen und Noilly Prat

FÜR 4 PERSONEN
115 g Weinblätter in Salzlake, abgetropft
4 dünne Truthahnschnitzel, je etwa 115–175 g
300 ml Hühnerbrühe

FÜR DIE FÜLLUNG
2 EL Sonnenblumenöl
3 Schalotten, gehackt
75 g gekochter Wildreis
4 Tomaten, geschält und gehackt
3 EL Noilly Prat
25 g Pinienkerne, gehackt
Salz und gemahlener schwarzer Pfeffer

1 Den Ofen auf 190 °C (Gas: Stufe 5) vorheizen. Die Weinblätter mit kaltem Wasser waschen und abtropfen lassen.

2 Für die Füllung das Öl in einer Pfanne erhitzen. Die Schalotten darin weich dünsten. Die Pfanne vom Herd nehmen und gekochten Reis, Tomaten, Noilly Prat und Pinienkerne einrühren. Mit Salz und Pfeffer abschmecken.

3 Die Schnitzel zwischen zwei Lagen Klarsichtfolie flachklopfen.

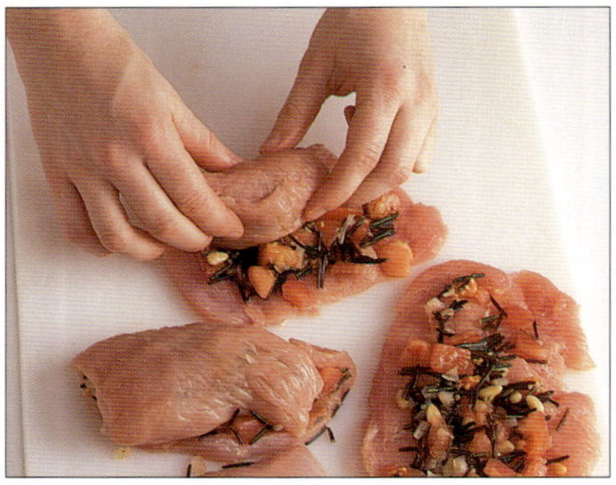

4 Die Schnitzel ausbreiten und jeweils ein Viertel der Füllung darauf verstreichen. Das Fleisch über der Füllung zusammenrollen.

TIP

Verwenden Sie möglichst frische Weinblätter. Die Stiele abschneiden und die Blätter 20–30 Sekunden in kochendes Salzwasser tauchen, bis sie leicht zusammenfallen. In kaltes Wasser legen, dann mit Küchenpapier trockentupfen.

5 Ein Viertel der Weinblätter zu einem Rechteck übereinanderlegen. Eine Truthahnrolle in die Mitte geben, mit den Blättern umwickeln und zusammenbinden. Die verbleibenden Weinblätter und Truthahnrollen ebenso verarbeiten.

6 Die Rollen dicht an dicht in eine ofenfeste Schale geben, mit der Brühe begießen und 40 Minuten backen. An der Oberfläche der Brühe schwimmendes Fett abschöpfen und mit den Päckchen servieren.

ENTENBRUSTSTÜCKE mit CALVADOS

Ein Pflaumen-Calvados-Püree ist eine perfekte Beilage zu glasierter Entenbrust mit Chicorée.

FÜR 4 PERSONEN
1 EL Zitronensaft
4 Chicoréeköpfe
4 Entenbruststücke, je etwa 115–175 g
1 EL klarer Honig
1 TL Sonnenblumenöl

FÜR DAS PÜREE
1 Kochapfel, geschält, entkernt und in Scheiben geschnitten
175 g Pflaumen, halbiert und entkernt
1 EL hellbrauner Zucker
150 ml Gemüsebrühe
3 EL Calvados
2 TL Sherryessig
Salz und gemahlener schwarzer Pfeffer

1 Den Ofen auf 220 °C (Gas: Stufe 7) vorheizen. Für das Püree Apfel, Pflaumen, Zucker und Brühe in einem Topf aufkochen lassen, die Hitze reduzieren und etwa 10 Minuten köcheln lassen, bis die Früchte sehr weich sind. Durch ein Sieb in eine Schüssel streichen.

2 Den Zitronensaft in einen Topf mit leicht gesalzenem Wasser rühren und zum Kochen bringen. Die Chicoréeköpfe der Länge nach vierteln und in den Topf geben. 3 Minuten kochen, dann abtropfen lassen und beiseite stellen.

3 Das Entenfleisch einschneiden, mit Honig einpinseln und mit etwas Salz bestreuen. Auf ein Backblech legen und je nach Gewicht 6–9 Minuten backen.

TIP
Durch Zitronensaft im Kochwasser bleibt die Farbe des Chicorées erhalten.

4 Die Chicoréestücke mit Öl einpinseln und neben die Entenbruststücke legen. Weitere 6 Minuten backen.

5 Calvados und Essig in das Püree rühren und mit Salz und Pfeffer abschmecken. Die Chicoréestücke auf einem Teller arrangieren. Die Entenbruststücke in Scheiben schneiden und fächerförmig auf den Chicorée legen. Das Püree löffelweise darüber geben und sofort servieren.

RINGELTAUBEN und MARONEN mit PORTWEIN

Genießen Sie die herbstlichen Aromen dieses köstlichen Schmorgerichtes.

FÜR 4 PERSONEN
2 EL Öl
4 Tauben, halbiert
1 Zwiebel, gehackt
6 Scheiben durchwachsener Speck ohne Schwarte, gehackt
2 EL Mehl
400 ml Wild- oder Hühnerbrühe
150 ml Orangensaft
2 EL Portwein
225 g Maronen, geschält
2 EL Butter
2 Orangen, in Scheiben geschnitten
Salz und gemahlener schwarzer Pfeffer
Brunnenkressezweige zum Garnieren

1 Den Ofen auf 180 °C (Gas: Stufe 4) vorheizen. Das Öl in einer flachen Kasserolle erhitzen und die Tauben darin anbräunen. Mit einem Abseihlöffel die Tauben in eine Schüssel legen.

2 Zwiebel und Speck in die Pfanne geben und sautieren, bis beides goldfarben ist. Das Mehl einrühren und etwa eine Minute dünsten, bis es anfängt zu bräunen. Brühe, Orangensaft und Portwein zugießen, anschließend mit Salz und Pfeffer abschmecken. Unter ständigem Rühren zum Kochen bringen, dann die Tauben wieder in die Kasserolle geben. Zugedeckt in den Ofen stellen und 30 Minuten backen.

3 Die Maronen einrühren, die Kasserolle wieder in den Ofen geben und weitere 30 Minuten backen.

TIP

Mit einem scharfen Messer ein Kreuz in jede Marone schneiden. Im Ofen 15 Minuten backen, bis die Schale aufspringt, dann schälen.

4 Kurz vor dem Servieren die Orangenscheiben in Butter auf beiden Seiten goldbraun dünsten. Die Kasserolle mit Orangenscheiben und Brunnenkressezweigen garnieren. Sofort servieren.

KÜKEN mit BULGUR und WERMUT

Wermut ist sehr vielseitig. In diesem Rezept wird er zweifach verwendet: in der Bulgurfüllung und in der Glasur für die Küken.

FÜR 4 PERSONEN
50 g Bulgur
150 ml trockener weißer Wermut
4 EL Olivenöl
1 große Zwiebel, feingehackt
2 Möhren, feingehackt
75 g Pinienkerne, gehackt
1 TL Selleriesamen
4 Küken
3 rote Zwiebeln, geviertelt
4 Baby-Auberginen, halbiert
4 Patty Pan-Kürbisse
12 Baby-Möhren
3 EL Maissirup
Salz und gemahlener schwarzer Pfeffer

1 Den Ofen auf 200 °C (Gas: Stufe 6) vorheizen. Den Bulgur in einer Schüssel mit der Hälfte des Wermuts begießen und mit kochendem Wasser bedecken.

2 Das Öl in einer großen Pfanne erhitzen. Zwiebel und Möhren 10 Minuten dünsten, dann die Pfanne vom Herd nehmen und Pinienkerne, Selleriesamen und den gut abgetropften Bulgur einrühren.

3 Die Küken mit der Bulgurmischung füllen. In einen Bräter legen, mit Öl einpinseln und mit Salz und Pfeffer bestreuen. Etwa 45–55 Minuten rösten, bis sie gar sind.

TIP

Maissirup ist ein amerikanisches Produkt. Verwenden Sie hellen Sirup, falls er nicht erhältlich ist.

4 Derweil rote Zwiebeln, Auberginen, Kürbisse und Möhren in einer Lage auf einem Backblech ausbreiten.

5 Den Maissirup mit dem verbleibenden Wermut und etwas Öl in einer kleinen Schale vermischen. Mit Salz und Pfeffer würzen. Die Mischung auf das Gemüse pinseln und dieses 35–45 Minuten im Ofen rösten, bis es goldfarben ist. Jedes Küken halbieren und mit dem gerösteten Gemüse servieren.

PIE mit WILD und PORTWEIN

Diese Pie ist eine der besten überhaupt. Die warme Teigkruste enthält eine herrliche Füllung mit Wild, Portwein und Wacholderbeeren.

FÜR 8–10 PERSONEN
450 g Mehl
2 TL Salz
175 g Schweineschmalz oder weißes Pflanzenfett
175 ml Milch oder Milch mit Wasser gemischt
verquirltes Ei zum Glasieren
2 TL Gelatinepulver
2 EL kaltes Wasser
Salz und gemahlener schwarzer Pfeffer
gemischter Salat zum Servieren
FÜR DIE FÜLLUNG
675 g mageres Wild ohne Knochen (z. B. Fasan, Moorhuhn, Rebhuhn oder Kaninchen), gewürfelt
115 g durchwachsener Speck ohne Schwarte, gehackt
115 g Schweinehackfleisch
2 EL Portwein
2 TL geriebene Orangenschale
2 Wacholderbeeren, zerdrückt
½ TL getrockneter Salbei

1 Den Ofen auf 200 °C (Gas: Stufe 6) vorheizen. Eine Springform (20 cm) einfetten. Mehl und Salz in eine Schüssel sieben, eine Mulde in die Mitte drücken.

2 In einem Topf Schweineschmalz oder Pflanzenfett in Milch bzw. der Milch-Wasser-Mischung zerlassen. Aufkochen lassen, in die Mulde im Mehl gießen und mit einem Holzlöffel vermischen. Etwas abkühlen lassen, dann geschmeidig kneten, in Klarsichtfolie einwickeln und auskühlen lassen.

3 Das Wild, den Speck und das Hackfleisch in einer Schüssel mit Portwein, Orangenschale, Wacholderbeeren und Salbei vermischen. Reichlich würzen.

4 Zwei Drittel des Teigs ausrollen und in die Form einpassen, dabei nicht dehnen. Die Ränder nicht abschneiden.

5 Die Teigform mit der Fleischmischung füllen und die Oberfläche glätten. Den Teigrand mit verquirltem Ei einpinseln. Den restlichen Teig zu einem Kreis ausrollen, so daß er auf die Pie paßt. Ein Loch in die Mitte stechen, damit Dampf entweichen kann. Den Teigdeckel auf die Form setzen, den Rand zurechtschneiden und durch Zusammendrükken verschließen.

6 Den Deckel mit den Teigresten dekorieren. Die Oberfläche mit verquirltem Ei einpinseln, die Teigformen darauf setzen und ebenfalls einpinseln.

7 Die Pie 30 Minuten backen, dann die Ofentemperatur auf 180 °C (Gas: Stufe 4) herunterschalten und 1¼ Stunden backen. Die Pie mit Alufolie bedecken, falls sie zu braun wird. Etwa 20 Minuten vor Ende der Backzeit den Seitenrand der Form entfernen. Die Seiten der Pie zügig mit verquirltem Ei einpinseln und diese wieder in den Ofen stellen.

8 Das Gelatinepulver in einer hitzebeständigen Schüssel über das Wasser streuen. Wenn das Pulver »schwammig« wird, kochendes Wasser einrühren, bis es sich aufgelöst hat. Durch einen Trichter in die Pie gießen und abkühlen lassen. Mit gemischtem Salat servieren.

TIP
Wenn Sie nur wenig Zeit haben, können Sie dieses Rezept auch mit Mürbeteig zubereiten.

KANINCHEN mit PUYLINSEN und PORTWEIN

Portwein verleiht diesem rustikalen Gericht aus Frankreich ein wunderbar reiches Aroma.

FÜR 4 PERSONEN
1 EL Mehl
450 g Kaninchenfleisch, gewürfelt
1 EL Olivenöl
2 Zwiebeln, in Ringe geschnitten
1 Knoblauchzehe, zerdrückt
225 g Champignons, in Scheiben geschnitten
3 EL Portwein
400 ml Hühner- oder Gemüsebrühe
1 TL Rotweinessig
2 EL frische Petersilie, gehackt
etwas Petersilie zum Garnieren
1 EL Tomatenpüree
175 g Puylinsen
12 Scheiben Baguette
2 EL Olivenpüree
1 EL Butter
Salz und gemahlener schwarzer Pfeffer

1 Den Ofen auf 180 °C (Gas: Stufe 4) vorheizen. Mehl, Salz und Pfeffer in einen Gefrierbeutel geben, das Fleisch zugeben und gut schütteln, bis sich alle Stücke gleichmäßig überzogen haben.

2 Das Öl in einer ofenfesten Kasserolle erhitzen und das Fleisch anbräunen.

3 Zwiebelscheiben, Knoblauch und Pilze einrühren. Portwein, Brühe, Essig, Petersilie und Tomatenpüree zugeben. Gut verrühren, dann die Mischung aufkochen lassen.

4 Die Kasserolle abdecken, in den Ofen stellen und 40 Minuten backen. In der Zwischenzeit einen Topf mit leicht gesalzenem Wasser zum Kochen bringen. Die Linsen zufügen und in etwa 35 Minuten weich kochen.

5 Die Baguette-Scheiben mit dem Olivenpüree bestreichen. Die Linsen abgießen, in die Kasserolle rühren und das Brot mit dem Belag nach unten darüber legen. Etwas Butter darauf verteilen. Die Kasserolle wieder in den Ofen stellen und ohne Deckel 10 Minuten backen. Mit Petersilie garniert servieren.

TIP

Linsen können ohne vorheriges Einweichen gekocht werden, sollten aber durchgesehen und gesäubert werden.

REHSTEAKS mit DRAMBUIE und KNOLLENSELLERIE

Dieses stilvolle Gericht erinnert an das Schottische Hochland und ist einfach und schnell zuzubereiten.

FÜR 4 PERSONEN
4 Rehsteaks, je 115–175 g
1 kleiner Knollensellerie, in dünne Scheiben geschnitten
Öl zum Fritieren
2 EL Mehl
300 ml Wild- oder Hühnerbrühe
Salz und gemahlener schwarzer Pfeffer

FÜR DIE MARINADE
3 EL Drambuie
3 EL Öl
2 EL Apfelsaft
1 Lorbeerblatt
2 frische Thymianzweige
Thymianzweige zum Garnieren
2 Wacholderbeeren, zerdrückt

1 Für die Marinade Drambuie, Öl, Apfelsaft, Lorbeerblatt, Thymianzweige und Wacholderbeeren in einer großen Schüssel vermischen und mit Salz und Pfeffer würzen. Die Steaks darin wenden, zudecken und 3 Stunden oder über Nacht kalt stellen.

2 Die Sellerieschreiben in Öl knusprig fritieren. Herausnehmen und auf Küchenpapier abtropfen lassen.

3 Die Steaks aus der Marinade nehmen und mit Küchenpapier abtupfen. Einen Großteil des Öls aus der Pfanne gießen, nur gerade genug in der Pfanne belassen, um die Steaks darin zu braten. Die Steaks auf jeder Seite 4 Minuten garen, auf einen Teller legen und warm halten.

4 Die Marinade durch ein Sieb in ein Schälchen streichen und mit dem Mehl zu einer glatten Paste vermischen. Mit der Brühe in die Pfanne geben und mit Salz und Pfeffer abschmecken. Zum Kochen bringen und unter ständigem Rühren 2 Minuten kochen lassen. Die Sauce über die Rehsteaks gießen, mit Thymian garnieren und mit dem knusprigen Sellerie servieren.

TIP

Zuchtrehe sind junge Tiere, die Steaks können dann sehr schnell gebraten werden. Wildreh kann beträchtlich älter sein und sollte 45 Minuten in der Marinade geköchelt werden.

FASAN mit WACHOLDERBEEREN und PORTWEIN

Eine wärmender Wintereintopf, der mit Wacholderbeeren und Thymian abgeschmeckt ist, was die Aromen von Wild und Portwein wunderbar harmonieren läßt.

FÜR 4 PERSONEN
2 Fasane
8 Scheiben durchwachsener Speck ohne Schwarte
2 EL Sonnenblumenöl
2 Selleriestangen, in Scheiben geschnitten
12 Silberzwiebeln
3 Möhren, in Scheiben geschnitten
8 Lorbeerblätter
8 frische Thymianzweige
½ TL Wacholderbeeren
4 EL Portwein
600 ml Wildbrühe
1 EL Stärke, mit Wasser angerührt
2 EL Johannisbeergelee
Salz und schwarzer Pfeffer

1 Den Ofen auf 190 °C (Gas: Stufe 5) vorheizen. Jeden Fasan in 4 Teile schneiden. Jede Portion in eine Speckscheibe einwickeln und mit Küchengarn zusammenbinden.

TIP
Fasanenfleisch ist sehr mager. Durch das Einwickeln in Speckstreifen vor dem Garen bleibt es saftig und trocknet nicht aus.

2 Das Öl in einer flachen ofenfesten Kasserolle erhitzen und das Fleisch braun braten. Dann auf einen Teller legen. Sellerie, Zwiebeln und Möhren in die Kasserolle geben, evtl. noch Öl zugießen und unter gelegentlichem Rühren 5–7 Minuten schmoren lassen.

3 Ein Lorbeerblatt und einen Thymianzweig unter die Schnur jeder Fasanportion schieben und diese auf das Gemüse legen.

4 Die Wacholderbeeren in die Kasserolle geben, mit Portwein und Brühe begießen und die Fasanportionen mit Salz und Pfeffer würzen.

5 Die Kasserolle zudecken und in den Ofen stellen. 1 Stunde garen, dann aus dem Ofen nehmen und die Stärke sowie das Johannisbeergelee einrühren. Die Kasserolle ohne Deckel wieder in den Ofen stellen und etwa weitere 15 Minuten garen, bis der Fasan zart und die Sauce leicht eingedickt ist. In der Kasserolle servieren.

Gemüse und vegetarische Gerichte

Knackig frisch und aromatisch – Gemüsegerichte sind nie fade, zumindest sollten sie es nie sein. Servieren Sie diese Gerichte als Beilage oder auch als Hauptgericht. Calvados verleiht Kohl französische Raffinesse, und Pernod bereichert eine Tomaten- und Dillsauce für Frühlingsgemüse mit einem köstlichen Lakritzaroma.

KARAMELLISIERTE ZWIEBELN mit MADEIRASAUCE

Madeira verleiht Saucen ein weiches, raffiniertes Aroma und schmeckt besonders gut zu Zwiebeln.

FÜR 4 PERSONEN
450 g Silberzwiebeln
150 ml Hühnerbrühe
2 EL hellbrauner Zucker
50 g Butter
Salz und gemahlener schwarzer Pfeffer
frische Kräuter zum Garnieren

FÜR DIE SAUCE
1 EL Butter
1 EL Mehl
250 ml Gemüse- oder Hühnerbrühe
2 EL Madeira
2 EL Sahne

1 Die Zwiebeln in einer Schicht in einen Topf geben und soeben mit der Brühe bedecken. Zum Kochen bringen, die Hitze reduzieren und die Zwiebeln 15 Minuten weich köcheln lassen, evtl. noch Brühe oder Wasser nachgießen. Den Topf von der Herdplatte nehmen und Zucker und Butter zugeben. Gut verrühren, mit Salz und Pfeffer würzen, dann erneut kochen lassen, bis die Zwiebeln goldbraun sind.

2 Derweil die Sauce zubereiten. Die Butter zerlassen, das Mehl einrühren und 2 Minuten kochen lassen. Nach und nach die Brühe zugießen und rühren, bis die Sauce kocht und eindickt.

3 Den Madeira zugießen und 5 Minuten köcheln lassen. Die Sahne zugießen, vorsichtig erhitzen und mit Salz und Pfeffer abschmecken. Die Zwiebeln mit der Sauce servieren; mit Kräutern garnieren.

SPARGEL mit WERMUTSAUCE

Gegrillte junge Spargelspitzen mit einer Wermut-Petersilie-Sauce sind eine außergewöhnliche Beilage oder ein erster Gang.

FÜR 4 PERSONEN
20 grüne Spargelspitzen
1 TL Olivenöl
50 g geriebener Parmesankäse
Salz und gemahlener schwarzer Pfeffer

FÜR DIE SAUCE
3 EL trockener weißer Wermut
250 ml Hühnerbrühe
1 EL frische Petersilie, gehackt
2 EL gekühlte Butter, gewürfelt

TIP
Zu Spargel schmeckt auch Noilly Prat oder eine trockene Sherrysauce.

1 Die Spargelspitzen mit Olivenöl einpinseln und mit Salz und Pfeffer würzen. Auf ein Grillgitter legen, mit Parmesan bestreuen und langsam grillen, bis der Spargel gar ist.

2 Derweil Wermut und Brühe in einen Topf gießen. Bei starker Hitze um die Hälfte reduzieren. Die Petersilie einrühren und mit Salz und Pfeffer würzen.

3 Die Hitze reduzieren und jeweils zwei Butterwürfel gleichzeitig einrühren. Bei schwacher Hitze ständig weiterrühren, bis sämtliche Butter zerlassen und die Sauce eingedickt ist. Die Spargelspitzen auf einem Teller anrichten, mit der Sauce begießen und sofort servieren.

PAPRIKA- und ZUCCHINI-RISOTTO mit WERMUT

Für die Zubereitung dieses wunderbaren Risottos braucht man etwas Zeit und Geduld.

FÜR 4 PERSONEN

2 EL Olivenöl
1 Zwiebel, gehackt
2 Knoblauchzehen, zerdrückt
1 Liter Hühner- oder Gemüsebrühe
250 g Risottoreis (Arborio)
2 Zucchini, gehackt
1 grüne Paprika, entkernt und gehackt
50 g geriebener Parmesan
2 EL trockener weißer Wermut
Salz und gemahlener schwarzer Pfeffer
gehobelter Parmesankäse zum Servieren

1 Das Öl in einer Pfanne erhitzen. Die Zwiebel darin weich dünsten, Knoblauch zugeben und 1 Minute dünsten.

2 Die Brühe in einen Topf geben. Bei starker Hitze aufkochen lassen, die Temperatur dann leicht reduzieren, bis die Brühe gerade noch köchelt.

3 Den Reis in die Pfanne rühren. Nach Geschmack mit Salz und Pfeffer würzen und 2 Minuten kochen lassen. Etwa 150 ml der heißen Brühe zugießen und bei mittlerer Hitze leicht rühren, bis der Reis sie aufgenommen hat.

TIP

Verwenden Sie eine beschichtete Pfanne. Versuchen Sie nicht, den Vorgang zu beschleunigen: Die Brühe muß bei jedem Schritt ganz absorbiert werden.

4 Zucchini und Paprika in die Pfanne geben, die gleiche Menge Brühe zugießen und kochen lassen, bis diese absorbiert ist. Häufig rühren. Diesen Vorgang wiederholen, bis der Reis die gesamte Brühe aufgenommen hat und cremig ist, also etwa 20 Minuten.

5 Käse und Wermut einrühren, erneut kurz erhitzen und mit dem gehobelten Parmesankäse garniert servieren.

Blätterteigtaschen mit Frühlingsgemüse und Pernodsauce

Pernod paßt hervorragend zu zartem Frühlingsgemüse in knusprigen Teigtaschen.

Für 4 Personen

225 g Blätterteig (aufgetaut, falls tiefgefroren)
1 EL geriebener Parmesankäse
1 EL frische Petersilie, gehackt
verquirltes Ei zum Glasieren
175 g Dicke Bohnen
115 g Baby-Möhren, geschabt
4 kleine Lauchstangen, gesäubert
75 g Erbsen (aufgetaut, falls tiefgefroren)
50 g Zuckererbsen, geputzt
Salz und gemahlener schwarzer Pfeffer
frische Dillzweige zum Garnieren

Für die Sauce

200 g Pizzatomaten aus der Dose
2 EL Butter
2 EL Mehl
1 Prise Zucker
3 EL frischer Dill, gehackt
300 ml Wasser
1 EL Pernod

1 Den Ofen auf 220 °C (Gas: Stufe 7) vorheizen. Ein Backblech einfetten. Den Blätterteig sehr dünn ausrollen. Mit Käse und Petersilie bestreuen, falten, erneut ausrollen und vier Rechtecke (etwa 7,5 x 10 cm) ausschneiden.

2 Die Rechtecke auf das Blech legen. Mit einem Messer etwa 1 cm vom Rand ein inneres Rechteck einschneiden, den Teig dabei halb durchschneiden. Die Oberfläche des inneren Rechtecks kreuzweise einritzen, mit Ei einpinseln und in 12–15 Minuten goldfarben backen.

3 Derweil die Sauce zubereiten. Die Tomaten durch ein Sieb in einen Topf streichen, die restlichen Zutaten zugeben und unter ständigem Rühren aufkochen lassen. Bei geringer Hitze köcheln lassen. Mit Salz und Pfeffer würzen.

4 Die Dicken Bohnen etwa 8 Minuten in leicht gesalzenem Wasser kochen. Möhren, Lauch und Erbsen zufügen, weitere 5 Minuten kochen lassen, dann die Zuckererbsen zufügen. 1 Minute kochen, dann das Gemüse gut abgießen.

5 Mit einem Messer die eingeritzten Rechtecke aus dem Teig lösen. Beiseite legen und als Deckel verwenden. Das Gemüse in die Teigschalen füllen, mit Sauce begießen, dann die Teigdeckel darauf setzen und mit Dill garniert servieren.

Tip

Stellen Sie die Teigtaschen vor dem Backen möglichst 20 Minuten kalt.

BLATTSALAT mit PARMESANKÄSE und SHERRY

Knusprig-aromatische Croûtons verleihen diesem Salat Biß.

FÜR 4 PERSONEN

4 Eier
2 Knoblauchzehen, zerdrückt
6 EL Olivenöl
4 dicke Scheiben Weißbrot ohne Rinde
1 EL Zitronensaft
1 EL trockener Sherry
6 EL Mayonnaise
175 g gemischte Salatblätter
75 g grobgeriebener Parmesankäse
Salz und gemahlener schwarzer Pfeffer

TIP

Durch Zufügen von geräuchertem Fisch oder Hähnchen erhalten Sie ein gehaltvolles Hauptgericht.

1 Die Eier hart kochen und pellen. Abgekühlt in Viertel schneiden. Den zerdrückten Knoblauch in einer Schüssel mit 3 EL Olivenöl vermischen.

2 Für die Croûtons das Brot würfeln. Zügig im Knoblauchöl schwenken und dann in eine heiße Pfanne geben. Goldfarben dünsten, dann gut auf Küchenpapier abtropfen lassen.

3 Das restliche Öl, Zitronensaft, Sherry und Mayonnaise in einer kleinen Schüssel mischen. Mit Salz und Pfeffer würzen und gut verrühren.

4 Die Salatblätter auf den Boden einer Schüssel legen. Eier, Croûtons und Parmesan darauf anrichten, dann das Dressing darüber gießen. Servieren, solange die Croûtons noch kross sind.

FENCHEL mit PERNOD und WALNUSSALAT

Pernod verstärkt das Anisaroma des Fenchels und ergibt ein ausgezeichnetes Salatdressing.

FÜR 4 PERSONEN

¼ TL Butter
4 Fenchelknollen, geputzt
4 EL Pernod
2 EL Olivenöl
2 TL hellbrauner Zucker
Salz und gemahlener schwarzer Pfeffer

FÜR DEN SALAT

2 EL Olivenöl
50 g Walnußhälften, zerbrochen
½ TL Senfkörner
1 EL Pernod
3 Handvoll Salatblätter
1 Bund Radieschen mit kleinen Blättern

Variation

Dieses Rezept läßt sich auch gut mit Sellerie oder Chicorée zubereiten.

1 Den Ofen auf 190 °C (Gas: Stufe 5) vorheizen. Eine flache Kasserolle mit Butter einfetten. Die Fenchelknollen in leicht gesalzenem Wasser zart kochen und anschließend abgießen.

2 Jede Fenchelknolle der Länge nach vierteln und in einer Schicht in die Kasserolle legen. Mit Pernod und Öl begießen, mit Zucker bestreuen und mit Salz und Pfeffer würzen. Zugedeckt 30 Minuten dünsten, von Zeit zu Zeit mit der Flüssigkeit begießen.

3 Für den Salat das Öl erwärmen. Dann den Topf von der Herdplatte nehmen und Walnüsse und Senfkörner einrühren. Den Topf zudecken und erneut erhitzen, bis die Senfkörner beginnen aufzuplatzen. Den Pernod untermischen.

4 Salatblätter und Radieschen (einige ganz, einige in Scheiben) auf einer Servierplatte anrichten. Das warme Dressing darüber gießen. Den gerösteten Fenchel darauf legen und sofort servieren.

In Weinbrand getränkte Pilze

Gemischte Pilze in einer sahnigen Weinbrandsauce, serviert auf einem Bett aus Champignons, sind ein wahrer Genuß.

Für 4 Personen
300 g Crème double
1 Knoblauchzehe, zerdrückt
2 EL Senfkörner
1 EL grüne Pfefferkörner in Salzlake, abgetropft
1 TL Worcestersauce
450 g gemischte Pilze, z. B. Pfifferlinge, Austernpilze, Shiitakepilze oder braune Champignons, große Pilze halbiert oder in Scheiben geschnitten
2 EL grobkörniger Senf
2 EL Weinbrand
1 EL Olivenöl
12 kleine Champignonhüte
Salz und gemahlener schwarzer Pfeffer
glatte Petersilie zum Garnieren

1 Crème double, Knoblauch, Senfkörner, grüne Pfefferkörner und Worcestersauce in einem Topf vermischen und zum Kochen bringen.

2 Die Pilzmischung einrühren. 10 Minuten kochen, bis die Pilze zart sind und die Sauce eingedickt ist.

3 Senf und Weinbrand in die Sauce einrühren. Abschmecken. Bei sehr schwacher Hitze warm halten.

4 Die Champignonhüte mit Öl einpinseln, dann in einer heißen Pfanne bräunen, einmal wenden. Auf vier Teller aufteilen und die sahnigen Pilze mit der Sauce darüber löffeln. Mit glatter Petersilie garnieren und servieren.

Tip
Ersetzen Sie den Weinbrand in der Sauce durch Whisky, Gin oder Wermut.

SÜSSKARTOFFELN mit SHERRY und ZITRUS-TOMATEN-SALSA

Verwöhnen Sie ihre Gäste einmal mit einem Gericht, das genauso köstlich wie ungewöhnlich ist: Süßkartoffeln in einem würzigen Sherrydressing, serviert mit einer erfrischenden Zitrussalsa.

FÜR 4 PERSONEN

500 g Süßkartoffeln, gewürfelt
3 EL Olivenöl
1 TL Senfkörner
1 TL Kreuzkümmelsamen
¼ TL Fenchelsamen
2 EL trockener Sherry
4 kleine Radicchioblätter
Salz und gemahlener schwarzer Pfeffer
Basilikumzweige zum Garnieren

FÜR DIE SALSA

2 Orangen
1–2 Tomaten
1 Frühlingszwiebel
1 Handvoll Basilikumblätter
2 EL Olivenöl
1 Prise Zucker

1 Die Süßkartoffeln in einem Topf mit leicht gesalzenem Wasser 6 Minuten kochen. Abgießen und beiseite stellen.

2 Das Öl in einer Pfanne erhitzen. Senfkörner, Kreuzkümmel- und Fenchelsamen zugeben und 3–4 Minuten rösten, bis sie aufplatzen. Den Sherry einrühren.

3 Die Süßkartoffeln zugeben, gründlich umrühren, dann unter häufigem Rühren 10–15 Minuten braten. Mit Salz und Pfeffer abschmecken.

4 Für die Salsa die Orangen mit einem scharfen Messer schälen, dann kleinschneiden. Die Tomaten schälen, entkernen und hacken. Die Frühlingszwiebel in Scheiben und die Basilikumblätter in Streifen schneiden.

5 Sämtliche Zutaten für die Salsa in einer Schüssel vermischen, mit Salz und Pfeffer würzen, über die Radicchioblätter geben und mit den Kartoffeln servieren. Mit Basilikum garnieren.

TIP

Die Süßkartoffeln evtl. mit Schale kochen und dann erst schälen.

Gemüserösti mit Whisky

Diese Rösti mit Gemüse und einer Käse-Champignon-Füllung bestechen durch einen Schuß Whisky.

Für 4 Personen

3 mittelgroße Möhren, gerieben
1 Knollensellerie (etwa 275 g), gerieben
1 große Kartoffel, gerieben
2 mittelgroße Pastinaken, gerieben
3 EL frische Petersilie, gehackt
115 g Champignons, gehackt
50 g geriebener Cheddar
2 EL Whisky
50 g Butter
2 EL Olivenöl
Salz und gemahlener schwarzer Pfeffer
glatte Petersilie und Kirschtomaten zum Garnieren

1 In einer großen Schüssel das geriebene Gemüse mit Petersilie vermischen und mit Salz und Pfeffer würzen. In einer anderen Schüssel die Champignons mit Käse und Whisky vermengen.

2 Butter und den Großteil des Öls in einer beschichteten Pfanne, die auch unter dem Grill benutzt werden kann, erhitzen. Die Hälfte des Gemüses zugeben und flachdrücken. Mit der Käsemischung bedecken und das restliche Gemüse darauf verteilen. Fest andrücken.

3 Bei starker Hitze 5 Minuten braten, dann zudecken und bei geringer Hitze weitere 10 Minuten braten, bis das Gemüse weich ist. Die Oberfläche mit dem restlichen Öl einpinseln und unter einem Grill goldfarben backen. Mit Petersilie und Kirschtomaten garniert servieren.

Tips

Statt das Gemüse auf dem Herd zu garen, können Sie die Mischung auch in eine Auflaufform drücken und 40 Minuten im Ofen backen. Sie können auch einzelne, kleinere Rösti zubereiten und mit Fleisch oder Fisch servieren.

Sesamtofu mit Weinbrand

Tofu ist eine wunderbare Zutat – er hat wenig Eigengeschmack und nimmt schnell andere Aromen auf. Mariniert und gebraten ist er ein ausgezeichneter Belag für Auberginen.

Für 4 Personen

1/4 TL Fünf-Gewürze-Pulver
1 Knoblauchzehe, zerdrückt
2 EL Sesamsamen
2 TL Sojasauce
350 g Tofu, in großen Würfeln
2 Auberginen, der Länge nach halbiert
Öl zum Fritieren
1 Möhre, in feinen Streifen
2 Frühlingszwiebeln, in Ringen
2 EL Weinbrand
Salz und gemahlener schwarzer Pfeffer
frischer gehackter Koriander zum Garnieren

1 Fünf-Gewürze-Pulver, Knoblauch, Sesamsamen, Sojasauce und Tofuwürfel in einer Schüssel gut vermischen, bis die Würfel gleichmäßig überzogen sind. Zudecken und 2 Stunden kalt stellen.

2 Die Auberginen mit etwas Öl einpinseln und unter dem heißen Grill garen, bis sie goldfarben sind.

3 Derweil das Öl in einer Pfanne erhitzen und den Tofu goldfarben und knusprig braten. Auf einen Teller umfüllen. Falls nötig, mehr Öl in die Pfanne gießen und die Möhrenstreifen und Frühlingszwiebeln 2 Minuten anbraten.

4 Den Weinbrand zugeben und alles aufkochen lassen. Die Tofuwürfel zurück in die Pfanne geben und diese schwenken. Eine halbe Aubergine auf jeden Teller legen und die Tofumischung darüber geben. Mit Koriander garniert servieren.

GEMÜSETERRINE mit WEINBRAND

Diese köstliche Eiercreme mit Weinbrandaroma und farbenprächtigem Gemüse ist ein Fest für Augen und Gaumen.

FÜR 4 PERSONEN

1 rote Paprika, geviertelt
1 grüne Paprika, geviertelt
75 g frische oder tiefgefrorene Erbsen
6 frische grüne Spargelspitzen
2 Möhren, in Stäbchen geschnitten
150 ml Milch
150 g Crème double
6 Eier, verquirlt
1 EL Weinbrand
175 g Schichtkäse
1 EL frische Petersilie, gehackt
Salz und gemahlener schwarzer Pfeffer
Salatblätter, Gurkenscheiben und Tomatenhälften zum Servieren

1 Den Ofen auf 180 °C (Gas: Stufe 4) vorheizen. Eine Kastenform (1 Liter) einfetten und auslegen. Die Gemüse einzeln in Salzwasser weich kochen, abgießen und auf Küchenpapier trocknen lassen. Die Paprikaviertel häuten.

2 In einer Schüssel Milch, Crème double, Eier, Weinbrand, Schichtkäse und Petersilie vermischen und würzen.

3 Etwas Gemüse auf dem Boden der Form verteilen, notfalls zurechtschneiden. Etwas Eiermischung darüber löffeln. Das Gemüse und die Eiermischung schichtweise darauf verteilen und mit einer Paprikaschicht abschließen.

4 Die Form mit Alufolie bedecken und in einen Bräter stellen. Kochendes Wasser bis zur Hälfte der Seiten der Form zugießen.

5 Etwa 45 Minuten backen, bis die Eiermischung gerade fest ist. Die Terrine in der Form abkühlen lassen, dann auf eine Platte stürzen. Die Alufolie ablösen und die Terrine in schmale Scheiben schneiden. Mit den Salatblättern, Gurkenscheiben und Tomatenhälften servieren.

TIP

Die Füllung ist sehr weich, sie muß daher vor dem Umstürzen kalt sein. Sie können auch andere Formen verwenden.

POLENTA mit GEWÜRZTEM ROTKOHL

Calvados schmeckt weich und trocken, und besonders in seiner Ursprungsregion, der Normandie, findet er häufig Verwendung. Er paßt hervorragend zu Äpfeln und Rotkohl.

FÜR 4 PERSONEN

2 EL Butter
1 EL Olivenöl
1 Zwiebel, in Ringe geschnitten
1 Knoblauchzehe, zerdrückt
etwa 450 g Rotkohl, in feine Streifen geschnitten
250 ml Gemüse- oder Hühnerbrühe
3 EL Rotweinessig
3 EL klarer Honig
1 EL Zitronensaft
1 Prise gemahlene Gewürznelken
2 Kochäpfel
2 EL Calvados
Salz und gemahlener schwarzer Pfeffer
glatte Petersilie zum Garnieren

FÜR DIE POLENTA

475 ml Wasser
1 TL Salz
175 g Polenta
50 g Butter, gewürfelt
2 EL geriebener Parmesankäse
3 EL frische Kräuter, gehackt
Olivenöl zum Einpinseln
25 g Pinienkerne, zerstoßen

1 Für die Polenta das Wasser in einem großen Topf zum Kochen bringen. Salz zufügen, die Polenta zugeben und unter ständigem Rühren etwa 8 Minuten kochen, bis die Mischung dickem Haferbrei ähnelt. Nicht am Topfboden ansetzen lassen.

TIPS

Sie können die Polenta auch mit Öl einpinseln und grillen, dabei einmal wenden.
Fertig gewürzter Rotkohl schmeckt am folgenden Tag besser, wenn die Aromen gut durchgezogen sind.

2 Die Polenta von der Herdplatte nehmen und Butter, Parmesankäse und Kräuter einrühren. Die Polenta etwa 1 cm dick auf einem flachen Teller verteilen, mit Folie abdecken und kalt stellen.

3 Den Ofen auf 190 °C (Gas: Stufe 5) vorheizen. Butter und Olivenöl in einer großen Pfanne erhitzen. Die Zwiebeln goldfarben dünsten, dann die restlichen Zutaten außer den Äpfeln und dem Calvados zugeben. Aufkochen lassen, dann zugedeckt bei geringer Hitze 40 Minuten köcheln lassen. Gelegentlich umrühren und evtl. Wasser zugießen.

4 Die Äpfel schälen, entkernen und hacken. In die Rotkohlmischung rühren, den Calvados zugießen; mit Salz und Pfeffer würzen. 15 Minuten köcheln lassen.

5 Ein Backblech einfetten. Die Polenta in Dreiecke schneiden und auf dem Backblech verteilen. Mit Öl einpinseln, die Pinienkerne darüber streuen und in 15–20 Minuten goldbraun backen. Auf dem Rand einer vorgewärmten Servierplatte anrichten und den Rotkohl in die Mitte geben. Mit Petersilie garnieren und servieren.

DESSERTS, EISCREMES UND KONFEKT

Desserts, Eiscremes und Konfekt sind die Krönung einer jeden Mahlzeit. Probieren Sie die Maraschino-Crème brûlée mit in Kirschlikör getränkten Früchten und einer Cremefüllung mit Rosenwasseraroma oder die üppigen Grand Marnier Soufflés, oder aber entscheiden Sie sich für mit Café Noir aromatisierte Mokkatrüffel.

CRÊPES SUZETTE mit COINTREAU und COGNAC

Dieser Klassiker – Crêpes mit Butter gefüllt und mit Cognac flambiert – erfreut sich nach wie vor großer Beliebtheit.

FÜR 6 PERSONEN
115 g Mehl
½ TL Salz
2 Eier, verquirlt
300 ml Milch
Öl zum Fritieren
Saft von 2 Orangen
3 EL Cognac
Puderzucker zum Bestäuben
dünn abgeschälte Streifen Orangenschale zum Dekorieren

FÜR DIE ORANGENBUTTER
175 g Butter
50 g grobkörniger Zucker
geriebene Schale von 2 Orangen
2 EL Cointreau

1 Für die Orangenbutter Butter und Zucker in einer Schale schaumig schlagen. Geriebene Orangenschale und Cointreau einrühren. Beiseite stellen und den Teig zubereiten.

2 Für den Teig Mehl und Salz in eine Schüssel sieben, eine Mulde in die Mitte drücken und die Eier zugeben. Gut verrühren. Nach und nach die Milch zugießen und alles zu einem glatten Teig verrühren. Diesen in einen Krug gießen. Das Öl in einer Pfanne erhitzen, etwas Teig zugießen. Die Crêpe braten, bis die Unterseite goldfarben ist, dann wenden und auf der anderen Seite braten. Die Crêpe aus der Pfanne gleiten lassen. Den restlichen Teig zu mindestens fünf weiteren Crêpes verarbeiten.

3 Die Crêpes mit der Hälfte der Orangenbutter bestreichen und zu Vierteln falten.

TIP

Ebenso köstlich schmecken diese Crêpes mit Rum statt Cointreau und Cognac sowie mit frischen Ananasscheiben und gerösteten Kokosflocken.

4 Die restliche Orangenbutter mit dem Orangensaft in einer Pfanne erhitzen, die Crêpes zugeben und wenden, bis sie vollständig erhitzt sind. Die Crêpes auf eine Seite der Pfanne schieben, den Cognac zugießen und erhitzen. Vorsichtig flambieren. Wenn die Flamme ausgegangen ist, die Sauce über die Crêpes löffeln. Mit Puderzucker bestäuben, mit Orangenschale dekorieren und servieren.

HEISSE SOUFFLÉS mit GRAND-MARNIER-EISCREME

Grand Marnier verleiht diesen lockeren Soufflés mit Eiskrönchen die Aromen von Cognac und Bitterorangen.

FÜR 6 PERSONEN
3 EL Butter
3 EL Mehl
250 ml Milch
3 EL Zucker
2 EL Grand Marnier
5 Eier, getrennt
Puderzucker zum Bestäuben
FÜR DIE EISCREME
150 g Crème double
2 EL Grand Marnier
2 EL Orangensaft
2 TL Puderzucker

1 Für die Eiscreme Crème double, Grand Marnier, Orangensaft und Puderzucker vermischen. In einen Gefrierbehälter gießen und 30 Minuten gefrieren lassen, bis sich am Rand Eiskristalle bilden. Gut umrühren, dann fest gefrieren lassen.

2 Mit zwei Löffeln das gefrorene Grand-Marnier-Eis zu sechs kleinen Ovalen formen. Auf einen Teller geben und fest gefrieren lassen.

3 Den Ofen auf 200 °C (Gas: Stufe 6) vorheizen. Sechs Souffléförmchen leicht einfetten. Butter, Mehl und Milch in einen Topf geben. Unter ständigem Rühren zum Kochen bringen. 2 Minuten kochen lassen, dann etwas abkühlen lassen und Zucker, Grand Marnier und die Eigelbe einrühren.

TIP

Für den Eischnee müssen Schüssel und Schneebesen fettfrei sein.

4 Die Eiweiße in einer großen Schüssel steif schlagen. Mit einem Metalllöffel unter die Mischung im Topf ziehen.

5 Die Mischung in die Souffléförmchen verteilen, diese auf ein Backblech stellen und 25–35 Minuten backen, bis die Soufflés aufgegangen und goldbraun sind. Sofort mit Puderzucker bestäuben, ein Loch in die Oberfläche drücken und einen Löffel Grand-Marnier-Eiscreme darauf setzen. Sofort servieren.

ZABAGLIONE

Diese herrlich cremige Nachspeise wird mit Marsala, einem sizilianischen Dessertwein, zubereitet.

FÜR 4 PERSONEN

2 Löffelbiskuits, zerkrümelt
6 EL Marsala
6 frische Aprikosen, entsteint und in Spalten geschnitten
5 Eigelbe
50 g Zucker

VARIATION

Den Marsala kann man durch Madeira und die Löffelbiskuits durch zerkrümelte Mandelmakronen ersetzen.

1 Die zerkrümelten Löffelbiskuits auf vier hitzebeständige Dessertgläser aufteilen. Je 1 Eßlöffel Marsala darüber sprenkeln. Acht Aprikosenspalten zum Garnieren beiseite legen und den Rest auf die Gläser aufteilen.

2 Die Eigelbe in einer hitzebeständigen Schüssel leicht verquirlen, dann den Zucker und restlichen Marsala einrühren.

3 Die Schüssel in einen Topf mit köchelndem Wasser stellen und weiterschlagen, bis die Mischung dick und cremig ist. Beim Herausziehen des Schneebesens sollte eine Spur zurückbleiben.

4 Die Zabaglione in Gläser gießen und mit den Aprikosenspalten garnieren. Noch warm servieren.

POCHIERTE MANDARINEN mit MÜRBETEIGBLÄTTERN

In Likör-Sirup getränkte Mandarinen sind eine herrliche Süßspeise. Wenn sie mit Mürbegebäck serviert werden, zergehen sie auf der Zunge.

FÜR 4 PERSONEN

225 g hellbrauner Zucker
750 ml Wasser
12 kleine Mandarinen
3 EL Mandarine Napoléon
1 EL Zitronensaft
geschlagene Crème double zum Servieren

FÜR DAS MÜRBETEIGGEBÄCK

50 g weiche Butter
75 g Mehl, gesiebt
25 g Zucker plus extra Zucker zum Bestreuen
1 TL feingeriebene Zitronenschale

TIP

Heben Sie die Kekse in einer gut schließenden Dose auf. Einige Reiskörner verhindern, daß sie weich werden.

1 Den Ofen auf 160 °C (Gas: Stufe 3) vorheizen. Für den Mürbeteig Butter, Mehl, Zucker und Zitronenschale in einer großen Schüssel zu einem geschmeidigen, glänzenden Teig verkneten.

2 Auf einer leicht bemehlten Fläche etwa 5 mm dick ausrollen. Von Hand oder mit einem Förmchen Teigblätter ausstechen. Auf ein Backblech legen und 15 Minuten backen. Mit Zucker bestreuen und vor dem Ablösen 5 Minuten auf dem Blech abkühlen lassen.

3 Braunen Zucker und Wasser erhitzen, bis sich der Zucker auflöst. Köcheln lassen, bis sich die Mischung auf die Hälfte reduziert hat. Den Sirup weiterköcheln lassen.

4 Die Mandarinen schälen und die weiße Haut entfernen. Likör und Zitronensaft in den Sirup gießen. Die Mandarinen zugeben. Abdecken und 40 Minuten kochen, dann abkühlen lassen. Mit den Mürbeteigblättern servieren und geschlagene Crème double dazu reichen.

SHERRY-TRIFLE

Sherry-Trifles gibt es in vielen Versionen – von alltäglich bis exquisit. Dieses zählt zur letzteren Kategorie.

FÜR 6–8 PERSONEN
75 g Mandelmakronen (ratafia biscuits)
6 EL Himbeerkonfitüre
175 ml Sherry
175 g frische Himbeeren
225 g kernlose blaue Trauben
300 g Crème double, geschlagen
kandierte Früchte und Puderzucker zum Dekorieren
FÜR DIE EIERCREME
25 g Maismehl
600 ml Milch
3 Eigelb
1–2 Tropfen Vanillearoma
2 EL Zucker

VARIATION

Variieren Sie die Früchtefüllung je nach Jahreszeit. Stimmen Sie die Konfitüre auf die Früchte ab. Anstelle des Sherrys kann auch ein passender Likör verwendet werden.

1 Für die Eiercreme das Maismehl in einer Schüssel mit etwas Milch vermischen. Eigelbe, Vanillearoma und Zukker einrühren. Die restliche Milch zum Kochen bringen und dann in die Maismehlmischung gießen, dabei ständig rühren.

2 Die Creme in einen Topf gießen und unter ständigem Rühren aufkochen lassen. Die Hitze reduzieren und 3 Minuten köcheln lassen. Vom Herd nehmen, die Oberfläche mit Pergamentpapier bedecken und abkühlen lassen.

3 Je zwei Mandelmakronen mit Himbeerkonfitüre dazwischen zusammendrücken, dann in einer Glasschüssel anrichten und mit dem Sherry besprenkeln.

4 Die Hälfte der Eiercreme darüber löffeln, glattstreichen und die Früchte darauf geben. Mit der restlichen Eiercreme bedecken. Die Crème double auf das Trifle geben bzw. spritzen und mit kandierten Früchten dekorieren. Kurz vor dem Servieren mit etwas Puderzucker bestäuben.

GRAPEFRUIT in HONIG und WHISKY

Ein farbenprächtiger Fächer aus Grapefruitspalten in einer süßen Whiskysauce

FÜR 4 PERSONEN

1 rosafleischige Grapefruit
1 rotfleischige Grapefruit
1 gelbfleischige Grapefruit
50 g grobkörniger Zucker
4 EL klarer Honig
3 EL Whisky
Minzeblätter zum Garnieren

1 Die Grapefruits schälen, die weiße Haut entfernen. In Spalten schneiden.

2 Den Zucker und 150 ml Wasser in einen Topf geben, aufkochen lassen, rühren, bis sich der Zucker aufgelöst hat, dann 10 Minuten köcheln lassen.

3 Den Honig in einem Topf erhitzen und kochen lassen, bis er sich etwas dunkler färbt oder karamellisiert. Von der Herdplatte nehmen, den Whisky zugeben, nach Belieben flambieren und in den Zuckersirup gießen.

4 Die Mischung aufkochen lassen und über die Früchte gießen. Zudecken und abkühlen lassen. Zum Servieren die Grapefruitspalten auf Tellern anrichten, die Farben dabei abwechseln, mit Sirup begießen und mit Minze dekorieren.

VARIATION

Statt Whisky passen auch Weinbrand, Cointreau oder Grand Marnier.

FRAMBOISE-ZABAGLIONE mit HEIDELBEEREN und HIMBEEREN

Dieses Dessert könnte nicht einfacher zuzubereiten sein, es schmeckt aber hervorragend.

FÜR 4 PERSONEN
115 g frische Heidelbeeren
175 g frische Himbeeren
3 Eigelb
4 EL Framboise
2 EL Zucker plus extra Zucker zum Garnieren

VARIATION
Im Winter, wenn es nur wenige Früchte gibt, können Sie die Zabaglione mit getrockneten, in Weinbrand getränkten Aprikosen und einem Joghurtbelag zubereiten.

1 Die frischen Heidelbeeren und Himbeeren auf große ofenfeste Suppen- oder Dessertteller verteilen.

2 Eigelbe, Framboise und Zucker in einer hitzebeständigen Schüssel vermischen. Die Schüssel über einen Topf mit siedendem Wasser stellen und die Mischung cremig schlagen. Den Grill vorheizen.

3 Die Sauce über die Früchte geben, mit etwas Zucker bestreuen und kurz unter den heißen Grill stellen, bis der Zucker karamellisiert und goldbraun wird.

AMARETTO-EISCREME

Der Amaretto mit seinem Mandelaroma verleiht dieser Eiscreme ein herrlich kräftiges Aroma.

FÜR 4–6 PERSONEN
750 ml Vanilleeis, angetaut
2 EL Amaretto
1 EL Orangensaft
1–2 Tropfen Vanillearoma
dünne Orangenschalen-Streifen zum Dekorieren
FÜR DIE KNUSPRIGEN FÖRMCHEN
50 g Butter
50 g Zucker
50 g heller Sirup
1 TL gemahlener Ingwer
geriebene Schale und Saft von 1 Zitrone
50 g Mehl

1 Den Ofen auf 180 °C (Gas: Stufe 4) vorheizen. 3 Backbleche mit Backpapier auslegen.

2 Die Eiscreme schlagen, bis sie weich und cremig ist, dann Amaretto, Orangensaft und Vanillearoma einrühren. Wieder in die Eisschale oder in einen Gefrierbehälter geben. Fest gefrieren lassen.

3 Butter, Zucker, Sirup und gemahlenen Ingwer in einen Topf geben. Vorsichtig erhitzen und ständig rühren, bis die Butter zerlassen ist, dann den Herd ausschalten und Zitronenschale und -saft einrühren, anschließend das Mehl.

4 Die Mischung härtet schnell, daher nur zwei Förmchen auf einmal backen. Einige Löffel der Mischung auf das Backblech geben, 10–12 Minuten backen, dann kurz abkühlen lassen.

5 Die Plätzchen mit einem Palettenmesser vom Blech lösen und über eine kleine Orange oder die Außenseite einer Tasse legen. Abkühlen und aushärten lassen. Mit Amarettoeis füllen, mit Orangenschale garnieren und servieren.

KAFFEE- und KAHLÚA-MACADAMIA-CREME mit BAISERFINGERN

Diese gehaltvolle Creme erhält durch den Kaffeelikör ein herrlich intensives Aroma.

FÜR 4–6 PERSONEN
2 TL Gelatinepulver
3 EL Wasser
350 g Crème double
150 g fester Naturjoghurt
1 EL starker schwarzer Kaffee
25 g Puderzucker
1 EL Kahlúa
50 g Macadamia-Nüsse, geröstet und gehackt
geröstete Macadamia-Nüsse und Schokoladen-Kaffeebohnen zum Garnieren
FÜR DIE BAISERFINGER
1 Eiweiß
50 g Zucker

1 Den Ofen auf 120 °C (Gas: Stufe ½) vorheizen. Ein Backblech mit Backpapier auslegen. Für die Baiserfinger das Eiweiß in einer fettfreien Schüssel steif schlagen. Die Hälfte des Zuckers zugeben und weiterschlagen, dann den restlichen Zucker unterheben.

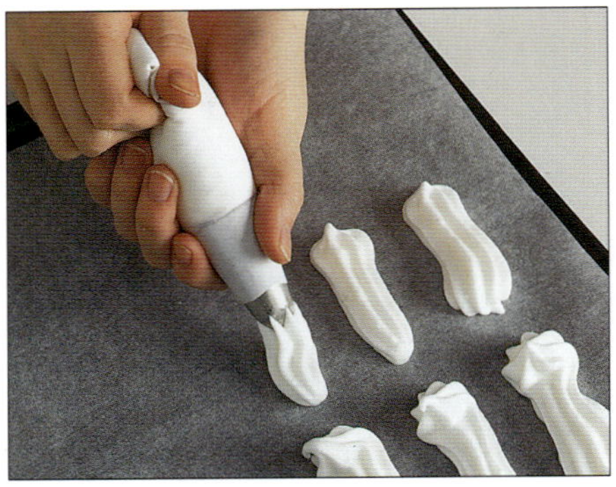

2 Die Baisermischung in Fingerform auf das Blech spritzen oder löffeln. In etwa 45–50 Minuten knusprig backen.

3 Für die Creme in einer hitzebeständigen Schüssel die Gelatine über das Wasser streuen. Wenn sie »schwammig« ist, siedendes Wasser zugießen.

4 Crème double, Joghurt, Kaffee, Puderzucker und Kahlúa mischen. Die aufgelöste Gelatine einrühren. Abkühlen lassen, bis sie sich setzt, dann die Nüsse einrühren und in kleine Formen löffeln. Fest werden lassen, umstürzen und mit Nüssen und Schokoladen-Kaffeebohnen garnieren. Mit Baiserfingern servieren.

MARASCHINO-CRÈME BRULÉE

Ein knuspriger Belag bedeckt in Likör getränkte Früchte unter einer Cremeschicht.

FÜR 6 PERSONEN
6 Eier, leicht verquirlt
300 ml Milch
300 g Crème double, leicht geschlagen
50 g Zucker
1 TL Rosenwasser
50 g frische Kirschen, halbiert und entsteint
50 g kernlose Trauben, halbiert
1 EL Maraschino
75 g hellbrauner Zucker
ganze frische Kirschen zum Servieren

1 Eier und Milch in einer hitzebeständigen Schüssel vermischen. Über einen Topf mit siedendem Wasser stellen und erhitzen, bis die Mischung eindickt.

2 Crème double, Zucker und Rosenwasser unterheben. Den Topf von der Herdplatte nehmen und abkühlen lassen.

3 Die Früchte in sechs ofenfeste Schälchen verteilen. Maraschino-Likör über die Früchte sprenkeln und den Pudding darüber löffeln. Den Grill vorheizen.

4 Den Zucker gleichmäßig über die Creme streuen und dann unter dem Grill karamellisieren lassen. Warm oder kalt mit ganzen Kirschen servieren.

BOURBONKUGELN

Bei dieser amerikanischen Spezialität verfeinert ein Schuß Bourbon Biskuit- und Pekannußtrüffel.

ERGIBT ETWA 25 STÜCK
140 g Butterkekse
1 EL Kokosflocken
115 g Pekannüsse, gehackt
2 EL Kakaopulver
75 g Puderzucker, gesiebt
2 EL klarer Honig
120 ml Bourbon

TIP
In England werden für dieses Rezept 175 g Nice biscuits verwendet.

1 Die Kekse in einen Gefrierbeutel geben und mit einem Nudelholz fein zerstoßen. In eine Schüssel füllen und Kokosflocken, Nüsse, Kakaopulver und die Hälfte des Puderzuckers zugeben. Honig und Bourbon zufügen und zu einer festen Paste verrühren. Falls notwendig, noch etwas Bourbon zugeben.

2 Kleine Kugeln formen, auf einen Teller geben und kalt stellen, bis sie fest sind.

3 Die Kugeln im restlichen Puderzucker wälzen, dann 15 Minuten kalt stellen und erneut im Zucker wälzen. Auf einem Teller oder in einer Geschenkbox servieren.

MOKKATRÜFFEL MIT CAFÉ NOIR

Die Kombination von Kaffeelikör und Schokolade ist einfach unwiderstehlich.

ERGIBT ETWA 25 STÜCK
175 g dunkle Schokolade, in Rechtecke zerbrochen
50 g Butter
2 TL Instant-Kaffeegranulat
2 EL Crème double
225 g buttriger Sandkuchen oder Madeira cake, zerkrümelt
50 g gemahlene Mandeln
2 EL Café Noir
Kakaopulver, Schokostreusel oder gemahlene Mandeln zum Überziehen

VARIATION
Lassen Sie das Kaffeegranulat weg und verwenden Sie Kirschbranntwein statt Café Noir. Verstecken Sie eine Maraschinokirsche in jedem Trüffel.

1 Schokolade, Butter und Instant-Kaffee in eine hitzebeständige Schüssel geben und diese über einen Topf mit heißem Wasser stellen. Vorsichtig erhitzen, bis Schokolade und Butter geschmolzen sind und sich der Instant-Kaffee aufgelöst hat. (Das Wasser darf nicht kochen, und der Schüsselboden darf das Wasser nicht berühren.)

2 Die Schüssel vom Topf nehmen und Crème double, Kuchenkrümel, gemahlene Mandeln und Café Noir einrühren.

3 Die Mischung kalt stellen, bis sie fest ist. Kleine Kugeln formen, in Kakaopulver, Schokoladenstreuseln oder gemahlenen Mandeln wälzen und in kleine Petits-fours-Förmchen aus Aluminium geben.

COINTREAU-SCHOKOLADEN-COLETTES

Kleine, mit gespritzter Schokoladen- und Cointreaucreme gefüllte Schokoladenförmchen sind ein verführerischer Genuß. Servieren Sie sie mit einem Glas Cointreau zum Abschluß einer festlichen Mahlzeit.

ERGIBT 14 STÜCK

115 g dunkle Schokolade, in Rechtecke gebrochen
Puderzucker zum Bestäuben

FÜR DIE FÜLLUNG

65 g dunkle Schokolade
2 EL Butter
2 EL Cointreau
4 EL Crème double, geschlagen

1 Die Schokolade in eine hitzebeständige Schüssel geben. Über einen Topf mit heißem Wasser stellen und erhitzen, bis die Schokolade geschmolzen ist.

2 Die Innenseiten von 14 Petits-fours-Förmchen mit Schokolade einpinseln und fest werden lassen. Drei- bis viermal wiederholen. Wenn sie fest sind, vorsichtig aus den Förmchen lösen.

3 Für die Füllung die Schokolade und Butter in einer hitzebeständigen Schüssel über einem Topf mit heißem Wasser schmelzen.

4 Abkühlen lassen. Den Cointreau einrühren und die Crème double unterheben, solange die Masse noch flüssig ist.

TIP

Beim Herstellen der Schokoladenförmchen sind mehrere dünne Schichten besser als eine dicke, da diese beim Ablösen des Papiers leicht brechen kann.

5 Die Mischung kalt stellen, bis sie fest ist, dann die Schokolade in die Schokoladenförmchen spritzen. Mit Puderzucker bestäuben.

Miniflorentiner mit Grand Marnier

Der Grand Marnier mit seinem Orangenaroma verleiht diesen Florentinern eine ganz besondere Note.

Ergibt etwa 24 Stück

50 g hellbrauner Zucker
1 EL klarer Honig
1 EL Grand Marnier
50 g Butter
3 EL Mehl
25 g Haselnüsse, grobgehackt
50 g Mandelblättchen, gehackt
50 g kandierte Kirschen, gehackt
115 g geschmolzene dunkle Schokolade zum Überziehen

1 Den Ofen auf 180 °C (Gas: Stufe 4) vorheizen. 3–4 Backbleche mit Backpapier auslegen. Zucker, Honig, Grand Marnier und Butter in einem Topf bei schwacher Hitze schmelzen.

2 Den Topf von der Herdplatte nehmen und Mehl, Haselnüsse, Mandeln und Kirschen zugeben. Gut verrühren.

3 Mit einem Löffel kleine Häufchen der Mischung auf die Backbleche setzen. In etwa 10 Minuten goldbraun backen. Auf dem Backblech abkühlen lassen, bis die Ränder etwas hart werden, dann entfernen und auf einem Kuchengitter ganz auskühlen lassen.

4 Die Schokolade auf eine Seite jedes Florentiners streichen. Wenn sie fest wird, mit einer Gabel wellige Linien einzeichnen. Vollständig abkühlen lassen.

Variation

Sie können in Milch geschmolzene dunkle oder weiße Schokolade in einen Spritzbeutel aus Papier geben, die Spitze abschneiden und Zickzacklinien auf die Florentiner spritzen.

OBSTKUCHEN UND PIES

Aus einem knusprigen, federleichten Teig und einer Mischung aus Früchten und Nüssen lassen sich exotische und köstliche Obstkuchen oder Pies zubereiten. Ein Teig mit Kaffeearoma beispielsweise bildet die Grundlage für eine schwere, gehaltvolle Füllung aus Zuckersirup und Nüssen, die mit einem Schuß Drambuie versetzt ist. Sie finden hier außerdem einen leckeren Baiserkuchen, zubereitet mit Pflaumen und Eau de vie de Mirabelle sowie eine cremige, mit Marsala aromatisierte Sahnetorte.

APFEL-, ROSINEN- und AHORN-PIE mit CALVADOS

Calvados unterstreicht das Apfelaroma dieser einzigartigen Blätterteig-Pies.

FÜR 4 PERSONEN
350 g Blätterteig (aufgetaut, falls tiefgefroren)
verquirltes Ei oder Milch zum Glasieren
Schlagsahne, aromatisiert mit Orangenlikör und bestreut mit geriebener Orangenschale zum Servieren

FÜR DIE FÜLLUNG
75 g hellbrauner Zucker
2 EL Zitronensaft
3 EL Ahornsirup
150 ml Wasser
3 EL Calvados
6 kleine Speiseäpfel
75 g Rosinen

1 Den Ofen auf 200 °C (Gas: Stufe 6) vorheizen. Für die Füllung Zucker, Zitronensaft, Ahornsirup und Wasser in einem Topf erhitzen, bis sich der Zucker aufgelöst hat, dann die Mischung auf die Hälfte reduzieren. Den Calvados einrühren.

2 Vier Äpfel halbieren, entkernen und in Achtel schneiden. Die Apfelspalten in den Sirup geben und bei geringer Hitze in etwa 5–8 Minuten zart kochen. Mit einem Abseihlöffel aus dem Sirup nehmen und beiseite stellen.

3 Die restlichen Äpfel schälen, entkernen und hacken. Mit den Rosinen im Sirup köcheln lassen, bis die Mischung sehr dick ist, dann abkühlen lassen.

4 Den Teig auf einer leicht bemehlten Fläche ausrollen und mit einer 15-cm-Form acht Kreise ausstechen. Mit der Hälfte der Teigkreise vier 10-cm-Quicheformen auslegen. Die Rosinenmischung hineinlöffeln und glattstreichen.

5 Die Apfelspalten auf der Rosinenmischung anrichten. Die Ränder jeder Teigform mit Ei oder Milch einpinseln und mit einem Teigdeckel belegen, zurechtschneiden und zusammendrücken. Die Pies mit den Teigresten dekorieren. Die Oberfläche mit verquirltem Ei oder mit Milch einpinseln, dann 30–35 Minuten backen. Warm mit Schlagsahne servieren.

TIP
Aromatisierte Sahne schmeckt köstlich zu Pies und Obstkuchen. Etwas Crème double aufschlagen, ein bis zwei Löffel Ihres Lieblingslikörs zufügen und nach Belieben süßen.

BAISERKUCHEN mit EAU DE VIE DE MIRABELLE

Mirabellenschnaps intensiviert das Aroma frischer Pflaumen.

FÜR 6–8 PERSONEN
175 g Mehl
40 g feste Margarine, gewürfelt
40 g weißes Speisefett, gewürfelt
3 Eiweiß
75 g Zucker
FÜR DIE FÜLLUNG
350 g Pflaumen, entsteint und in Spalten geschnitten
2 TL grobkörniger Zucker
4 EL Orangensaft
3 Eigelb, verquirlt
3 EL Eau de vie de Mirabelle

1 Das Mehl in eine Schüssel sieben. Margarine und Speisefett hineinreiben, bis die Mischung krümelig ist, dann so viel kaltes Wasser einrühren, daß ein weicher Teig entsteht. In Klarsichtfolie eingewikkelt 30 Minuten kalt stellen. Den Ofen auf 190 °C (Gas: Stufe 5) vorheizen.

2 Den Teig ausrollen und eine Obstkuchenform (18 cm) damit auslegen. Die Teigform mit Alufolie auslegen, mit Backbohnen füllen und 12 Minuten blindbacken. Alufolie und Backbohnen entfernen und in weiteren 5 Minuten goldfarben backen.

3 Für die Füllung Pflaumen, Zucker und Orangensaft in einem Topf mischen. Aufkochen lassen, die Hitze reduzieren und köcheln lassen, bis die Früchte gar sind und die Mischung eingedickt ist.

4 Die Pflaumenmischung beiseite stellen. Wenn sie abgekühlt ist, Eigelbe und Eau de vie de Mirabelle leicht unterrühren. Die Mischung in die Kuchenform löffeln.

5 Die Eiweiße in einer sauberen, fettfreien Schüssel halb steif schlagen. Die Hälfte des Zuckers unterrühren. Wenn die Mischung steif ist, den restlichen Zucker unterheben.

VARIATION
Genauso köstlich schmeckt der Kuchen mit Erdbeeren und Framboise oder entsteinten Kirschen und Kirschwasser.

6 Das Baiser über die Füllung löffeln oder spritzen und in etwa 15–20 Minuten goldfarben backen.

ORANGEN-QUARK-TÖRTCHEN mit COINTREAU

Diese traditionellen englischen Obsttörtchen enthalten eine cremige Füllung mit Cointreau-Aroma.

FÜR 6 PERSONEN
175 g Mehl
3 EL feste Margarine, gewürfelt
3 EL weißes Speisefett, gewürfelt
2 EL Zucker
1 Eigelb
½ TL geriebene Muskatnuß
Orangenspalten und dünn abgeschälte Orangenschale zum Garnieren

FÜR DIE FÜLLUNG
2 EL Butter, zerlassen
50 g Zucker
1 Ei
175 g Schichtkäse
2 EL Crème double
50 g Korinthen
1 EL geriebene Zitronenschale
1 EL geriebene Orangenschale
1 EL Cointreau

1 Für den Teig das Mehl in eine große Rührschüssel sieben und Margarine und Speisefett hineinreiben, bis eine feinkrümelige Masse entsteht. Zucker und Eigelb einrühren und genügend kaltes Wasser zugeben, damit ein fester Teig entsteht. Den Teig in Klarsichtfolie einwickeln und 30 Minuten kalt stellen. Den Ofen auf 190 °C (Gas: Stufe 5) vorheizen.

TIP

Schichtkäse ist weicher, unreifer Käse mit milchigem Geschmack. Für einen großen Kuchen eine 18-cm-Form auslegen. Die Füllung hineingießen und 45–55 Minuten backen.

2 Den Teig auf einer leicht bemehlten Fläche ausrollen und sechs Tortelettförmchen (10 cm) damit auslegen.

3 Für die Füllung zerlassene Butter, Zukker, Ei, Schichtkäse, Crème double, Korinthen, geriebene Fruchtschale und Cointreau in einer Schüssel vermischen. In die Förmchen löffeln, mit Muskat bestreuen und in 30–35 Minuten goldfarben backen. Mit Orangenspalten und Orangenschale garniert servieren.

PASSIONSFRUCHT-PIE mit GRAND MARNIER

Knuspriger Blätterteig mit einer wundervoll cremigen Obstfüllung, verfeinert mit Grand Marnier – ein unvergeßliches Dessert!

FÜR 4–6 PERSONEN
175 g Blätterteig (aufgetaut, falls tiefgefroren)
Puderzucker zum Bestäuben

FÜR DIE FÜLLUNG
4 EL Aprikosenkonfitüre
6 Passionsfrüchte
115 g Rahmkäse
300 g Sauerrahm
2 Eier, verquirlt
75 g Zucker
geriebene Schale und Saft von 1 Orange
2 EL Grand Marnier

1 Den Ofen auf 190 °C (Gas: Stufe 5) vorheizen. Den Teig ausrollen und eine Obstkuchenform (18 cm) damit auslegen. Den Teigboden mit einer Gabel einstechen, dann mit der Konfitüre bestreichen.

2 Die Passionsfrüchte halbieren, mit einem Teelöffel das Fruchtfleisch in ein Sieb geben und durch das Sieb in eine Schüssel streichen. Rahmkäse, Sauerrahm, Eier, Zucker, Orangenschale und -saft zugeben; Grand Marnier einrühren.

3 Die Füllung in die Form löffeln. Die Pie in 25–30 Minuten goldfarben backen.

4 Mehrere Metallspieße erhitzen. Die Pie mit Puderzucker bestäuben, einen Spieß mit Topfhandschuhen festhalten und auf den Zucker drücken, so daß dieser schmilzt. Erzeugen Sie so ein Gittermuster auf der Oberfläche.

TIP

Falls Sie nicht genügend Zeit für die Verzierung der Oberfläche haben, bestäuben Sie sie einfach mit Puderzucker und lassen sie diesen unter dem Grill karamelisieren. Schützen Sie dabei den Teigrand mit Alufolie.

NUSS-PIE mit DRAMBUIE

Drambuie ist ein Likör mit Whisky- und Honigaroma – eine köstliche Kombination für diese Pekan-Macadamianuß-Füllung.

FÜR 6–8 PERSONEN
225 g Mehl
115 g Butter, gewürfelt
2 EL starker schwarzer Kaffee
75 g Pekannußhälften
75 g Macadamianußhälften
Eiscreme zum Servieren

FÜR DIE FÜLLUNG
3 Eier
50 g Zuckersirup
50 g dunkelbrauner Zucker
2 EL klarer Honig
2 EL Drambuie
2 EL Butter, zerlassen
115 g Pekannüsse, gehackt
115 g Macadamianüsse, gehackt

1 Das Mehl in eine Schüssel sieben und die Butter hineinreiben, bis eine krümelige Masse entsteht. Kaffee und genügend kaltes Wasser einrühren, daß ein weicher Teig entsteht. In Folie eingewickelt 30 Minuten kalt stellen. Den Ofen auf 200 °C (Gas: Stufe 6) vorheizen.

2 Den Teig auf einer leicht bemehlten Fläche zu einem Rechteck (etwa 40 x 16 cm) ausrollen. Den Teig über ein Nudelholz legen und über einer Kuchenform (35 x 11,5 cm) wieder abrollen.

3 Für die Füllung alle Zutaten in einer Schüssel gründlich vermischen. Die Füllung in die Teigform löffeln und die Pekan- und Macadamianußhälften darauf anrichten. 35–40 Minuten backen, bis der Teig goldfarben ist. Mit Eiscreme servieren.

VARIATION
Sie können auch eine runde Obstkuchenform (22 cm) verwenden.

Aprikosen-Mandel-Kuchen mit Kirschwasser

Der leichte Teig wird mit einer saftigen Mandelcreme gefüllt und mit frischen Aprikosen und zerstoßenen Makronen belegt – das Resultat ist einfach überwältigend. Der Kuchen schmeckt mit Joghurt oder Sahne köstlich.

Für 6 Personen

225 g Mehl
115 g Butter
2 TL feingeriebene Limonenschale
12 frische Aprikosen, entsteint, einige halbiert, einige in dicke Scheiben geschnitten
75 g Makronen, zerstoßen
Naturjoghurt oder Sahne zum Servieren

Für die Füllung

2 EL weiche Butter
2 EL hellbrauner Zucker
1 EL Mehl
50 g gemahlene Mandeln
1 Ei, verquirlt
3 EL Kirschwasser

Tip

Den Teig zwischen zwei Lagen Backpapier oder Klarsichtfolie ausrollen, wenn er sich schwer verarbeiten läßt.

1 Das Mehl in eine Schüssel sieben, dann die Butter hineinreiben, bis die Masse krümelig ist. Limonenschale und genügend kaltes Wasser einrühren, daß ein weicher Teig entsteht. In Klarsichtfolie eingewickelt 30 Minuten kalt stellen.

2 Derweil die Füllung zubereiten. Butter und braunen Zucker schaumig rühren, dann Mehl, gemahlene Mandeln, Ei und Kirschwasser zugießen. Den Ofen auf 200 °C (Gas: Stufe 6) vorheizen.

3 Den Teig auf einer leicht bemehlten Fläche ausrollen und eine Kuchenform (35 x 11,5 cm oder 22 cm Ø) damit auslegen. Die Füllung in der Teigform verstreichen und die Aprikosenscheiben und -hälften mit der Schnittseite nach unten darauf legen. Mit den zerstoßenen Makronen bestreuen. 35–40 Minuten backen, bis der Teig goldgelb ist. Warm oder kalt mit Joghurt oder Sahne servieren.

APFEL- und BEERENKUCHEN mit GINSAUCE

Die Apfel-Beeren-Füllung und wird mit etwas Gin noch verfeinert.

FÜR 6–8 PERSONEN
225 g Mehl
115 g Butter, gewürfelt
2 TL geriebene Limonenschale
Ei oder Milch zum Glasieren
FÜR DIE FÜLLUNG
225 g Kochäpfel, geschält, entkernt und gerieben
175 g frische oder tiefgefrorene Cranberries oder Preiselbeeren
115 g frische oder tiefgefrorene Heidelbeeren
50 g hellbrauner Zucker
geriebene Schale und Saft von 1 Limone
1 EL Gin
150 ml Wasser
FÜR DIE SAUCE
175 g frische oder tiefgefrorene Cranberries oder Preiselbeeren
2 EL klarer Honig
2 EL Gin
300 ml frischer Orangensaft

1 Das Mehl in eine Rührschüssel sieben. Die Butter hineinreiben, dann die geriebene Limonenschale einrühren. Genügend kaltes Wasser zugeben, daß ein weicher Teig entsteht. Den Teig in Klarsichtfolie einwickeln und 30 Minuten kalt stellen.

2 Für die Füllung geriebene Äpfel, Cranberries, Heidelbeeren, Zucker, Limonenschale und -saft, Gin und Wasser in einen Topf geben und alles zum Kochen bringen. Die Hitze reduzieren und unter Rühren köcheln lassen, bis die Früchte breiig werden. Den Topf vom Herd nehmen und abkühlen lassen. Den Ofen auf 200 °C (Gas: Stufe 6) vorheizen.

3 Drei Viertel des Teigs auf einer leicht bemehlten Fläche zu einem 25 cm großen Kreis ausrollen und eine 18-cm-Kuchenform damit auslegen. Den restlichen Teig ausrollen und dünne Streifen für das Gittermuster und kleine Blümchenformen für die Dekoration ausschneiden.

4 Die Füllung in die Teigform geben. Die Teigstreifen in einem Gittermuster darauf legen, mit Ei oder Milch einpinseln und die Blümchenformen andrükken, diese ebenfalls einpinseln. Den Kuchen 30–35 Minuten backen, dann aus dem Ofen nehmen und in der Form 15 Minuten abkühlen lassen.

5 Für die Sauce Cranberries, Honig, Gin und Orangensaft in einem Topf zum Kochen bringen, dann die Hitze herunterschalten und alles 10 Minuten köcheln lassen. In einer Küchenmaschine pürieren. Warm oder kalt mit dem Kuchen servieren.

TIP

Durch geriebene Zitronenschale, gemahlene Muskatnuß oder Gewürze erhält der Teig Farbe und Aroma.

MARSALA-EIERCREME-KUCHEN

Das feine, doch unverkennbare Aroma des Marsalas verfeinert einen einfachen Eiercremekuchen.

FÜR 6–8 PERSONEN
175 g Mehl
3 EL feste Margarine, gewürfelt
3 EL weißes Speisefett, gewürfelt

FÜR DIE FÜLLUNG
3 Eier
2 EL hellbrauner Zucker
250 ml Milch
4 EL Marsala
frisch geriebene Muskatnuß

1 Margarine und Speisefett in das gesiebte Mehl hineinreiben, bis eine krümelige Masse entsteht. Genügend kaltes Wasser einrühren, daß ein glatter Teig entsteht. In Klarsichtfolie eingewickelt 30 Minuten kalt stellen. Den Ofen auf 190 °C (Gas: Stufe 5) vorheizen.

2 Den Teig zu einem 25 cm großen Kreis ausrollen und eine Quicheform (20 cm) damit auslegen. Mit Alufolie und Backbohnen auslegen und 12 Minuten blindbacken.

3 In der Zwischenzeit die Füllung zubereiten. Eier und Zucker in einer Schüssel leicht verquirlen. Die Milch bis kurz vor den Siedepunkt erhitzen, den Marsala einrühren und mit dem Schneebesen in die Eier-Zucker-Mischung einrühren. Leicht abkühlen lassen, dann durch ein Sieb in einen Krug gießen.

4 Alufolie und Backbohnen aus der Form entfernen, die Füllung hineingießen und mit etwas Muskat bestreuen. Den Kuchen 25–35 Minuten backen, bis die Eiercreme fest ist.

TIP

Verwenden Sie Sahne statt Milch für eine gehaltvollere Variante.

PFLAUMEN- und ARMAGNAC-KUCHEN

Gefüllte Backpflaumen ergeben mit Armagnac und knusprigem Orangenteig eine herrliche Süßspeise.

FÜR 4–6 PERSONEN
225 g Mehl
115 g feste Margarine, gewürfelt
2 TL geriebene Orangenschale
FÜR DIE FÜLLUNG
75 g Marzipanrohmasse
3 verzehrfertige getrocknete Aprikosen, feingehackt
12 verzehrfertige Backpflaumen, entsteint
2 Eier, verquirlt
150 g Sahne
175 g hellbrauner Zucker
3 EL Armagnac

1 Das Mehl in eine Schüssel sieben. Die Margarine einreiben, bis die Mischung krümelig ist, dann die Orangenschale einrühren. So viel kaltes Wasser zugießen, daß ein weicher Teig entsteht. In Folie einwickeln und 1 Stunde kalt stellen.

2 Den Teig ausrollen. Über ein Nudelholz legen und über einer Obstkuchenform (20 cm) wieder abrollen. Den Teig mit Alufolie auslegen und mit Backbohnen belegen, dann 10 Minuten blindbacken. Die Teigform beiseite stellen. Den Ofen auf 200 °C (Gas: Stufe 6) vorheizen.

3 Für die Füllung die Marzipanrohmasse mit den gehackten Aprikosen auf einer sauberen Arbeitsfläche verkneten.

4 Etwas von der Aprikosenmischung in jede entsteinte Pflaume drücken. Wenn alle Pflaumen gefüllt sind, diese in der Teigform verteilen.

5 In einer Schüssel die Eier mit der Sahne und der Hälfte des Zuckers gründlich vermischen, dann den Armagnac einrühren. Die Mischung über die Pflaumen gießen, den restlichen Zucker überstreuen und 25–30 Minuten backen.

TIP

Ein Einmachglas mit Trockenobst füllen, mit Armagnac oder Eau de vie bedecken und einige Tage stehen lassen. – Die Flüssigkeit paßt hervorragend zu Eiscreme oder Joghurt.

FRUCHT-PIES mit EINEM SCHUSS WHISKY

Etwas Whisky verfeinert die Fruchtfüllung dieser traditionellen Festtagspies.

ERGIBT 12–15 STÜCK

1 Eigelb
1 TL geriebene Orangenschale
1 EL Zucker
225 g Mehl
150 g Butter, gewürfelt
verquirltes Ei oder Milch zum Glasieren
Puderzucker zum Bestäuben

FÜR DIE FÜLLUNG

225 g Mincemeat
50 g kandierte Ananas, gehackt
50 g kandierte Kirschen, gehackt
2 EL Whisky

FÜR DIE WHISKYBUTTER

75 g weiche Butter
175 g Puderzucker, gesiebt
2 EL Whisky
1 TL geriebene Orangenschale

1 Mit der Zubereitung des Teigs beginnen: In einer kleinen Schüssel Eigelbe, Orangenschale, Zucker und 2 Teelöffel Wasser vermischen und beiseite stellen.

MINCEMEAT

Mincemeat enthält heute in der Regel kein Fleisch mehr, sondern wird aus Rindertalg, Rosinen, Äpfeln, Zucker und Zitrusschalen hergestellt. Durch Sherry oder Weinbrand bleibt es haltbar.

2 Die Butter in das gesiebte Mehl reiben, bis die Mischung krümelig ist. Die Eiermischung einrühren und zu einem weichen Teig verarbeiten. In Klarsichtfolie eingewickelt 30 Minuten kalt stellen.

3 Für die Füllung Mincemeat mit gehackten Früchten in einer Schüssel vermischen. Den Whisky darüber geben.

4 Drei Viertel des Teigs ausrollen. Geriffelte Kreise ausstechen und ein Muffinblech damit auslegen. Den restlichen Teig ausrollen und Sterne ausstechen.

5 Den Ofen auf 200 °C (Gas: Stufe 6) vorheizen. Etwas Füllung in jede Teigform geben und mit den Sternen belegen. Mit verquirltem Ei oder Milch einpinseln und in 20–25 Minuten goldgelb backen. Abkühlen lassen.

6 Für die Whiskybutter Butter, Puderzucker, Whisky und Orangenschale in einer kleinen Schüssel schaumig schlagen. Die gefüllten Pies mit Puderzucker bestäuben und mit der Whiskybutter servieren oder jeden Teigstern anheben, etwas aromatisierte Butter auf die Füllung spritzen und den Stern dann wieder aufsetzen.

Kuchen und Torten

Üppige Buttercremetorten machen großen Eindruck, sind aber nicht unbedingt schwierig zuzubereiten. Ein besonderer Kuchen gehört einfach zu jeder Feier. Sie finden hier eine eindrucksvolle Ananas- und Kirschbuttercremetorte, deren Spiralen aus Teig und sahniger Füllung ihre Wirkung nicht verfehlen. Ingwerbrot-Brownies mit Ginger Liqueur oder süßes jamaikanisches Hefeteiggebäck mit Malibu sind zwar einfacher zuzubereiten, aber ebenso unwiderstehlich.

INGWERBROT-BROWNIES mit GINGER LIQUEUR

Würziger Ingwerlikör paßt hervorragend zu diesem Ingwerbrotkuchen mit üppigem Belag.

FÜR 10–12 PERSONEN
175 g Muscovado-Zucker
175 g dunkler Zuckersirup
50 g klarer Honig
175 g Butter
1 TL Natron
275 g Mehl
¼ TL Salz
1 EL gemahlener Ingwer
2 TL gemahlener Zimt
2 Eier, verquirlt
115 g Walnüsse, gehackt
50 g kandierter Ingwer, gehackt
2 EL Ginger Liqueur
4 EL Milch
gehackte Walnüsse plus kandierten Ingwer zusätzlich zum Garnieren

FÜR DEN BELAG
50 g Butter
3 EL Ginger Liqueur
225 g Puderzucker, gesiebt

1 Den Ofen auf 160 °C (Gas: Stufe 3) vorheizen. Eine quadratische Kuchenform (20 cm) einfetten und auslegen. Zucker, Zuckersirup, Honig und Butter in einen schweren Topf geben. Unterrühren und erhitzen, bis sich alle Zutaten aufgelöst haben, dann abkühlen lassen. Das Natron einrühren.

2 Mehl, Salz, Ingwer und Zimt in eine Schüssel sieben. Mit einem Holzlöffel die geschmolzenen Zutaten einrühren, bis sie gründlich vermischt sind.

3 Eier, Walnüsse, Ingwer und Likör mit genügend Milch einrühren, so daß ein fester Teig entsteht. Mit einem Löffel in die Form geben, glattstreichen und 1¼–1½ Stunden backen, bis er fest ist. Auf einem Kuchengitter abkühlen lassen.

4 Für den Belag Butter, Ingwerlikör und Puderzucker in eine hitzebeständige Schüssel geben und auf einen Topf mit siedendem Wasser stellen. Schaumig schlagen, dann vom Herd nehmen und abkühlen lassen. Die erkaltete Masse mit einem Holzlöffel schlagen, bis sie dick genug zum Verstreichen ist, dann auf dem Kuchen verteilen. Diesen in Quadrate, Scheiben oder Dreiecke schneiden und mit Walnüssen und kandierten Ingwerstückchen dekorieren.

TIP

Backen Sie die Brownies einige Tage vor dem Verzehr und bewahren Sie sie (ohne Belag) in einer gut schließenden Dose auf, damit sie durchziehen können.

NUSSMUFFINS mit LA VIEILLE NOIX

Diese typisch amerikanischen Muffins erhalten durch Walnußlikör eine besondere Note.

ERGIBT 12–14 STÜCK
225 g Mehl
4 TL Backpulver
½ TL Gewürzmischung
½ TL Salz
115 g hellbrauner Zucker
75 g Walnüsse, gehackt
50 g Butter, zerlassen
2 Eier
175 ml Milch
2 EL La Vieille Noix
FÜR DEN BELAG
2 EL dunkelbrauner Zucker
25 g Walnüsse, gehackt

1 Den Ofen auf 200 °C (Gas: Stufe 6) vorheizen. Ein 12er-Muffinblech einfetten oder Papiermanschetten in die Vertiefungen legen. Mehl, Backpulver, Gewürzmischung und Salz in eine Rührschüssel sieben, dann Zucker und gehackte Walnüsse einrühren.

2 In einem Meßbecher die zerlassene Butter, Eier, Milch und den Likör leicht vermischen.

3 Die Mischung zu den trockenen Zutaten gießen und rühren, bis die Zutaten gerade vermischt sind. Der Teig sollte noch Klümpchen haben.

4 Die Vertiefungen zu zwei Dritteln füllen, dann mit Zucker und Walnüssen bestreuen. 15 Minuten backen, bis die Muffins aufgegangen und goldbraun sind. Einige Minuten in der Form abkühlen lassen, dann herauslösen und auf einem Kuchengitter auskühlen lassen.

JAMAIKANISCHES HEFETEIGGEBÄCK mit MALIBU

Der Rum-Kokos-Likör ist eine ungewöhnliche, aber ausgesprochen köstliche Zugabe zu diesem süßen Hefeteiggebäck mit Ananas-, Ingwer- und Korinthenfüllung.

ERGIBT 14–16 STÜCK

450 g schweres Weißmehl, z. B. Type 1050
2 TL gemahlener Ingwer
1 Prise Salz
50 g Butter
1 Päckchen Trockenhefe
3 EL dunkelbrauner Zucker
3 Eier, verquirlt
150 ml Milch

FÜR DIE FÜLLUNG

50 g Butter, zerlassen
1 EL Malibu
75 g dunkelbrauner Zucker
115 g kandierte Ananas, gehackt
50 g Korinthen
2 EL kandierter Ingwer, gehackt

FÜR DEN BELAG

2 EL klarer Honig
75 g Puderzucker, gesiebt
2 EL Malibu
2 TL Ingwersirup (aus einem Glas mit eingelegtem Ingwer)

1 Mehl, Ingwer und Salz in eine große Rührschüssel sieben. Die Butter hineinreiben, bis die Masse krümelig ist, dann Hefe und Zucker einrühren. Eine Mulde in die Mitte drücken und die Eier mit genügend Milch einrühren, so daß ein weicher Teig entsteht.

2 Den Teig auf einer leicht bemehlten Fläche etwa 10 Minuten kneten. Zurück in die Schüssel geben, mit eingeölter Folie bedecken und an einem warmen Ort etwa 1 Stunde gehenlassen, bis sich sein Volumen verdoppelt hat.

3 Ein Backblech einfetten. Für die Füllung die Hälfte der zerlassenen Butter mit Malibu, Zucker, kandierter Ananas, Korinthen und kandiertem Ingwer in einer kleinen Schüssel mischen.

4 Den Teig auf einer leicht bemehlten Fläche zu einem 30 cm großen Quadrat ausrollen. Mit Butter einpinseln und mit der Fruchtmischung bedecken.

5 Den Teig über der Füllung zusammenrollen und 14–16 Schnecken schneiden. Diese mit der Schnittseite nach unten auf das Backblech legen, so daß sie sich gerade berühren. Mit Folie bedecken und an einem warmen Ort etwa 30 Minuten gehenlassen. Den Ofen auf 220 °C (Gas: Stufe 7) vorheizen.

6 15–20 Minuten backen, bis das Gebäck gut aufgegangen und goldbraun ist. Gleich nach dem Herausnehmen aus dem Ofen mit Honig einpinseln.

7 Puderzucker, Malibu und Sirup in einer Schüssel vermischen. Genügend kaltes Wasser zugießen, so daß eine glatte, flüssige Glasur entsteht. Über das Gebäck gießen und fest werden lassen.

TIP

Die Schnecken sollten sich leicht berühren und beim Aufgehen zusammenwachsen. Sie lassen sich leicht wieder trennen.

"OVICTO"
SHEFFIELD-ENGLAND
STAINLESS STEEL

BANANEN-BISKUITQUADRATE mit CRÈME DE BANANE

Wenn Sie gerne Bananen essen, werden Sie diese kleinen Törtchen lieben. Durch den Bananenlikör erhalten sie ihr wunderbar kräftiges Aroma.

FÜR 8–10 PERSONEN
350 g reife Bananen
175 g dunkelbrauner Zucker
2 Eier, verquirlt
2 EL Crème de Banane
2 EL Milch
225 g Mehl
3 ¾ TL Backpulver
1 Prise Muskatnuß
175 g Butter
115 g gehackte Nüsse zum Garnieren

FÜR DIE FÜLLUNG
2 reife Bananen
115 g Puderzucker, gesiebt
115 g Butter
2 EL Zitronensaft

FÜR DIE GLASUR
225 g Puderzucker, gesiebt
2 EL Orangensaft
1 EL Crème de Banane

1 Den Ofen auf 160 °C (Gas: Stufe 3) vorheizen. Eine Form (20 x 20 cm) einfetten und auslegen. Die Bananen in einer Schüssel mit dem Zucker zerdrükken. Eier, Likör und Milch einrühren.

2 Mehl, Backpulver und Muskatnuß in eine Rührschüssel sieben. Die Butter hineinreiben, bis eine krümelige Masse entsteht, dann die Bananenmischung gründlich unterrühren. Mit einem Löffel in die Form geben und in 50–55 Minuten durchbacken. Den Kuchen aus der Form nehmen und abkühlen lassen.

3 Für die Füllung die Bananen schälen und hacken, in einen Topf geben und Puderzucker, Butter und Zitronensaft zugeben. Bei schwacher Hitze 5 Minuten rühren, dann von der Herdplatte nehmen und etwas abkühlen lassen. Den Kuchen halbieren, die Bananenfüllung verteilen und den Kuchen wieder zusammensetzen.

4 Für die Glasur Puderzucker, Orangensaft und Likör in einer Schüssel vermischen, bis sie glatt sind. Die Glasur über den Kuchen gießen und sofort mit den Nüssen garnieren. Wenn die Glasur fest ist, den Kuchen in Quadrate schneiden.

INGWER-PFIRSICH-KUCHEN mit PFIRSICHWASSER

Im Inneren dieses saftigen Kuchens verbirgt sich eine aromatische Schicht aus Pfirsichen und Alkohol.

FÜR 8 PERSONEN

225 g Mehl
1 ½ TL Backpulver
2 TL gemahlener Ingwer
175 g Butter
175 g Zucker
3 Eier, verquirlt
3 frische Pfirsiche, entsteint und in Spalten geschnitten
3 EL Pfirsichwasser

FÜR DEN BELAG

2 EL Butter
25 g Mehl
2 EL Zucker
50 g Mandelblätter, zerstoßen

1 Den Ofen auf 180 °C (Gas: Stufe 4) vorheizen. Eine Springform (20 cm) einfetten und auslegen. Mehl, Backpulver und Ingwer in eine Schüssel sieben. In einer separaten Schüssel Butter und Zucker schaumig rühren. Die Eier nach und nach einrühren.

2 Mehl und Gewürze gründlich unterrühren. Die Hälfte des Teigs in die Form löffeln. Die Pfirsichspalten in konzentrischen Kreisen darauf anrichten. Mit Pfirsichwasser begießen und mit dem restlichen Teig bedecken.

3 In einer Schüssel den Belag zubereiten. Dafür die Butter in das Mehl reiben, Zucker und Mandeln einrühren und den Belag über den Kuchen streuen. 1¼–1½ Stunden backen.

VARIATION

Verwenden Sie statt der Pfirsiche Aprikosen, Pflaumen oder aber entsteinte Kirschen mit Kirschwasser.

HASELNUSS- und APRIKOSEN-BAISERROLLE mit APRIKOSENBRAND

Eine Rolle aus Baiserteig mit einer cremigen Aprikosenfüllung

FÜR 6 PERSONEN
5 Eiweiß
150 g Zucker
1 TL Maismehl
50 g geröstete Haselnüsse, gehackt
Puderzucker zum Bestäuben
Aprikosenspalten und Minzeblätter zum Garnieren

FÜR DIE FÜLLUNG
300 g Crème double
2 EL Aprikosenbrand
4 EL Aprikosenkonfitüre, große Stücke kleingeschnitten
6 Aprikosen, entsteint und in dünne Spalten geschnitten

1 Den Ofen auf 110 °C (Gas: Stufe 1/4) vorheizen. Eine 30 x 20 cm große Biskuitrollenform einfetten und mit Backpapier auslegen. Die Eiweiße in einer sauberen, fettfreien Schüssel halb steif schlagen. Die Hälfte des Zuckers unterheben und die Masse steif schlagen. Dann den restlichen Zucker unterheben.

2 Maismehl und Haselnüsse unterheben und die Mischung in die Form geben. 45 Minuten backen, bis sie fest ist. Das Baiser in der Form 1 Stunde unbedeckt abkühlen lassen.

3 Derweil für die Füllung die Crème double in einer Schüssel schlagen. Aprikosenbrand und Konfitüre einrühren, dann die Aprikosenspalten unterheben.

4 Ein Blatt Backpapier mit Puderzucker bestäuben und das Baiser sorgfältig darauf wenden. Das jetzt obenliegende Papier entfernen und die Füllung auf dem Baiser verstreichen.

5 Mit Hilfe des Backpapiers das Baiser über die Füllung rollen, mit einem kurzen Ende beginnen. Die Rolle auf eine Servierplatte legen, mit Puderzucker bestäuben und mit Aprikosenspalten und Minzeblättern garnieren.

TIP

Das gebackene Baiser wird noch knuspriger und schmackhafter, wenn man es auf mit geriebenen Haselnüssen bestäubtem Backpapier wendet.

TIA-MARIA-BUTTERCREMETORTE

Crème double und Tia Maria ergeben eine köstliche Füllung für diese lockere Schokoladen-Walnußtorte.

FÜR 6–8 PERSONEN
150 g Mehl
3 TL Backpulver
25 g Kakaopulver
3 Eier, verquirlt
175 g weiche Butter
175 g Zucker
50 g Walnüsse, gehackt
Walnußbruch zum Garnieren (siehe Tip)
FÜR DIE FÜLLUNG UND DEN BELAG
600 g Crème double
3 EL Tia Maria
50 g Kokosflocken, geröstet

1 Den Ofen auf 160 °C (Gas: Stufe 3) vorheizen. Zwei Springformen (18 cm) einfetten und auslegen. Mehl, Backpulver und Kakaopulver in eine große Schüssel sieben. Eier, Butter, Zucker und Walnüsse zugeben und gründlich verrühren, entweder mit einem Holzlöffel oder einem Handrührgerät, bis die Masse leicht und locker ist.

2 Die Mischung in den Formen verteilen, die Oberfläche glätten und 35–40 Minuten backen, bis der Teig aufgegangen und durchgebacken ist. Auf ein Kuchengitter stürzen und abkühlen lassen.

3 Für die Füllung die Crème double in einer Schüssel mit Tia Maria verquirlen, bis die Masse weiche Spitzen bildet.

4 Beide Tortenböden horizontal halbieren, so daß vier Scheiben entstehen. Die Scheiben mit jeweils einer Schicht Füllung dazwischen zusammensetzen.

5 Den Rand der Torte mit Crème double bestreichen. Die Kokosflocken auf Backpapier ausbreiten. Den oberen und unteren Teil der Torte sicher festhalten und den Rand in den Kokosflocken wälzen, bis er gleichmäßig überzogen ist. Die Torte auf eine Tortenplatte legen, reichlich von der Füllung auf der Oberfläche verteilen und den Rest auf den Rand spritzen. Mit Walnußbruch garnieren.

TIP

Für den Walnußbruch 75 g Zucker langsam in einem Topf erhitzen. Wenn der Zucker sich aufgelöst hat, 50 g zerbrochene Walnüsse einrühren. Die Masse auf Backpapier geben und fest werden lassen. Mit einem Nudelholz in Stücke brechen.

ANANAS-KIRSCHWASSER-TORTE

Beim Anschneiden der Torte kommt das interessante Spiralmuster im Inneren zum Vorschein.

FÜR 10–12 PERSONEN
175 g Butter
115 g Zucker, plus Zucker zusätzlich zum Bestreuen
2 Eier, leicht verquirlt
115 g Mehl, gesiebt
gut 1 TL Backpulver, gesiebt
2 TL geriebene Zitronenschale
225 g Ingwerbiskuits, zerstoßen
Ananasspalten und -blätter zum Dekorieren

FÜR DIE FÜLLUNG UND DEN BELAG
750 g Crème double, geschlagen
2 EL Kirschwasser
225 g frische Ananas, feingehackt
115 g Kokosraspel, geröstet

1 Den Ofen auf 200 °C (Gas: Stufe 6) vorheizen. Eine Biskuitrollenform (28 x 18 cm) einfetten und auslegen, ebenso eine Springform (20 cm). In einer Schüssel 50 g Butter mit Zucker, Eiern, Mehl, Backpulver und Zitronenschale schaumig schlagen. Die Mischung in der Biskuitrollenform verstreichen und 10–12 Minuten backen, bis sie goldgelb und fest ist.

2 Derweil die restliche Butter in einem kleinen Topf zerlassen und die Ingwerbiskuits gründlich einrühren. Die Mischung gleichmäßig auf den Boden der Springform drücken.

3 Den gebackenen Kuchen auf einem Blatt Backpapier wenden und mit Zucker bestreuen. Das Papier von der Oberseite entfernen.

TIP

Sie können der Hälfte der Füllung einige Tropfen Speisefarbe zufügen. Die helle und die gefärbte Mischung abwechselnd löffelweise in die Form geben und vor dem Backen mit einem Metallspieß verwirbeln.

4 Für die Füllung und den Belag die Hälfte der Crème double mit Kirschwasser und Ananas vermischen. Auf dem Kuchenrechteck verteilen und dieses in vier lange Streifen schneiden.

5 Einen Kuchenstreifen mit Füllung zusammenrollen und auf den Kuchenboden stellen. Die restlichen Streifen daran anlegen, bis die Springform ganz gefüllt ist. 15 Minuten kalt stellen.

6 Die Torte aus der Form nehmen und auf eine Tortenplatte legen. Die restliche Crème double in einen Spritzbeutel füllen und auf der Oberfläche der Torte verteilen. Mit gerösteten Kokosraspeln bedecken. Kleine Crèmespiralen auf die Torte spritzen und mit Ananasspalten und -blättern dekorieren.

BAISERTORTE mit SCHLEHENLIKÖR und KARAMEL

Ein Orangenbaiser mit einer erfrischenden Füllung aus Crème double, Mango, Weintrauben und Schlehenlikör – ein wunderbares Dessert für besondere Anlässe, vor allem mit der effektvollen Karameldekoration.

FÜR 8 PERSONEN
4 Eiweiß
225 g hellbrauner Zucker
3 Tropfen Weißweinessig
2–3 Tropfen Vanillearoma
2 TL geriebene Orangenschale
Schlagsahne zum Garnieren
FÜR DIE FÜLLUNG UND DEN BELAG
300 g Crème double
3 EL Schlehenlikör
1 Mango, gehackt
225 g kernlose weiße und blaue Trauben, halbiert
75 g grobkörniger Zucker

1 Den Ofen auf 160 °C (Gas: Stufe 3) vorheizen. Zwei Springformen (20 cm) einfetten und auslegen. Die Eiweiße in einer fettfreien Schüssel steif schlagen. Die Hälfte des Zuckers zugeben und weiterschlagen. Den restlichen Zucker, Essig, Vanillearoma und Orangenschale unterheben. Die Mischung in den Formen verteilen, glattstreichen und 40 Minuten backen. Abkühlen lassen.

TIP

Für Schlehenlikör Schlehen und Zucker in Einmachgläsern schichten und mit Gin bedecken. Verschließen und nach einigen Monaten abseihen.

2 Für die Füllung die Crème double aufschlagen, dann Schlehenlikör, Mango und Trauben unterheben.

3 Eine Baiserschicht auf eine Tortenplatte legen. Die Fruchtmischung darauf verstreichen, dann mit der zweiten Baiserschicht bedecken und diese vorsichtig, aber fest andrücken.

4 Ein Backblech mit Backpapier auslegen. Den Zucker für den Karamelbelag in einen schweren Topf geben. Vorsichtig erhitzen, bis er sich auflöst. Die Hitze erhöhen und ohne Rühren kochen lassen, bis er eine dunkelgoldene Farbe hat und ein Tropfen davon in kaltem Wasser hart wird. Etwas Karamel in dekorativen Formen auf das Papier tropfen, dann abkühlen und aushärten lassen. Das restliche Karamel auf die Torte tropfen lassen. Mit Schlagsahne und den Karamelformen garnieren.

ORANGENKUCHEN mit CURAÇAO

Der gehaltvolle, süße Hefekuchen erhält sein Orangenaroma durch spritzigen Curaçao.

FÜR 8 PERSONEN
115 g Butter
200 g grobkörniger Zucker
3 Eier
200 g schweres Weißmehl, z. B. Type 1050
1 Prise Salz
2 TL Trockenhefe
geriebene Schale von 2 Orangen
3 kandierte Orangenscheiben, gehackt
einige Tropfen Vanillearoma
1 EL Orangensaft
2 EL Curaçao
5 Orangenscheiben, geschält, die weiße Haut entfernt
1 TL klarer Honig

1 Eine Kastenform (1 Liter) einfetten und auslegen. In einer Schüssel Butter und Zucker schaumig schlagen, dann nach und nach die Eier einrühren.

2 Mehl und Salz in eine andere Schüssel sieben und die Trockenhefe einrühren.

3 Die Buttermischung in das Mehl rühren. Orangenschale, kandierte Orangenscheiben, Vanillearoma, Orangensaft und Curaçao zugeben und gründlich verrühren. Den Teig in die Form geben, zudecken und an einem warmen Ort eine Stunde ruhen lassen. Den Ofen auf 190 °C (Gas: Stufe 5) vorheizen.

4 Die Orangenscheiben überlappend auf den Teig legen und etwa 45–55 Minuten auf der mittleren Schiene backen. Nach dem Backen die Orangenscheiben sofort mit Honig einpinseln. Vor dem Stürzen noch 10 Minuten in der Form abkühlen lassen.

TIP

Der Kuchen kann auch in einer Springform (18 cm) gebacken werden.

BRANDTEIGRING mit ERDBEEREN und KIRSCHWASSER

Leichter Teig mit saftigen Erdbeeren, Crème double und Kirschwasser – eine wunderbare Kombination

FÜR 4–6 PERSONEN
150 ml Wasser
50 g Butter
65 g Mehl, gesiebt
2 Eier, verquirlt
75 g grobkörniger Zucker für das Karamel
175 g kleine ganze Erdbeeren
Puderzucker zum Bestäuben
Schlagsahne zum Garnieren
FÜR DIE FÜLLUNG
150 g Crème double
2 EL Kirschwasser
2 TL Puderzucker, gesiebt
175 g Erdbeeren, in Scheiben geschnitten

1 Den Ofen auf 220 °C (Gas: Stufe 7) vorheizen. Auf Backpapier einen Kreis von 15 cm Durchmesser zeichnen, umdrehen und auf ein eingefettetes Backblech drücken. Wasser und Butter in einem großen Topf erhitzen, bis die Butter zerlassen ist, dann zum Kochen bringen. Schnell das gesamte Mehl hineingeben, den Topf von der Herdplatte nehmen und mit einem Holzlöffel kräftig umrühren, bis sich die Mischung vom Topfrand löst.

2 Nach und nach die Eier einrühren, so daß ein fester Teig entsteht. Mit Löffeln zu Bällchen formen oder spritzen. Sie sollten sich gerade berühren und einen Kreis auf dem Backblech bilden.

3 15 Minuten backen, dann die Ofentemperatur auf 190 °C (Gas: Stufe 5) herunterschalten und weitere 20–25 Minuten backen. Ein bis zwei Schlitze schneiden, damit der Dampf entweichen kann.

4 Den Zucker in einen schweren Topf geben, vorsichtig erhitzen und auflösen, dann die Hitze hochschalten und den Sirup kochen, bis er goldbraun wird und ein Tropfen davon in kaltem Wasser hart wird. Nacheinander die Erdbeeren auf eine Gabel spießen und zügig zur Hälfte in das Karamel dippen. Auf Backpapier abkühlen lassen.

5 Für die Füllung die Crème double in einer Schüssel aufschlagen. Das Kirschwasser und den Puderzucker einrühren und weiterschlagen, bis die Masse steif ist. Die Erdbeerscheiben unterheben.

6 Den Brandteigkreis horizontal halbieren, mit der Erdbeercreme bedecken und den oberen Teil darauf setzen. Mit Puderzucker bestäuben. Mit zusätzlicher Schlagsahne und den karamelisierten Erdbeeren servieren.

VARIATION
Für Schokoladen-Brandteig ersetzen Sie 1 Eßlöffel des Mehls durch Kakaopulver.

Karibischer Rumkuchen

Dieser herrlich saftige Kuchen ist mit tropischen Früchten, Rum und Kokos gefüllt.

Für 10–12 Personen

50 g Sultaninen
175 g getrocknete Ananas, gehackt
175 g getrocknete Papaya, gehackt
175 g getrocknete Mango, gehackt
4 EL Rum
225 g weiche Butter
225 g hellbrauner Zucker
4 Eier, verquirlt
225 g gesiebtes Mehl mit 2 TL Gewürzmischung

Für den Belag

75 g Kokosraspel
50 g getrocknete Papaya, gehackt
50 g getrocknete Ananas, gehackt

1 In einer Glasschüssel Sultaninen, getrocknete Ananas, Papaya und Mango vermischen. Den Rum darüber geben, zudecken und für einen Tag oder wenigstens mehrere Stunden stehen lassen.

Tip

Wenn der Teig beim Zufügen der Eier gerinnt, einfach etwas von der Mehlmischung einrühren.

2 Den Ofen auf 180 °C (Gas: Stufe 4) vorheizen. Eine Springform (20 cm) einfetten. Butter und braunen Zucker schaumig rühren, dann nach und nach die Eier unterschlagen.

3 Die Mehl-Gewürz-Mischung unterheben, dann die Früchte einrühren. Gründlich mischen, mit einem Löffel in die Form geben und glattstreichen.

4 In einer kleinen Schüssel Kokosraspel, Papaya und Ananas vermischen. Die Mischung über den Teig streuen. 1 ½–1 ¾ Stunden backen, bis ein hineingestochener Spieß sauber bleibt. Mit Alufolie abdecken, falls die Oberfläche des Kuchens zu stark bräunt. 15 Minuten in der Form abkühlen lassen, dann auf ein Kuchengitter stellen und vollständig auskühlen lassen.

GEHALTVOLLER FRÜCHTEKUCHEN mit WHISKY

Dieser klassische, mit Whisky aromatisierte schottische Kuchen ist ideal zum Nachmittagstee.

FÜR 12 PERSONEN
175 g Sultaninen
175 g Rosinen
175 g Korinthen
150 g gemischte Zitrusschale, gehackt
3 EL Whisky
200 g Mehl
½ TL Backpulver
1 Prise Salz
2 TL Gewürzmischung
175 g Butter
175 g hellbrauner Zucker
4 Eier, verquirlt
geriebene Schale von ½ Zitrone
50 g blanchierte Mandeln

1 Sultaninen, Rosinen, Korinthen und gemischte Schalen in einer Schüssel mit Whisky begießen und über Nacht oder mehrere Stunden abgedeckt stehen lassen. Wenn möglich, gelegentlich rühren.

2 Den Ofen auf 160 °C (Gas: Stufe 3) vorheizen. Eine Springform (18 cm) einfetten und auslegen. Mehl, Backpulver, Salz und Gewürzmischung in eine große Rührschüssel sieben.

3 In einer anderen Schüssel Butter und Zucker schaumig schlagen, dann nach und nach die Eier unterrühren.

4 Mehl, Gewürze, eingeweichte Früchte und Zitronenschale unterheben, dann gründlich verrühren.

5 Die Mischung in die vorbereitete Form geben und glattstreichen. 30 Minuten backen. Aus dem Ofen nehmen und die Mandeln auf dem Kuchen anrichten, dann wieder in den Ofen stellen und weitere 2¼–2½ Stunden backen, bis er gar ist. In der Form 15 Minuten abkühlen lassen, dann auf einem Kuchengitter vollständig auskühlen lassen.

TIP

Die Backzeit kann variieren. Stechen Sie einen erwärmten Spieß in die Mitte. Wenn er beim Herausziehen sauber bleibt, ist der Kuchen fertig. Andernfalls wiederholen Sie den Test nach 10 Minuten.

HEFEZOPF mit FRÜCHTEN und PORTWEIN

Dieser Zopf mit in Portwein getränkten Früchten ist ein ausgezeichnetes Mitbringsel.

FÜR 6–8 PERSONEN

175 ml Tee mit Orangen- und Zimtaroma
50 g getrocknete Feigen, gehackt
50 g getrocknete Aprikosen, gehackt
50 g Sultaninen
50 g grobkörniger Zucker
2 EL Portwein
225 g schweres Weißmehl, z. B. Type 1050
¼ TL Salz
50 g Butter, gewürfelt
2 TL Trockenhefe
1 Ei
Milch
3 EL klarer Honig zum Glasieren

1 Tee, Feigen, Aprikosen, Sultaninen, Zucker und Portwein in einer Schüssel vermischen. Zudecken und einige Stunden oder über Nacht einweichen lassen.

2 Ein Backblech leicht einfetten. Mehl und Salz in eine Rührschüssel sieben und die Butter hineinreiben, bis eine krümelige Masse entsteht, dann die Trockenhefe einrühren.

3 In die Mitte eine Mulde drücken und das Ei und die Früchte mit ihrer Flüssigkeit zugeben. Verrühren, evtl. noch etwas Milch zugeben, bis ein weicher Teig entsteht.

4 Den Teig auf einer leicht bemehlten Fläche 10 Minuten kneten, dann wieder in die saubere Schüssel geben, mit eingeölter Folie zudecken und an einem warmen Ort etwa 1 Stunde auf die doppelte Größe aufgehen lassen.

5 Den Teig auf einer bemehlten Fläche zu einer 30 cm langen Rolle formen. Die Rolle der Länge nach mit einem scharfen Messer halbieren und jeweils mit der Schnittseite nach oben zusammendrehen. Den Zopf auf ein Backblech legen, mit eingeölter Folie abdecken und 40 Minuten gehenlassen. Den Ofen auf 200 °C (Gas: Stufe 6) vorheizen.

6 25–30 Minuten backen, bis der Zopf goldgelb ist. Aus dem Ofen nehmen, sofort mit Honig einpinseln und dann abkühlen lassen. Nach Belieben mit Butter servieren.

SAVARIN mit CHERRY-BRANDY

Dieser in Sirup getränkte und mit frischen Kirschen gefüllte Savarin ist ein ganz besonderer Genuß.

FÜR 6–8 PERSONEN

150 g schweres Weißmehl, z. B. Type 1050
¼ TL Salz
1 EL Trockenhefe
2 TL Zucker
3 Eier, verquirlt
75 g Butter, zerlassen
5 EL lauwarme Milch
4 EL Aprikosenmarmelade
2 EL Wasser
350 g frische Kirschen, möglichst mit Stielen

FÜR DEN SIRUP

115 g Zucker
250 ml Wasser
3 EL Cherry-Brandy
1 EL Zitronensaft

1 Eine Savarin- oder Ringform (20 cm) einfetten. Mehl und Salz in eine große Schüssel sieben, dann Trockenhefe und Zucker einrühren. Eine Mulde in die Mitte drücken, Eier, zerlassene Butter und Milch zugießen und zu einem geschmeidigen, dicken Teig verrühren.

TIP

Der Sirup allein schmeckt köstlich. Rühren Sie frische Früchte in den kalten Sirup ein und servieren Sie Ihn mit Fromage frais oder Naturjoghurt.

2 Den Teig in die vorbereitete Form gießen, mit eingeölter Folie abdecken und an einem warmen Ort gehenlassen, bis die Mischung fast bis zum Rand der Form aufgegangen ist. Den Ofen auf 200 °C (Gas: Stufe 6) vorheizen. Den Kuchen 35–40 Minuten backen, bis er goldbraun und fest ist.

3 Für den Sirup Zucker und Wasser in einem Topf auf dem Herd verrühren, bis sich der Zucker auflöst, dann ohne Rühren 6–8 Minuten kochen lassen. Von der Herdplatte nehmen und Cherry-Brandy und Zitronensaft einrühren.

4 Den warmen Savarin auf eine Servierplatte stürzen und den heißen Sirup löffelweise darüber gießen. Die Marmelade mit Wasser in einem kleinen Topf unter ständigem Rühren zum Kochen bringen, dann durch ein Sieb in eine Schüssel streichen. Über den Savarin pinseln, dann das Zentrum mit Kirschen füllen.

KÄSEKUCHEN mit RUM und ROSINEN

Dieser leichte Käsekuchen mit rumgetränkten Rosinen und diagonalen Biskuit-Streifen sieht imposant aus und schmeckt vorzüglich.

FÜR 8–10 PERSONEN
2 Eier
50 g Zucker
50 g Mehl, gesiebt
1 TL Kakaopulver, mit 1 EL heißem Wasser angerührt
115 g Butter, zerlassen
225 g Ingwerbiskuits, zerstoßen
Schlagsahne und gesiebtes Kakaopulver zum Garnieren

FÜR DIE FÜLLUNG
3 EL Wasser
1 Päckchen Gelatinepulver
300 g Crème double
2 EL Milch
75 g Rosinen
4 EL Rum
50 g Puderzucker, gesiebt
450 g Schichtkäse

1 Den Ofen auf 200 °C (Gas: Stufe 6) vorheizen. Eine Biskuitrollenform (28 x 18 cm) einfetten und auslegen. Außerdem eine Springform (20 cm) auslegen. Ein Kuchengitter mit einer Schicht Backpapier auslegen. In einer hitzebeständigen Schüssel Eier und Zucker mischen. Über einen Topf mit siedendem Wasser stellen und verquirlen, bis ein Löffel in der Mischung eine gut sichtbare Spur hinterläßt. Dann das gesiebte Mehl unterheben.

2 Die Hälfte der Mischung in einen großen Spritzbeutel mit einer 4 cm großen einfachen Tülle geben. Den Teig in diagonalen Streifen in die Biskuitrollenform spritzen, zwischen jeder Reihe den gleichen Abstand lassen.

3 Den abgekühlten, angerührten Kakao gut unter den restlichen Teig mischen. Mit dem Spritzbeutel in die Zwischenräume des hellen Teigs spritzen, so daß sich die Farben abwechseln. 10–12 Minuten backen, dann den Biskuit auf das Kuchengitter stürzen. Das Backpapier ablösen.

TIP

Spritzen Sie für schnelle Verzierungen geschlagene Crème double auf ein mit Backpapier ausgelegtes Backblech und frieren Sie sie ein, bis sie fest ist. In Gefrierdosen für die Dekoration von Desserts und Torten aufbewahren.

4 In einer Schüssel die zerlassene Butter und die Biskuits mischen. Auf dem Boden der Springform verteilen und fest andrücken. Den Biskuitteig der Länge nach halbieren und die zwei Streifen um den Rand der Springform legen. Beiseite stellen.

5 Für die Füllung die Gelatine in eine hitzebeständige Schüssel mit Wasser streuen. Wenn sie »schwammig« ist, die Schüssel über einen Topf mit siedendem Wasser stellen und rühren, bis sich die Gelatine aufgelöst hat. Vom Herd nehmen und etwas abkühlen lassen.

6 In einer Schüssel Crème double und Milch verquirlen. Rosinen, Rum, Puderzucker und Schichtkäse unterheben, dann die abgekühlte Gelatine einrühren. Die Füllung in die Form löffeln und kalt stellen, bis sie fest ist. Zum Servieren den Käsekuchen aus der Form nehmen und die Kuchenoberfläche mit gespritzten Sahnespiralen am Rand verzieren und alles mit Kakaopulver bestäuben.

REGISTER

Bildnachweis:
Alle Fotos stammen von David Jordan und Janine Hosegood (Details), außer: S. 6 und 7 Cephas Picture Library; S. 8 und 9 Aviemore Photography; S. 12 (o. l.) Mick Rock, Nigel Blythe, (u. l.) Mick Rock und (r.) Stuart Boreham; S. 13 Stuart Boreham; S. 60 (o) John Heinrich; (u. l.) Tripelon/Jarry und (u. r.) Hervé Champollion; S. 61, 108 und 109 Mick Rock.